W0089231
5. Die grossen Zünffte
9. Die Kleinen Zünffte
10. Die Vormünder und Companen vor den Thören
11. Der Brunnen
12. Das Gerichtshaus
1. Rathhaus
SOLI DEO GLORIA
Tob. Jac. Hildebrandt deliniavit

Das Mainzer Rad an der Gera

Kurmainz und Erfurt 742–1802

Eine Ausstellung der Stadt Mainz
zum Erfurter Stadtjubiläum 742–1992

VERLAG PHILIPP VON ZABERN
MAINZ

Das Mainzer Rad an der Gera

Kurmainz und Erfurt 742–1802

Eine Ausstellung der Stadt Mainz
zum Erfurter Stadtjubiläum 742–1992

Friedrich Schütz

Erfurt, [illegible] 2. 1. – 9. 2. 1992
Mainz, Rathaus-Foyer, 6. 3. – 29. 3. 1992

156 Seiten mit 23 Farb- und 41 Schwarzweißabbildungen

Veranstalter: Stadt Mainz

Ausstellungsvorbereitung und -durchführung: Archivdirektor Friedrich Schütz, Stadtarchiv Mainz

Koordination: Archivamtfrau Doris Braun, Stadtarchiv Mainz

Gestaltung: Inspiration. Werbung, Gestaltung und Design Wenger, Speyer

Umschlag vorn: Mittelrisalit der nach Entwürfen von Maximilian von Welsch 1711–1725 erbauten Kurmainzischen Statthalterei in Erfurt. Fotografie von Dieter Demme, Erfurt, 1990.

Vorsatz vorn: Huldigung der Bürgerschaft für den Mainzer Kurfürsten Karl Heinrich von Metternich vor dem Erfurter Rathaus, 1679. Zeichnung von Tobias Jakob Hildebrandt (Katalog F 19).

Frontispiz: Porträt des Mainzer Kurfürsten Lothar Franz von Schönborn (1695–1729) (Katalog F 47).

Vorsatz hinten: Huldigung für den Mainzer Kurfürsten Karl Heinrich von Metternich 1679 im Erfurter Rathaus. Zeichnung von Tobias Jakob Hildebrandt (Katalog F 19).

Umschlag hinten: Wappen des Kurstaates Mainz um 1790, Wappen des Kurfürsten Lothar Franz von Schönborn. Details aus: L. Falck, Die Wappen des Kurfürstentums Mainz (Katalog A 16); Wappen (Doppelrad) der Stadt Mainz (Katalog A 5).

ISBN 3-8053-1334-9
ISBN 3-8053-1340-3 (Museumsausgabe)
Satz: Typo-Service Mainz
Lithos: SWS Repro GmbH, Wiesbaden
Papier: Papierfabrik Scheufelen, Lenningen
Printed in Germany
Printed on fade resistant and archival quality paper
(PH 7 neutral)

Schirmherr der Ausstellung

HERMAN-HARTMUT WEYEL

Oberbürgermeister der Stadt Mainz

Inhalt

Vorwort

Im Februar 1988 konnte die offizielle Partnerschaft der Städte Mainz und Erfurt endgültig besiegelt werden. Leider blieben dennoch die Kontakte zwischen beiden Städten recht spärlich. Das Verhältnis war eindeutig von der Existenz zweier deutscher Staaten in unterschiedlichen Gesellschaftssystemen geprägt. Wenn auch die jahrhundertelangen gemeinsamen Verbindungen auf beiden Seiten bekannt waren, so betonten die damaligen Erfurter Partner immer wieder, daß die Priorität für Mainz als Partnerstadt nicht daher rühre, daß Erfurt früher einmal weltlich und kirchlich von Mainz aus regiert worden sei. Aber gerade die über tausend Jahre alte gemeinsame Geschichte war und ist ein wesentliches Bindeglied der partnerschaftlichen Beziehungen beider Städte. Bekräftigt haben dies mein Erfurter Amtskollege, Manfred Ruge, und ich in der am 14. Juli 1990 in Mainz unterzeichneten neuen Partnerschaftsvereinbarung. Endlich war ein freier Austausch ohne Grenzen und Beschränkungen möglich. Unsere Partnerschaft konnte vom Kopf auf die Füße gestellt werden.

Als sich bald nach der Wende ein reger Austausch zwischen beiden Städten entwickelte, an dem Tausende von Bürgern beteiligt waren – und sind –, wurde deutlich, daß über die gemeinsame Vergangenheit nur sehr wenig und – wenn überhaupt – dann bruchstückhaft bekannt ist. Bei den Gesprächen zur Neufassung unserer Partnerschaftsvereinbarung entstand schnell der Gedanke, die Geschichte beider Städte einmal – frei von ideologischem Ballast – aufzuarbeiten und zu dokumentieren. Die Idee zur Ausstellung »Das Mainzer Rad an der Gera« war geboren. Vom heiligen Bonifatius bis zum letzten Kurmainzer Statthalter von Dalberg: über tausend Jahre gemeinsame, wechselhafte Beziehungen mit allen Höhen und Tiefen galt es darzustellen. Ein faszinierender Gedanke, einmal ausführlich offenzulegen, welche unterschiedlichen Aspekte, Ereignisse, kirchlichen und politischen Strömungen das Verhältnis Mainz – Erfurt prägten und welche Personen darauf Einfluß nahmen und es veränderten.

Das Erfurter Jubiläumsjahr bietet einen hervorragenden Anlaß, mit einer großen Ausstellung die über einen langen Zeitraum verbindende Geschichte lebendig werden zu lassen. Sicher ist es auch ein Zeichen für die guten und freundschaftlichen Beziehungen beider Städte, das Jubiläum mit einem historischen Abriß der Gemeinsamkeiten Mainz – Erfurt zu beginnen. Ich bin überzeugt, die Ausstellung ist für Laien wie für historisch Interessierte gleichermaßen aufschlußreich, da nicht nur die Fakten und Zahlen der jeweiligen Epochen aufgelistet werden, sondern auch ausführlich Hintergründe und das entsprechende Umfeld dargestellt sind. Ziel unserer Ausstellung und des dazugehörigen Kataloges ist es, möglichst umfassend das Material mit den notwendigen geschichtlichen Angaben und Interpretationen zum Thema »Das Mainzer Rad an der Gera« vor einem interessierten Publikum auszubreiten. So haben die Erfurter Gelegenheit, ihre Stadt noch intensiver kennenzulernen; den Mainzern wird sie vielleicht zusätzlichen Anreiz für einen Besuch ihrer Partnerstadt bieten, um einen Teil gemeinsamer Vergangenheit unmittelbar zu erleben und zu erfahren.

In besonderer Weise habe ich Herrn Archivdirektor Friedrich Schütz zu danken, der die Exponate in monatelanger Kleinarbeit zusammentrug und am Zustandekommen dieser Ausstellung einen maßgeblichen Anteil besitzt. In dem vorliegenden Katalog hat er versucht, neue Erkenntnisse zu wichtigen historischen Persönlichkeiten und Ereignissen darzulegen, so daß sich eine Fülle von Interessantem ergibt. Mögen diese Anstrengungen dazu beitragen, das Vermächtnis unserer Vorfahren erneut zur Diskussion zu stellen und aus den Erfahrungen der Geschichte Lehren für die Zukunft zu ziehen.

Ich wünsche allen Besuchern dieser Ausstellung, daß sie an der Faszination der Historie teilhaben und ihre Freude daran finden werden.

HERMAN-HARTMUT WEYEL
Oberbürgermeister der Stadt Mainz

Leihgeber

Leihgaben und Fotovorlagen stellten zur Verfügung:

Darmstadt	Hessisches Staatsarchiv
Eckstedt bei Erfurt	Gerd Behr
Erfurt	Wissenschaftliche Allgemeinbibliothek
	Angermuseum
	Bibliothek des Evangelischen Ministeriums
	Dieter Demme
	Domarchiv
	Museum für Stadtgeschichte
	Stadtarchiv
Frankfurt am Main	Bundesarchiv, Außenstelle Frankfurt am Main
Göttweig/Österreich	Benediktinerstift, Graphisches Kabinett
Magdeburg	Landesarchiv Sachsen-Anhalt
Marburg/Lahn	Lichtbildarchiv älterer Originalurkunden
Mainz	Bibliothek des Priesterseminars
	Dom- und Diözesanarchiv
	Dom- und Diözesanmuseum
	Dr. Franz Dumont
	Landesmuseum
	Prof. Dr. Friedrich W. Riedel
	Stadtarchiv
	Stadtbibliothek
München	Bayerische Staatsbibliothek
Wien	Haus-, Hof- und Staatsarchiv
Wiesbaden	Hessisches Hauptstaatsarchiv
Wiesentheid	Graf von Schönborn-Wiesentheid, Schloßbibliothek
Würzburg	Bayerisches Staatsarchiv

ABKÜRZUNGEN

A = Archiv
BPS = Bild- und Plansammlung
DDA = Dom- und Diözesanarchiv
fol. = Folio (Blatt)
HHuStA = Haus-, Hof- und Staatsarchiv
HStA = Hauptstaatsarchiv
LHA = Landeshauptarchiv
LVO = Landesherrliche Verordnungen
Rep. = Repositur
StA = Staatsarchiv
Taf. = Tafel

Einleitung

1793 erinnerte Karl Theodor von Dalberg, der Mainzer Statthalter in Erfurt, an die lange gemeinsame Geschichte der Städte Mainz und Erfurt. Seit tausend Jahren, so schrieb er, sei Erfurt die Schwester von Mainz. Dies ist, gemessen an der Geschichte Erfurts seit der ersten schriftlichen Erwähnung 742, ein langer Zeitraum, der es nahelegt, im Erfurter Jubiläumsjahr 1992 auf ihn zurückzublicken. Der Oberbürgermeister der Stadt Mainz hat die Gründe, die zur Ausstellung führten, im Vorwort zu diesem Katalog näher ausgeführt.

Das Bistum Erfurt, dessen Gründung der heilige Bonifatius 742 dem Papst anzeigte, wurde wenig später Bestandteil der Mainzer Kirche. Damit begann die Beziehung Thüringens zu dem geistlichen Fürstentum am Rhein, aus dem sich der Kurstaat Mainz entwickelte. Während die Stadt an der Gera im späten Mittelalter, zur Zeit ihrer größten geistigen und wirtschaftlichen Blüte, die Herrschaft der Mainzer Erzbischöfe abzuschütteln suchte, hielten diese zäh an ihrem Besitz fest. Das evangelische Erfurt handelte im 16. und 17. Jahrhundert wie eine freie Reichsstadt, aber der katholische Mainzer Kurfürst gab keinen seiner Rechtstitel preis, bis er die unbotmäßige Stadt in der sogenannten Reduktion von 1664 unterworfen hatte. Fortan bildete diese mit ihrem Gebiet den Kurmainzischen Erfurter Staat. Die territoriale Neuordnung nach der Französischen Revolution zerriß dann endgültig 1802 das staatliche Band zwischen Mainz und Erfurt.

Wer sich mit der Erfurter Geschichte befaßt, notiert mit Bewunderung das gewichtige Ergebnis der Erfurter Geschichtsschreibung seit Erscheinen von Heft 1 der Mitteilungen des Vereins für die Geschichte und Altertumskunde von Erfurt im Jahr 1865. Mit Hochachtung blickt man auf die Jahrbücher der Akademie der Wissenschaften, auf die Urkundenbücher Carl Beyers und Alfred Overmanns, auf die Stadtgeschichte von Beyer/Biereye und auf das Erfurt-Buch Overmanns, das mehr ist als nur ein Bildband. Manche Aufsätze der Reihe »Aus der Vergangenheit der Stadt Erfurt« oder in den »Beiträgen zur Geschichte der Stadt Erfurt« reihen sich ein in diese Tradition. Eine Fundgrube für den Historiker ist die »Geschichte der Stadt Erfurt« von 1986, soweit sie nicht einer bestimmten Ideologie verhaftet ist.

Die Historiographie ist ein Spiegel der bedeutenden Geschichte Erfurts, ein Spiegel auch der Kurmainzer Präsenz in Thüringen, der sich viele Beiträge annehmen, die noch heute von grundlegender Bedeutung sind. Zieht man Bilanz, erkennt man aber auch die durchgehend negative Tendenz, mit der die Autoren diese Präsenz sehen. Insbesondere trifft dies auf die Reduktion von 1664 und ihre Folgen zu. Die Geschichte von 1664 bis 1802 wird im wesentlichen als Episode dargestellt. Die Tatsache, daß die Freie Stadt Mainz schon 1462 ihre Privilegien verlor und dort, im völligen Gegensatz zu Erfurt, bis zum Ende des Kurstaates Protestanten nicht zugelassen waren, findet keine Erwähnung.

Zu der negativen Einstellung führte sicherlich nicht nur die borussisch-protestantische, später marxistische Sehweise, sondern auch verletzter Stolz, der auf die Größe der Stadt im Mittelalter blickte und dort innehielt. Einige Autoren sahen zwar die vielfältigen Gründe, die seit dem 15. Jahrhundert zur Minderung dieser Größe führten, machten diese aber letztlich doch nicht dafür verantwortlich. Hypothesen sind in der Geschichtsschreibung nicht erlaubt. Deshalb wird die Frage nicht gestellt, wie die Erfurter Geschichte ohne die Reduktion von 1664 verlaufen sein könnte. Manches Bleibende, auf das die Erfurter mit Recht stolz sind, entstand im 17. und 18. Jahrhundert. Der Unternehmungsgeist der Erfurter und deren kulturelle Initiativen hätten sich nicht entfalten können ohne Duldung und Förderung des Staates. Sie wären dann zum Scheitern verurteilt gewesen, wenn die Mainzer Zentrale die Fürsprache der Statthalter zurückgewiesen hätte. Der Gartenbau mit seiner Samenzucht, die jedem älteren Deutschen noch im Gedächtnis ist, der einen Garten bestellte, gehört ebenso dazu wie die relative Pressefreiheit in Erfurt oder Dalbergs Assembleen und die Kurmainzische Akademie der Wissenschaften. Alles Schöpfungen, die Erfurt in der zweiten Hälfte des 18. Jahrhunderts zu einem Zentrum deutschen Geisteslebens machten, das im Bewußtsein der Erfurter sehr lebendig ist und ein richtungsweisender Faktor für die Zukunft sein wird.

Erfurt war und ist das kulturelle Herz von Thüringen, eine liebenswerte Stadt, der sich der Verfasser deshalb ganz besonders verbunden fühlt. Ihre stolze Geschichte und ihre lebendige Gegenwart verbinden sich zu einem fesselnden Gesamtbild. Der bewegten Vergangenheit will diese Ausstellung nachgehen. Sie kann es nur in Stichpunkten tun. Auch ist sie keine stadthistorische Ausstellung. Vielleicht aber ein Beitrag zur Erfurter Stadtgeschichte, der zur Beschäftigung mit der Historie anregen kann. Schon jetzt, wenige Monate nach Wiedergewinnung der deutschen Einheit, widmen sich Mainzer Studenten Mainz-Erfurter Themen.

Die Gera durchfließt fast das gesamte Erfurtische Gebiet, und in vielen Orten erinnert das Mainzer Wappen an die Kurmainzer Herrschaft. Deshalb erhielt die Ausstellung den bildhaften Namen »Das Mainzer Rad an der Gera«. Sie besteht aus 250 Exponaten und ist dem Verlauf der Geschichte entsprechend in sechs Gruppen gegliedert. Bei der Vorbereitung der Ausstellung und der Abfassung des Katalogs wurde der Verfasser in vielfacher Weise unterstützt. Herzlicher Dank gilt allen Leihgebern, welche die Ausstellung mit Exponaten bereicherten, allen Instituten, die Fotovorlagen zur Verfügung stellten und mit Auskünften weiterhalfen. Stellvertretend seien die Kollegen Bodo Fischer, Walter Blaha und Christine Riesterer vom Stadtarchiv Erfurt sowie Kollege Werner Wagenhöfer vom Bayerischen Staatsarchiv Würzburg und Hauptkustos Dr. Horst Reber vom Landesmuseum Mainz genannt, auf deren Hilfe der Verfasser stets rechnen konnte. Manche Wege ebnete der Erfurt-Beauftragte der Stadt Mainz, Richard Nonnweiler. Eine große Entlastung war die vertrauensvolle Zusammenarbeit mit dem Designer der Ausstellung, Dieter Wenger. Zur unentbehrlichen Mitarbeiterin bei Ausstellung und Katalog wurde Amtfrau Doris Braun vom Stadtarchiv Mainz. Ihnen allen sei ebenso gedankt wie dem Verleger Franz Rutzen und seinen Mitarbeitern im Verlag Philipp von Zabern für die Aufnahme in das Verlagsprogramm und die optimale Betreuung bei der Drucklegung. Ohne das Verständnis, die Hilfe und die Motivation durch meine Familie hätte die Arbeit nicht bewältigt werden können.

FRIEDRICH SCHÜTZ

A Das Mainzer Rad an der Gera und die Erzbischöfe und Kurfürsten von Mainz

Wappen bezeichnen die Zugehörigkeit zu Familien oder zu Territorien. Sie entstanden im 12. Jahrhundert als Kennzeichen in Kampf und Spiel. Vom Erkennungszeichen der Fürsten und ihrer Mannschaften entwickelten sie sich zu Hoheitszeichen auf Siegeln, Münzen und Grenzsteinen.

Die Erzbischöfe und Kurfürsten von Mainz führten im roten Schild ein silbernes Rad, das in der ersten Hälfte des 13. Jahrhunderts zum feststehenden Wappen des Erzstiftes und späteren Kurstaates wurde. Die Kurfürsten selbst fügten seit der Mitte des 14. Jahrhunderts ihre Familienwappen dem Rad hinzu. In Erinnerung an die Zugehörigkeit zum Kurfürstentum Mainz führen heute mehr als 100 Gebietskörperschaften am Mittelrhein, am Main, in Hessen, in Thüringen und auf dem Eichsfeld das Mainzer Rad in ihren Wappen. So auch die Städte Erfurt und Mainz: Erfurt, das dem Kurstaat von der Mitte des 8. Jahrhunderts bis 1802 in wechselnder Intensität verbunden war, und die altehrwürdige kurmainzische Residenz Mainz, die aus dem Rad des Kurstaates das schräggestellte, durch ein Kreuz verbundene Doppelrad entwickelte.

»Erfurt ist keine Stadt, sondern ein Land«, sagt der bekannte alte Spruch. Er ist auch auf den »Erfurter Staat« des Kurfürstentums Mainz anzuwenden. Die Gera durchfließt fast das gesamte Gebiet von Süden nach Norden. Westlich von Möbisburg tritt sie ein, fließt durch Erfurt und vereinigt sich nördlich von Gebesee mit der Unstrut, die bei Sömmerda das kurmainzische Gebiet verläßt. Dazwischen – der Vollständigkeit halber seien noch Tröchtelborn im Westen und Vippach im Osten genannt – war das Mainzer Rad Hoheitszeichen des Kurstaates Mainz. Und so erhielt diese Ausstellung ihren Namen.

In der streng ständisch gegliederten Gesellschaft des Alten Reiches nahm der Erzbischof – Kurfürst von Mainz – eine einzigartige Stellung ein. Er galt als der Erste der auf den Reichstagen mit Sitz und Stimme vertretenen Reichsstände.

1. Als Erzbischof regierte er zunächst als Bischof seinen Diözesansprengel, sodann war er Oberhirte einer aus seiner eigenen Diözese sowie aus den Diözesen seiner Suffraganbischöfe bestehenden Kirchenprovinz. Als Inhaber der »Sancta Sedes Maguntina« (des hl. Mainzer Stuhles) war er der bedeutendste geistliche Reichsfürst.
2. Als Erzkanzler des Heiligen Römischen Reiches und Direktor des Reichstags konnte er die kaiserliche Politik mehr oder weniger stark beeinflussen und maßgebende Verwaltungsressorts lenken.
3. Aus dem Verwalter des Kirchengutes wurde der Mainzer Erzbischof schon früh zum Territorialfürsten, zum Landesherrn. Auch in dieser Funktion galt er als der erste Reichsstand. Die im 14. Jahrhundert abschließend umrissene Kurwürde erhob ihn zum Mitglied eines herausragenden siebenköpfigen Kurfürstenkollegiums, das den deutschen König zu wählen hatte. Das Recht, den Herrscher zu krönen, beanspruchte der Kurfürst von Mainz ebenfalls für sich.

Die offizielle Titulatur lautete, der dreifachen Würde entsprechend: »N.N. des Heiligen Stuhls zu Mainz Erzbischof, des Heiligen Römischen Reichs durch Germanien Erzkanzler und Kurfürst, etc.«.

Die Mainzer Erzbischöfe wurden aus dem Kreis des 24köpfigen adeligen Mainzer Domkapitels gewählt, das als Erbherr – seine rechtliche Stellung ist nur schwer zu beschreiben – bei wichtigen Regierungsgeschäften Mitspracherechte besaß, einflußreiche Regierungsstellen für sich beanspruchte und bei Vakanz des erzbischöflichen Stuhles die Regierungsgewalt ausübte.

Literatur: Diepenbach, Siegel und Wappen. Falck, Wappen. Falck, Nachfolger. Frank. Gerlich, Willigis.

A 1

Das Mainzer Rad und der Erfurter Staat in der Geschichtsschreibung des 18. Jahrhunderts

Titelkupfer von A. Nunzer aus: Johann Heinrich von Falckenstein, Civitatis Erfurtensis Historica critica et diplomatica, Bd. 1, Erfurt 1739

Unten: Chronos, der Gott der Zeit, und das Mainzer Rad.
Mitte: Die Friedensgöttin mit den Wappen und Putten mit den Namensschildern der kurmainzischen Ämter Sömmerda, Mühlberg, Vippach, Tonndorf, Vargula und Vieselbach.
Oben: Ein Füllhorn.

SÖMM ERDA
MÜH LPERG
VIPP ACH
DON DOR FF.
VAR GILA
VISEL BACH
IOH. HENR. DE FALCKENSTEIN HISTORIA ERFVRTENS.
948.
A. Nunzer. sc.

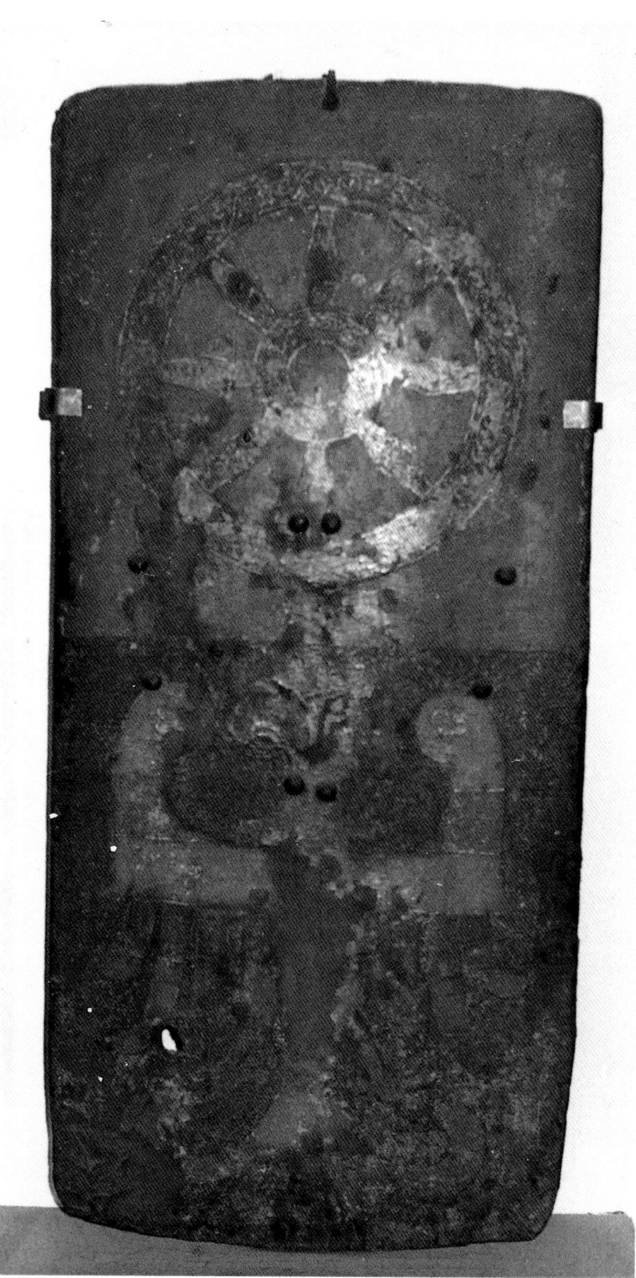

A 2

Setzschild mit Erfurter Wappen

Um 1370
Farbig
Erfurt, Angermuseum

Setzschilde waren nicht zum Tragen bestimmt, sondern sie standen aufrecht und gewährten den hinter ihnen stehenden Schützen Deckung. Ihr Kern besteht aus Holz, das mit Schweinsleder bezogen und bemalt wurde.
Die kostbaren Setzschilde – einzig in ihrer Art – schmückten bis zum Abriß des Hauses 1830 die große Halle des Erfurter Rathauses. Erhalten sind 20 Schilde.

Literatur: Overmann, Erfurt, S. 66 u. 100.

A 3

Das Mainzer Rad in Stein

Pilastersockel, 18. Jahrhundert, am Kurfürstlichen Schloß in Mainz, Diether-von-Isenburg-Straße

Foto: Dirk Othegraven, Mainz, 1986
Mainz, StadtA, BPS, alph. Slg.

A 4
Das Mainzer Rad in Schmiedeeisen

Das Mainzer Rad am Tor zum Collegium Majus der alten Erfurter Universität

Farbaufnahme: Doris Braun, Mainz, 1991
Mainz, StadtA, BPS, alph. Slg.

A 5
Das Wappen der Stadt Mainz

Druck, zweifarbig
Mainz, StadtA, BPS VI D 6

A 6
Das Mainzer Rad am Drei-Herren-Stein auf der Burg Gleichen

Mainz, Dom- und Diözesanarchiv, Nachlaß Hermann Kardinal Volk (Geschenk des Erfurter Bischofs Hugo Aufderbeck)

A 7
Erinnerung an Kurmainz: Das Mainzer Rad in den Wappen heutiger Gebietskörperschaften

Zeichnungen, farbig, DIN A4, von Rudolf Walther, Mainz
Mainz, StadtA, BPS, Sammlung Rudolf Walther

Erfurt
Sömmerda (Schwarzburg und Mainz)
Treffurt (Mainz, Meißen und Hessen)
Heiligenstadt/Eichsfeld
Kreis Heiligenstadt/Eichsfeld
Kreis Duderstadt (Niedersachsen und Mainz)
Gieboldehausen
Worbis
Amöneburg/Hessen
Fritzlar/Hessen
Höchst am Main
Johannisberg/Rheingau

A 8
Ständeordnung

Farbige Darstellung in: Hartmann Schedel, Liber Chronicarum, Nürnberg 1493
Mainz, Stadtbibliothek, Inc. 1206

Die Spitze der Ordnung bildet der Kaiser mit den Kurfürsten. Zur Rechten des Kaisers stehen die drei geistlichen Kurfürsten. Auf den Mainzer folgen der Kölner und der Trierer, zur Linken stehen der Pfalzgraf bei Rhein, der Herzog von Sachsen und der Markgraf von Brandenburg.

Abbildung: Laub, S. 3.

A 9
Der Mainzer Kurfürstenzyklus

Sandsteinreliefs (Abgüsse) an der Rheinpromenade in Mainz
Um 1330
200 x 100 cm
Von links nach rechts: König Ludwig der Bayer, Erzbischof von Mainz, Erzbischof von Köln, Erzbischof von Trier, Pfalzgraf bei Rhein, Herzog von Sachsen, Markgraf von Brandenburg, König von Böhmen

Farbaufnahme: Philipp Schreiber, Mainz
Mainz, StadtA, BPS, alph. Slg.

Um 1317 wurde in Mainz ein Warenlagerhaus errichtet. An den Zinnen der Schaufront waren Reliefs der sieben Kurfürsten und des deutschen Königs angebracht, die bei der Niederlegung des Gebäudes 1812 geborgen werden konnten. Die Abgüsse wurden 1975 vor dem Roten Tor an der Mainzer Rheinuferpromenade aufgestellt.

Abbildung und Literatur: Wittelsbach und Bayern I/2, Titelseite und S. 202–205.

A 10 ▷
Der Mainzer Dom – Die Metropolitankirche der Mainzer Erzbischöfe: Zentrum von Erzbistum und Erzstift

Gesamtansicht, um 1960, von Süden, von der Zitadelle aus. Im Hintergrund der Rhein und die Höhenzüge des Taunus

Foto: Hans Retzlaff, Tann/Rhön, um 1960
Mainz, StadtA, BPS, alph. Slg.

Der von Erzbischof Willigis (975–1011) nach 975 begonnene Dom sah, vor allem im Mittelalter, glanzvolle Begebenheiten: Synoden und Reichsversammlungen, Krönungen und Herrscherbesuche. Er widerstand auch den zahlreichen kriegerischen Erschütterungen, die die Stadt heimsuchten. Der Hof, der Palast der Erzbischöfe, befand sich im Mittelalter, vor dem Bau der St. Martinsburg 1482, in der unmittelbaren (westlichen) Nachbarschaft des Doms, die noch heute den Namen »Höfchen« führt.

A 11

Der Mainzer Dom – Grablege der Erzbischöfe von Mainz

Innenansicht, nördliches Seitenschiff mit Blick in das Westquerhaus

Foto: Hans Retzlaff, Thann/Rhön, um 1960
Mainz, StadtA, BPS, alph. Slg.

Seit dem Tod des Erzbischofs Aribo 1031 war der Dom Grablege der Mainzer Erzbischöfe. Die Erzbischöfe

Siegfried II. von Eppstein (1200–1230) und Gerhard I. Wildgraf von Daun (1251–1259) fanden ihre letzte Ruhestätte in Erfurt.
Zu sehen sind auf dem Foto (von links) die Grabmäler der Erzbischöfe Daniel Brendel von Homburg (1555 bis 1582), Sebastian von Heusenstamm (1545–1555) und Albrecht von Brandenburg (1514–1545).

Literatur: Falck, Nachfolger, S. 74. Schuchert/Lenhart, S. 90.

A 12
»Der Königsmacher«

Tumbaplatte des Erzbischofs Peter von Aspelt (1306–1321) im Mainzer Dom

Foto: Hanne Zapp, Mainz
Mainz, StadtA, BPS, alph. Slg.

Das Bildnisgrabmal zeigt den Erzbischof, wie er die drei Könige Johann von Böhmen, Heinrich VII. und Ludwig den Bayern krönt.

Literatur: Falck, Nachfolger, S. 82. Arens, Dom, S. 90 f., Abb. ebd.

Kat. Nr. A 12

A 13
»Krönung Ihrer May. Königs Ferdinandi II. zum Römischen Keyser«

Der Mainzer Erzbischof und Kurfürst Johann Schweikard von Kronberg (1604–1626) krönt im Dom zu Frankfurt am Main König Ferdinand II. zum Römischen Kaiser

1626 September 9
Kupferstich von Eberhard Kiefer und Sigismund Latomus
27 x 24 cm
Mainz, StadtA, vorl. BPS 1586

Der Mainzer Erzbischof krönt den vor ihm knienden Monarchen, indem er die ehrwürdige Reichskrone über ihn hält. Die Erzbischöfe und Kurfürsten von Köln und Trier assistieren, der Kurfürst von der Pfalz hält den Reichsapfel, der Kurfürst von Sachsen das Schwert, der Kurfürst von Brandenburg das Zepter.
Unter der Darstellung lateinische und deutsche Verse sowie die Zeichnung von Vorder- und Rückseite einer auf dieses Ereignis geprägten Münze:
»Unguentum Caesar Ferdnandus, sertque coronam:
Annulo et ornatur gladio praecingitur, almum
Accipit et sceptrum manibus, globulumque rotundum
Imperii, Sacrum peragitque Moguntius Heros«.

»Ferdnandus hie gesalbet wirt
zum Römischen Keyser und geziert
Mit Scepter, Schwert, Ring, Apfel, Cron,
Maintz solchs mehrtheils verrichtet schon«.

»Sacre Caes. May. Fausti Ominis Ergo Consecrat«.

A 14
»Der Stuhl von Mainz ist berühmt durch seine Suffragane«

Das Erzbistum Mainz und seine zwölf Suffragane, um 1700

Titelkupfer in: Nikolaus Person, Wahrhaffte Abbildungen Deren hochwirdigsten Ertzbischoffen und Churfursten zu Maintz vom Jahr 1419 bis auff den jetzigen Hochwurdigsten Fürsten und Herrn H. Lotharium Franciscum, Mainz 1696

Das Wappen des Erzbistums Mainz (mit den Insignien Schwert, Krummstab, Kurhut und Kreuz) im Kreis der Wappen seiner Suffraganbistümer.
Von oben rechts nach oben links: Würzburg, Eichstätt, Verden, Augsburg, Konstanz, Hildesheim, Halberstadt, Paderborn, Chur, Straßburg, Speyer und Worms.
Im Mittelalter hatte der Mainzer Metropolitanverband seine größte Ausdehnung, bis 1344 gehörten beispielsweise auch Prag und Olmütz zu ihm. Er reichte vom Elsaß bis in den böhmisch-mährischen Raum, von den Südalpen bis an die Elbe. In der Lebensbeschreibung des Erzbischofs Arnold von Selenhofen (1153–1160) heißt es: »Der Stuhl von Mainz ist berühmt durch seine Suffragane, hochedel in seinen Fürsten, wohlausgestattet mit Menschen und Gütern, überaus mächtig und reich. Ihm gehorcht Sachsen und Thüringen, Franken und Hessen, Schwaben, Böhmen und Mähren«.
Die Kupferstichplatte wurde wiederverwendet als Widmungsblatt der Mainzer Universitätsgeschichte von Heinrich Knodt, 1752.

Abbildung: Mathy/Arens, Taf. 73.
Literatur: Jürgensmeier, Bistum. Mathy/Arens, S. 227.

A 15
»Erz bischöfflich Maynzisches Wappen«

Roter Schild mit silbernem sechsspeichigem Rad auf rotsilbernem Wappenmantel, bedeckt mit grün-weißer Mitra, besteckt mit Schwert, Kreuz und Krummstab, den Attributen geistlicher und weltlicher Herrschaft.

Handzeichnung, Ende 17. Jahrhundert
17 x 21,3 cm
Mainz, StadtA, BPS VI B 2

J. J. Moser, Einleitung in das Churfürstlich-Maynzische Staats-Recht, S. 19, fügt seiner Beschreibung des Mainzer Wappens hinzu: »Hinter dem Schild steckt ein Erz-Bischöfflicher Stab und ein Schwerd. Selbige haben aber nicht, wie einige meinen, eine beständige Stelle: sondern in Sachen, welche das Geistliche betreffen, stehet der Erz-Bischoffs-Stab im Siegel zur Rechten, in Sachen hingegen, welche das Weltliche betreffen, das Schwerd«.

A 16
Die Wappen des Kurfürstentums Mainz 1250–1803

Reproduktionen aus: Ludwig Falck, Die Wappen des Kurfürstentums Mainz, in: Mainzer Zeitschrift 65 (1970), S. 189–195

Den Beginn macht der seit etwa 1250 überlieferte Wappenschild. Diesem folgen die Wappen der 37 Mainzer Kurfürsten aus der Zeit von 1321 bis 1803. Den Beschluß machen erstens das Sedisvakanzwappen des Mainzer Domkapitels, zweitens das Wappen des Kurstaates Mainz in der Form um 1790 und drittens das Wappen des Mainzer Domkapitels aus der Zeit um 1750 mit dem achtmal silberrot geteilten Schild.

Literatur: Falck, Wappen.

B Besitz für den heiligen Martin: Die Mainzer Kirche auf dem Weg zur Territorialherrschaft

In der Mitte des 4. nachchristlichen Jahrhunderts stand die christliche Gemeinde der römischen Civitas Moguntinensis unter Leitung eines Bischofs. Aus dem Jahr 346 ist der Name des Bischofs Martinus (oder Marinus) überliefert. Der heilige Bonifatius konnte bereits auf eine stattliche Zahl von Vorgängern zurückblicken, als er 846/47 das Bistum Mainz übernahm. Seit 732 Erzbischof für Germanien, gilt er als der erste Mainzer Metropolit in der langen Reihe der Mainzer Erzbischöfe, aber erst sein Schüler und Nachfolger Lul wurde um 780 in den Rang eines Erzbischofs erhoben. Die Schwerpunkte der Mainzer Kirche lagen am Mittelrhein, auf dem linken und auf dem rechten Rheinufer, am Main, in Hessen und in Thüringen. Die 741 von Bonifatius gegründeten Bistümer Erfurt und Büraburg gingen bald in der Mainzer Diözese auf.

Das Vermögen der Bischofskirchen setzte sich in merowingischer und karolingischer Zeit aus Kirchenzehnten, Eigenkirchen und Grundbesitz zusammen. Besonders im nördlichen Teil der Diözese gehörten der Mainzer Kirche viele Zehnten, deren Erwerbung wohl schon in die karolingische Zeit fiel. Da es neben kirchlichen Zehnten auch privatrechtliche Zehnten gab und sich die Grenzen verwischten, gab es häufig Auseinandersetzungen, im 9. Jahrhundert beispielsweise mit Hersfeld und Fulda.

Einen anderen Vermögensbestandteil bildeten die mit Besitz ausgestatteten Eigenkirchen, über die der Inhaber frei verfügen konnte und die häufig zu Schenkungen an Bistümer und Abteien verwendet wurden. Zu den Mainzer Eigenkirchen gehörten auch die bonifatianischen Gründungen Fritzlar und Amöneburg und möglicherweise auch St. Marien in Erfurt, und zwar schon seit dem 8. Jahrhundert.

Ein sehr wichtiger Bestandteil des Kirchengutes war der Grundbesitz. Auch dieser ist mit dem Namen des heiligen Bonifatius verbunden. Die Besitzungen, mit denen das Bistum Erfurt 741 ausgestattet worden war, gingen in dem Vermögen der Mainzer Kirche auf, ohne daß etwas von dem Zeitpunkt dieser Erwerbungen überliefert wäre. Diese Besitzungen lagen in und um Erfurt und auf dem Eichsfeld. Zahlreiche Verleihungen stammen aus der Zeit der letzten Karolinger. Unter ihnen entstand das Lehnswesen, das zum bestimmenden Faktor der Territorialentwicklung der folgenden Jahrhunderte werden sollte. Aus den Inhabern der Grafschaften, deren Ämter und Lehen erblich geworden waren, entstand, als Zwischengewalt zwischen König und Untertanen, ein neuer Fürstenstand. Die Bischöfe und Abteien, die von dieser Veränderung nicht betroffen waren, drohten von den neuen weltlichen Gewalten erdrückt zu werden. Es lag im Interesse der Könige und der Bischöfe, die Königsgut nicht entfremden konnten, da ihr Besitz nicht erblich war, der Machtausdehnung der weltlichen Fürsten entgegenzutreten. Die Ottonen bedachten auch die Mainzer Kirche mit großen Schenkungen, vor allem an die Erzbischöfe Wilhelm (954–968) und Willigis (975–1011), verliehen ihnen die hohe Immunität und machten sie so zu reichsunmittelbaren Fürsten neben den Grafen und Herzögen. Mainz erhielt die hohe Immunität wahrscheinlich von Otto I., die älteste erhaltene Verbriefung stellte aber Otto II. 975 aus. Mit der hohen Immunität wurden die so ausgezeichneten Besitzungen zu abgeschlossenen Gebieten, die kein öffentlicher Beamter betreten durfte. Die richterliche Gewalt ging, im Falle Mainz, an die Erzbischöfe über. Die Verleihung der Immunität bedeutete einen wesentlichen Schritt auf dem Weg zur Landesherrschaft.

Die Besitzungen des heiligen Martin, wie sich die Mainzer Kirche mit Bezugnahme auf ihren Patron gern nannte, bestanden aus Hoheitsrechten, weltlichen und geistlichen nutzbaren Rechten sowie aus Grundeigentum und gliederten sich nach ihrer Verwendung in das Lehngut, das erzbischöfliche Tafelgut und das Gut des Domkapitels und der Eigenkirchen. Bei den geistlichen Herrschaften ist die Kirchengeschichte kaum von der Territorialgeschichte zu trennen. In beiden Bereichen ist Mainz mehr als jede andere Herrschaft mit der Geschichte Thüringens verbunden. Zentren seiner Besitzungen dort waren Erfurt mit den Stiften St. Marien und St. Severi, das Stift Dorla, das Stift St. Martin in Heiligenstadt und das Stift Jechaburg. Der Beginn einer verwalteten Territorialherrschaft fällt in die Zeit zwischen dem thüringischen Zehntstreit 1083 und der Regierung Adalberts I. (1109–1137).

Wie keiner seiner Vorgänger mehrte Adalbert den Besitz des heiligen Martin in Thüringen, insbesondere durch seine Burgen- und Klosterpolitik. Erfurt, der kirchliche Mittelpunkt, sollte dabei auch zum zentralen weltlichen Ort des Erzstiftes Mainz in Thüringen werden.

Eine erneute Ausweitung des Erzstiftes in Thüringen erfolgte unter der zweiten Regierung des Erzbischofs Konrad I. (1183–1200). Um Erfurt gehörten die Dörfer Hochheim, Bindersleben, Ilversgehofen, Dittelstedt und die slawischen Dörfer Melchendorf und Daberstedt seit vordenklichen Zeiten, vermutlich seit Bonifatius, zum erzbischöflichen Tafelgut und wurden als Küchendörfer bezeichnet.

Im 13. Jahrhundert kam die Entwicklung des Mainzer Territoriums zu einem ersten Abschluß. Zu nennen sind, in bezug auf die Verhältnisse in Thüringen, die beiden Erzbischöfe aus dem Hause Eppstein: Siegfried I. (1200/08–1230) und Siegfried II. (1230–1249). Als der letztere versuchte, nach dem Aussterben der Landgrafen von Thüringen die Mainzer Lehen in Hessen einzuziehen, begründete er allerdings einen jahrhundertelangen Konflikt, in dem Mainz schließlich unterliegen sollte.

Zu Beginn des 14. Jahrhunderts erstreckten sich die Mainzer Besitzungen über das Hinterland der Stadt Mainz, über den Mündungsbereich der Nahe um Bingen, über den rechtsrheinischen Rheingau und den Unterlauf des Mains. Eine Enklave bildete der Besitz von Oberlahnstein an Rhein und Lahn. Der größte zusammenhängende Komplex war das sogenannte Oberstift mit Aschaffenburg als Mittelpunkt. In Hessen gehörten Amöneburg, Hofgeismar, Fritzlar und Naumburg dem Erzstift, in Thüringen das Eichsfeld und, das allerdings loser verbundene, Erfurt mit seinem Gebiet. Durch das Rhein-Main-Gebiet lief die Verbindung zum Spessart, durch die Wetterau, Oberhessen und das Eichsfeld die Verbindung nach Erfurt. Den auf diesen Schienen befindlichen Streubesitz mußten die Mainzer Erzbischöfe abzurunden versuchen, wollten sie ein geschlossenes Territorium zwischen dem Rhein und Thüringen schaffen. Dies ist nicht gelungen.

Der alte Bestand in Thüringen konnte auch während des späten Mittelalters gesichert und erweitert werden; in Erfurt selbst mußte der heilige Martin seit der 1. Hälfte des 13. Jahrhunderts allerdings hinter dem politisch und wirtschaftlich erstarkenden Bürgertum zurücktreten.

Literatur: Falck, Klosterfreiheit. Falck, Nachfolger. Jürgensmeier, Bistum. Stimming, Entstehung. Patze, Entstehung. Patze, Polit. Gesch.

domino karissimo summi pontificatus infula predito uiro
apostolico zachariae bonifatius seruus seruorum dei ;

CONfitemur domine pater quia postquam per nuntios
referentes audiuimus quod uenerandae memoriae apos
tolicus urī praecessor gregorius pontifex apostolicae
sedis . ergastulo corporeo absolutus ad dominum migra
uit quod maiorem laetitiam & maius gaudium nob
non audiuimus & sursum censis ad aethera palmis dō
gratias egimus quam quod clementem paternitatem
uestram altissimus arbiter canonica iura regere &
apostolicae sedis gubernacula gubernare conces
sit ergo non aliter quam ut ante uestigia uestra genu
calcantes intimis subnixe flagitamus precibus ut
sicut praecessorum uestrorum per auctoritatem scī petri serui
deuoti & subditi discipuli fuimus ; sic & uestrae pietatis
serui oboedientes subditi sub iure canonico fieri mere
amur ; Optantes catholicam fidem & unitatem
romane ecclesiae seruando & quantoscumque audientes
uel discipulos in ista legatione mihi deus donauerit
ad oboedientiam apostolicae sedis inuitare & in
ducere non cesso ; Necesse quoque habemus indicare
paternitati uestrae quia per dei gratiam germaniae

populus aliquantulum percursis vel correctis. tres or
dinavimus episcopos & provinciam inter eos parrochi
as discrevimus & illa tria oppida sive urbes in
quibus constituti & ordinati sunt scriptis auctori
tatis vestrae confirmari & stabiliri precantes deside
ramus. unam esse sedem episcopatus decre
vimus in castello quod dicitur uuirzaburg & alte
ram in oppido quod nominatur buraburg.
tertiam in loco quod dicitur erphesfurt qui fuit
iam olim urbs paganorum rusticorum; haec tria
loca propria carta auctoritate apostolatus vestri
roborare & confirmare diligenter postulamus.
ut si deus voluerit per auctoritatem & praeceptum
sancti petri iussionibus apostolicis fundatae & stabi
litae sint: tres in germania episcopales sedes
& ut praesentes vel futurae generationes non praesumant
vel parrochias corrumpere vel violare praeceptum apos
tolicae sedis. Notum similiter sit paternitati vestrae
quod carlomannus dux francorum me arcessitum
ad se rogavit ut in parte regni francorum quae in
sua est potestate synodum cepere congregare.
& promisit se de ecclesiastica religione que iam

◁ B 1

Erphesfurt/Erfurt – die älteste schriftliche Überlieferung

Bonifatius, der Apostel der Franken, an Papst Zacharias: Teilt die Gründung der Bistümer Würzburg, Büraburg und Erfurt mit

Frühjahr/Sommer 742

Aus der ältesten, um 800 auf Anregung von Lul, dem Schüler und Nachfolger des heiligen Bonifatius auf dem Mainzer Stuhl zusammengestellten Briefsammlung. Diese entstand in Mainz, wurde im Domstift St. Martin verwahrt und gelangte nach 1789 über Aschaffenburg nach München
München, Bayerische Staatsbibliothek, Cod. lat. 8112, fol. 17v–21v

Die entsprechende Stelle in dem Brief (fol. 17v–18r) lautet: »Necesse quoque habemus indicare paternitati vestrae, quia per Dei gratiam Germaniae populus aliquantulum percursis vel correctis tres ordinauimus episcopos et prouinciam in tres parochias discreuimus; et illa tria oppida siue urbes, in quibus constitui et ordinati sundt, scriptis auctoritatis uestrae confirmari et stabiliri precantes desideramus. Unam esse sedem episcopatus decreuimus in castello, quod dicitur uuirzaburg et alteram in oppido, quod nominatur buraburg; tertiam in loco, quod dicitur erphesfurt, qui fuit iam olim urbs paganorum rusticorum«.
(Wir müssen auch Eurer Väterlichkeit mitteilen, daß wir durch Gottes Gnade für die Völker Germaniens, die einigermaßen aufgerüttelt und zurechtgewiesen sind, drei Bischöfe bestellt und die Provinz in drei Sprengel eingeteilt haben, und jetzt bitten und wünschen wir, daß die drei Orte oder Städte, in denen sie eingesetzt und bestellt sind, durch Urkunden Eurer Machtfülle bestätigt und gesichert werden. Ein Bischofssitz, so haben wir bestimmt, soll in der Burg sein, die Würzburg heißt; der zweite in der Stadt, die Büraburg heißt; der dritte an einer Stelle, die Erfurt heißt, diese war ehedem eine Stadt ackerbautreibender Heiden.)
Die drei neugegründeten Bistümer legten sich möglicherweise über eine von Mainz ausgegangene ältere Kirchenorganisation. Der für Erfurt gewählte Bischof Willibald zog sich nach Eichstätt zurück. Als Bonifatius 746/47 das Mainzer Bistum erhielt, ging das Bistum Erfurt in dessen Sprengel auf (Staab, S. 39 ff.).

Druck: MGH Ep. sel. 1 Nr. 50 (ed. TAngl). Rau Nr. 50 (lat. u. deutsch).
Literatur: Staab. Kadenbach, Ersterwähnung.

B 2

Der heilige Bonifatius

Denkmal, Roter Sandstein, 1357

Foto: Hans Retzlaff, Tann/Rhön
Mainz, StadtA, BPS, alph. Slg.

Die Denkmalplatte lag ursprünglich in der Mainzer St. Johanniskirche, in der die Eingeweide und die Leichengewänder des heiligen Bonifatius beigesetzt worden waren. 1823 kam die Platte in den Dom.
Die lateinische Inschrift lautet in deutscher Übersetzung (nach Arens, Inschriften, Nr. 41): »Im Jahre des Erlösers 1357 erneuerte Erzbischof Gerlach in Ehren durch lieblichen Schmuck das Grab, in dem die Eingeweide des Erzbischofs Bonifatius beigesetzt sind, wo jetzt würdige himmlische Zeichen erstrahlen. – Dieser Stein war einst in St. Johann errichtet, hierher wurde er am 11. Juli 1823 verbracht und 1896 mit neuer Zier bedeckt«.

Literatur: Arens, Inschriften, Nr. 41.

B 3

Mainz erhält die hohe Immunität

Kaiser Otto II. bestätigt, nach Fürsprache seiner Gemahlin Theophanu, Erzbischof Willigis (975–1011) alle von seinen Vorgängern verliehenen Privilegien der Mainzer Kirche und verleiht ihr die hohe Immunität

Dortmund 975 Januar 25
München, Bayer. HStA
Fotovorlage: Marburg, Älteres LichtbildA

Der Kaiser bestätigt den Besitz der Mainzer Kirche an Abteien, Stiftern und Klöstern, Münzen und Zöllen, Orten und Menschen. – Kein öffentlicher Richter darf die Mainzer Besitzungen betreten, niemand amtliche Zwangsgewalt gegen die Hintersassen ausüben und Unterhalt oder Quartier fordern. Die Hintersassen haben allein vor dem Erzbischof oder seinem beauftragten Vogt ihren Gerichtsstand.

Druck: MUB 1 Nr. 216.
Regest: Böhmer/Will, S. 118.
Literatur: Stimming, Entstehung, S. 17–20.

B 4

Das Erzstift Mainz zur Zeit des Erzbischofs Willigis

Nach der Karte aus: Hinkel, S. 25. Entwurf Karl-Heinz Spieß auf der Grundlage der Karte »Die territoriale Entwicklung des Kurfürstentums Mainz« aus: Geschichtlicher Atlas von Hessen. Ausführung: Band/Laeis

Eingezeichnet sind die Erwerbungen bis zum Tod des Erzbischofs 1011 mit den Besitzschwerpunkten am Mittelrhein, am Main und in Thüringen sowie die Grenzen des Bistums Mainz.

B 5

Besitzvermehrung für den heiligen Martin

Verzeichnis der von Erzbischof Adalbert I. von Mainz (1109/11 bis 1137) für seine Kirche erworbenen Besitzungen

1111/1137
Würzburg, Bayer. StA, Kopialbuch des Mainzer Erzstiftes I, fol. 57a
Fotovorlage: Bayer. StA Würzburg

Nach dem vermutlich in den Jahren 1124 bis 1130 angelegten Verzeichnis erwarb Adalbert Güter in 16 Orten (mit Ministerialen, Leibeigenen, Kirchen, Wäldern, Mühlen usw.), 15 Burgen (darunter Gleichen und Mühlburg), 21 einzelne Hufen, 5 Klöster und Propsteien. – Die Mehrzahl der neuen Besitzungen des heiligen Martin lagen in Thüringen (z. B. in und bei Ettersburg, Sangershausen, Bennungen/Roßla, Wickerode, Sondershausen, Mellingen), andere befanden sich in Hessen, auf dem Eichsfeld, am Main, im Taunus und im Rheingau, überall dort, wo die Mainzer Kirche bereits Besitzungen hatte. Unter Adalbert erlebte das Mainzer Erzstift einen Höhepunkt seiner Besitzvermehrung. Erfurt maß er zentrale Bedeutung zu. Nahezu jedes Jahr während seines relativ langen Pontifikats hielt er sich dort längere Zeit auf. Seinen gleichnamigen Neffen und Nachfolger ernannte er zum Propst von St. Marien.

Druck: MUB I Nr. 616.
Literatur: Stimming, Entstehung. Patze, Entstehung, S. 206 f. Sonntag.

B 6
»Ertzbischoff Albrecht zu Meintz handelt unbarmhertzig mit seinen Unterthanen, des Zehenden Halben« – Zehntstreit unter Erzbischof Adalbert I., 1123

Notiz in der handschriftlichen »Chronica Erfordiana« des Eobanus von Dolgen, 1586

Mainz, Stadtbibliothek
Fotovorlage: StadtA Mainz

»1123. Hat Ertzbischoff Albrecht zu Meintz, des Zehenden / halben, hart auff die Düringer gedrungen, und denselbigen von allen / Früchten mit Gewalt haben wollen. Als sich nun die armen Leute / in der Ditterstetter Marckt, darinnen etwas gesperret, sind sie von den / Meintzischen uberfallen, und ir etzliche erschlagen, etzliche verwundet, auch / ir ein teils gefenglich hinweg geführt worden, welchs die andern Dü- / ringischen Bauren beweget, und verursachet, weil sie sich gleiches zube- / fahren gehabt, das sie sind zusammen gelauffen, und von allen Orten / her, zu Tretteburg, zuhauffen kommen, sind also in die 20 000 starck, / fur Erffurdt gezogen, in willens, den Ertzbischoff, so gleich dainnen gewe- / sen, zu uberfallen, und also dermal eins, des beschwerlichen Zehendens sich / zu entledigen. Und hettens auch in das Werck, wo sie nicht der / Ertzbischof mit seinen listigen hette abgewandt, das sie sich / uberreden lassen, abgezogen, und wiederumb zu frieden gegeben hetten.«
Über das Ereignis berichtet auch die Erfurter Peterschronik. Danach fügten sich die Bauern allerdings »dem klugen Rat« des Erzbischofs, einem Mann, »ausgestattet mit angeborener Begabung«.
Weit bekannter war der Zehntstreit, in den Erzbischof Siegfried I. in den Jahren vor 1073 mit den Thüringern und den Klöstern Fulda und Hersfeld verwickelt war und der mit dem Vergleich von 1073 beigelegt wurde. Angeblich hatte sich Markgraf Otto von Meißen als erster der Thüringischen Fürsten 1067 dazu verstanden, den Zehnt von seinen Besitzungen an das Erzstift Mainz zu geben.

Literatur: Patze, Polit. Gesch., S. 14. Schmidt, Gegenstand. Göldner, Bauernaufstand.

B 7
Das Krummhaus auf dem Severiberg – älteste Residenz der Mainzer Erzbischöfe in Erfurt

Ansicht der Severikirche von Norden mit der vorgelagerten »Bonifatiuskapelle« (links) und den Mauerresten im Vordergrund

Zeichnung, um 1800
Erfurt, Angermuseum
Fotovorlage: Stadtarchiv Erfurt (Aufnahme: Chr. Riesterer)

Erzbischof Adalbert I. ließ am östlichen Abhang des Severibergs eine Burg errichten, die wegen ihrer Form »Krummhaus« genannt wurde. Reste sind noch im Garten des Severi-Pfarrhauses zu erkennen sowie in der fälschlich so genannten Bonifatiuskapelle, einem ehemaligen Turm der erzbischöflichen Pfalz aus der Zeit Adalberts I. Der Umbau zur Kapelle erfolgte erst 1624.

Literatur: Overmann, Erfurt, S. 12. Zieschang, S. 10–14 u. 55.

B 8
Verfall des Krummhauses

Erzbischof Heinrich III. von Virneburg und das Mainzer Domkapitel übergeben dem Marienstift zu Erfurt das Krummhaus

1343 April 23
Pergament, Latein, Siegel des Erzbischofs und des Domkapitels
17 x 34 cm
Erfurt, Domarchiv, I 469

Erzbischof Heinrich III. von Virneburg (1328–1353), Domdekan Johann und das gesamte Domkapitel zu Mainz übergeben dem Marienstift ihren Hof zu Erfurt, das sogenannte Krummhaus, daß von dem Kantor an St. Marien bewohnt wird, aber ruinös ist, zu nützlichem Gebrauch und mit dem Vorbehalt des Rechtes auf Nutzung durch den Erzbischof bei seiner Anwesenheit in Erfurt.

Druck: Beyer II Nr. 232.
Regest: Vigener Nr. 4977.
Literatur: Overmann, Erfurt, S. 12.

B 9

Besitz und Einkünfte des heiligen Martin in Erfurt und Umgebung

Verzeichnis (Heberolle) der Tafelgüter und Nutzungsrechte des Mainzer Erzbischofs Siegfried III. (1230–1249), um 1248/49

Papierlibell, Quart, Pergamenteinband, 30 Blatt
Darmstadt, Hess. StA, Handschriften (Abt. C 1 Nr. 35) 260

Das Libell enthält Einträge über Besitz und Einkünfte des Erzstiftes Mainz aus Grundeigentum, Zehnten, Gerichtsbarkeit und anderen Besitzungen, geordnet nach topographischen Gesichtspunkten. Das Verzeichnis umfaßt nur die Vizedominate Erfurt, Rusteberg und Aschaffenburg.
Das als »Mainzische Heberolle aus dem 13. Jahrhundert« bezeichnete Libell enthält auf Blatt 1–13r eine Aufzählung verpfändeter erzbischöflicher Tafelgüter, auf Blatt 13v–17 eine Abrechnung über bezahlte Schulden, auf Blatt 27–28v ein sogenanntes Koppelfutterverzeichnis ostfränkischer Zehnten.
Die beiden ersten Teile sind wahrscheinlich noch in der Regierungszeit Erzbischofs Siegfried III. um 1248/49 von dem Schreiber Berthold abgefaßt worden, die eigentliche Heberolle nach 1263, in der Regierungszeit des Erzbischofs Werner von Eppstein (1259–1284).

Druck: Erhard.
Literatur: Stimming, Entstehung, S. 153–157.

B 10

Erzbischof Siegfried III. von Mainz (1230–1249)

Tumbaplatte des »Königmachers« Heinrich Raspe und Wilhelm von Holland im Dom zu Mainz

Fotografie
Mainz, StadtA, BPS, alph. Slg.

Siegfried III. von Eppstein folgte in der energischen Verwaltung des Erzstiftes Mainz seinem Oheim und Vorgänger Siegfried II., der manche Burgen und Besitzungen hinzugewinnen konnte. Nach Aussterben der Landgrafen von Thüringen bemühte er sich um die Einziehung der Mainzer Lehen in Thüringen und löste dadurch einen jahrhundertelang währenden Konflikt mit Hessen aus.

Literatur: Falck, Nachfolger, S. 79. Jürgensmeier, Bistum, S. 91 bis 110.

B 11

»unserem rechte . . ., daz wir han in der stat zu Erforte«: Die Concordata Gerhardi

Vereinbarung zwischen Erzbischof Gerhard II. von Mainz (1289 bis 1305) und dem Rat zu Erfurt über die dem Erzbischof in Erfurt zustehenden Rechte.

Mainz 1289 November 26
Pergament, Siegel des Erzbischofs und des Mainzer Domkapitels
77 x 55 cm
Erfurt, StadtA, 0-0/A VI – 2

Verzeichnis der – nach jahrzehntelangen Auseinandersetzungen mit der aufstrebenden Erfurter Bürgerschaft – den Mainzer Erzbischöfen verbliebenen Gerechtsame. Diese setzten sich zusammen aus der hohen und niederen Gerichtsbarkeit, dem Judenschutz, den Freizinsen von den Freigütern, aus dem Münzrecht mit dem Schlagschatz, dem Marktmeisteramt mit dem Zoll und dem Schultheißenamt im Brühl und in der Stadt. Alle nichtgenannten Befugnisse gingen stillschweigend an den Rat über.
Die Concordata Gerhardi waren von grundlegender Bedeutung für das weitere Verhältnis des Erzstiftes Mainz zur Stadt Erfurt. Sie bedeuteten Abschluß und Anfang zugleich. Inhalt und Sprache des Weistums sind auch über die Erfurter Ortsgeschichte hinaus wichtig. Die am 26. November 1289 in Mainz beurkundete Aufzeichnung besiegelte Gerhard noch einmal am 30. November bei seiner Anwesenheit in Erfurt.

Druck: Kirchhoff, S. 1–30.
Literatur: Overmann, Erfurt, S. 48 f. Mägdefrau/Langer, Entfaltung, S. 89.

B 12

(Abb. S. 32)

Die Concordata Gerhardi im Grünen Buch der Stadt Erfurt

Zeitgenössische, reich illuminierte Abschrift
Schmalfolio
Erfurt, StadtA Nr. 2 – 111/2
Fotovorlage: StadtA Erfurt, Bildabteilung (Aufnahme: Christine Riestener)

B 13
Erzbischof Gerhard II. verpfändet der Stadt Erfurt die Münze, das Marktmeisteramt und das Schultheißenamt im Brühl und in der Stadt Erfurt auf sechs Jahre

Mainz 1289 November 24
Druck bei: Johann Peter Schunck, Codex Diplomaticus, S. 170–172

Zwei Tage vor Aufzeichnung der Concordata Gerhardi, in denen sich der Erzbischof ausdrücklich die Rechte über die Münze, das Marktmeister- und Schultheißenamt sicherte, verpfändete Gerhard aus Geldnot diese für sechs Jahre an die Stadt Erfurt. Die Verpfändungen wurden später mehrmals erneuert und inhaltlich erweitert.

Druck: Beyer I Nr. 393.
Literatur: Mägdefrau/Langer, Entfaltung, S. 68.

Kat. Nr. B 14

B 14
Erzbischof Gerhard II. von Mainz (1289–1305)

Kopf
Sandstein, um 1305
Höhe: 33 cm, Breite: 22 cm
Mainz, Dom- und Diözesanmuseum

Der mit einer Mitra bekleidete Kopf stammt von einem um 1305 geschaffenen Grabmal im Mainzer Dom. Dort wurde er erst 1872 aufgefunden. Er gehört dem sogenannten ersten »weichen Stil« am Mittelrhein an.

Abbildung: Jung, Taf. 36.
Literatur: Arens, Inschriften, Nr. 31. Jung, S. 287.

B 15
Erwerbung der Burgen Gleichenstein, Scharfenstein, Birkenstein und des »ganzen Landes Eichsfeld« durch Erzbischof Gerhard II. für 1100 Mark lötigen und 500 Mark nichtlötigen Silbers von den Grafen von Gleichen

1294 November 13
Latein
Würzburg, Bayer. StA, Mainzer Ingrossaturbuch 2, fol. 49 (auch Lib. reg. 6, fol. 125)

Mit dem Kauf gelang Gerhard sowohl ein bedeutsamer Erwerb für das Erzstift Mainz als auch eine Schwä-

meistir vnde Munzmeistir
vnde der voyt des Greuin
vnde des vicetumes gesinde
die zu irme brote gen.
vnde in irme hus slafen
ubir die sullen sie richten
entetin sie des nicht. So
sal der Schultheize des Erze
bischoues richten ubir daz
selbe gesinde. Der boteldėr
en sal abir nicht gebieten
deme gesinde in irs herren
hus. er sal abir ome gebie
tin swa man iz gesehet an
der straze odir andirswa
vor den schultheizin. der
sal denne ubir iz richten
nach rechte

Dit ist von deme Mar-
ket meistir ammichte des
Erzebischoues

Der Market meister
der sal sinen zol ne
men von allirhande lutin
alse sie vorkouffet habin
vnde die wile sie nicht vor
kouffet habin. so en sal
man sie nicht pfendin vm
me den zol. Ist abir daz
ein man ein teyl vorkou
fet von sime wayne. so sal
her sinen zol gebin. odir
ein pfant biz daz her alliz
vorkouffet. ob iz der
zolnere eysche odir nicht
Gebet her danne deme zol
nere nicht sinen zol. so va
re he uffe sin recht

Von deme der zollis sal le
dig wesin odir nicht

Phaffen vnde Rittere.
Vnde Ritters kint. vnde

chung der wichtigen mainzischen Amtsträger in Thüringen. Für den Kauf hatte er sich allerdings bei der Stadt Erfurt und bei den Bürgern von Heiligenstadt erneut verschulden müssen.

Regest: Vigener Nr. 380.
Literatur: Patze, Polit. Gesch., S. 61 f.

B 16
Liber registri literarum ecclesiae Moguntinae Nr. 6

(um 1390)
Pergamentkodex mit Urkundenabschriften über Lehen, Burgöffnungen, Rechte und Güter des Mainzer Erzstiftes in Hessen, Sachsen, Westfalen, Thüringen (insbesondere Erfurt) und auf dem Eichsfeld

Würzburg, Bayer. StA, MzBvInh 22

B 17
Besitz Mainzer Stifte in Thüringen: St. Viktor bei Mainz und der Patronat der Kirche St. Viti in Gispersleben

1421
Kopialbuch des Stiftes St. Viktor bei Mainz, Bd. 1
Pergament, Großfolio, 226 Blatt
Holzdeckel mit Pergamentüberzug, Metallbeschlägen und Metallschließen
Darmstadt, Hess. StA, Handschriften C 1 A Nr. 129, fol. 95

Das Stift St. Viktor bei Mainz erhielt 997 durch Fürsprache des Erzbischofs Willigis und der Kaiserschwester Sophie von Otto III. eine umfangreiche Schenkung von Königsgut in der Umgebung von Mühlhausen und Langensalza. Nachweisbar seit der ersten Hälfte des 12. Jahrhunderts hatte es auch Besitz in Gispersleben bei Erfurt (25 Mansen). Der thüringische Besitz des Stiftes bestand aus Grundbesitz, Gerichtsbarkeiten und einem Patronat. Seit 1270 wurden alle Einkünfte und Rechte an zwei Erfurter Bürger verpachtet. Diese Schultheißen zogen Zinsen und Pacht ein, erhielten die Nutzung der Wald- und Fischereirechte und übten die niedere Gerichtsbarkeit aus.
1465 verkaufte St. Viktor seine thüringischen Besitzungen für 1200 rheinische Gulden an das Stift St. Marien in Erfurt.
Das Stift St. Stephan in Mainz hatte Besitz vor allem in Marbach und Gispersleben Kiliani. Aus einem Streit mit den Erfurter Patriziern Wolf von Milwitz und Hartung Utensbergen aus dem Jahr 1516 geht hervor, daß dem Stift die Oberherrschaft über Gispersleben Kiliani zur Hälfte gehörte. 1518 verkaufte St. Stephan seinen Besitz an das Severistift in Erfurt.
Das Stift St. Peter in Mainz erhielt 1069 Zehntrechte in Thüringen aus der Hand Erzbischofs Siegfried I. bestätigt. Auch das Mainzer Domstift war mit Besitz in Thüringen begabt. 1150 tauschte Erzbischof Heinrich I. mit Landgraf Ludwig Güter. Danach erhielt die Mainzer Domkantorei 11 1/2 Mansen in Bachstedt bei Erfurt, Süßenborn und Kromsdorf bei Weimar und Kupferstedt, während sie die Güter zu Apolda an den Landgrafen abtrat.

Literatur: Hansel, S. 186–192. Gerlich, St. Stephan, S. 133 f. Liebeherr, S. 67.

B 18 ▷
Zehntrechte des Stiftes St. Peter bei Mainz in Thüringen

Erzbischof Siegfried I. (1060–1084) bestätigt dem Stift St. Peter, daß er die Zehntrechte in Thüringen, um die seine Vorgänger lange gestritten hatten, vollständig erhalten habe, und bestimmt, daß das Stift St. Peter in Mainz alle Zehnten, die es früher empfing, wieder unverkürzt erhalten solle.

1069
Eintrag im Kopialbuch von St. Peter aus dem 13. Jahrhundert
Mainz, StadtA, 13/310, S. 16–18

Unter den Laienzeugen befinden sich auch die erzbischöflichen Beamten in Thüringen: Burggraf, Vogt und Vizedominus

Die Verleihung der Zehntrechte spielte sich vor dem bekannten Zehntstreit ab, in den Siegfried, die Thüringer sowie die Klöster Hersfeld und Fulda verwickelt waren, der mit dem Vergleich von 1073 endete (vgl. Exponat B 5).

Druck: MUB I Nr. 323.
Literatur: Patze, Polit. Gesch., S. 14.

◁ *Kat. Nr. B 12*

Sifridi archiepiscopi Maguntini de decimis in Thuringia.

In nomine sancte et individue trinitatis. Quoniam omnium rerum est uicissitudo. nullaque mutabilium poterit esse certitudo. prudenti opus est consilio. qualiter succedente posteritatis tempore. firmum et inconuulsum permaneat. quod quis firmare et stabile esse desiderat. Unde ego Sigefridus dei gratia Maguntine sedis archiepiscopus. notum facio omnibus tam futuris quam presentibus; quomodo decimationem illam super thuringiam. pro qua antecessores mei. maximeque proximus predecessor meus beate in christo memorie Liutbaldus pene usque ad sanguinem certando laborauit. plenum et perfectum acquisiui. et ecclesiis dei earumque seruitoribus eandem canonica auctoritate distribuendam esse decreui. Quapropter omnium diocesis mee ecclesiarum constructioni uolens consulere. in primis ecclesie magni illius petri apostoli que sita est maguntie illud ius secundum canonica decreta delegaui et constitui. ut prepositus eius Diemo. suique successores in thuringia deinceps de omnibus hus habeant decimationem iustam et integram. unde prius acceperat solum quod uocant uulgariter decimam. Hoc autem ut succedentium posteritati notum fiat. et semper stabile inconuulsumque permaneat. placuit nomina testium tam clericorum quam laicorum qui eidem concessioni interfuerunt annotari et cartulam ipsam nostri sigilli impressione signari. Hoc uero siquis postea infringere presumat. dei omnipotentis et magni illius petri apostolorum principis odium mereatur. et tamen inceptum nulla possibilitate perducat ad effectum.

Nomina testium. Razo prepositus. Burchardus camerarius et prepositus. Hartwinus prepositus. Rubertus decanus et prepositus. Arnoldus custos et prepositus. Gozwinus ~~presbiter~~ prepositus. Folbertus prepositus. Cunradus prepositus. Hildelinus prepositus. Meginwardus prepositus. Videlo prepositus. Drubertus prepositus. Ruzelinus prepositus. Nomina laicorum. Gebeno prefectus urbis. Adelbraht aduocatus. Heinricus comes. Sigefridus comes. Wiggert comes. Rudolfus comes. Ludewic aduocatus. Eberhart comes. Udelrich aduocatus. Adelhun aduocatus. Ludewic comes. Hiit comes. Adelbraht aduocatus. Euerhardus uicedominus.

C Der heilige Martin und die getreue Tochter der Mainzer Kirche: Herrschaft und Verwaltung im Mittelalter

Weithin sichtbar grüßte vor dem Rathaus die Statue des heiligen Martin, des Erfurter Stadtpatrons und des Patrons des Mainzer Erzstifts, die Bürger. Er blickte auch von dem Stadtsiegel, das mit der Umschrift »Erfurt ist die getreue Tochter der Mainzer Kirche« versehen war. An vielen Stellen in der Stadt war das Mainzer Rad, das Wappen der Erzbischöfe, zu sehen, auch auf seinen Münzen. Der Heilige und das Rad waren Symbole der Hoheitsrechte des Stadtherrn.

Während Erfurt neben Mainz den Hauptstützpunkt darstellte, war die Herrschaft über die weit vom Rhein entfernte Besitzung mit naturgegebenen Schwierigkeiten verbunden, der Reiseweg der Erzbischöfe mühsam und auf die Stützpunkte in Hessen und auf dem Eichsfeld angewiesen. Trotzdem bezeugen die Itinerare der Erzbischöfe bis in das 15. Jahrhundert ihre häufigen, nach den Selbständigkeitsbestrebungen der Stadt Erfurt allerdings seltener werdenden Besuche in Thüringen.

Die Verwaltung der Mainzer Besitzungen in Thüringen zur Zeit der Grundherrschaft liegt weitgehend im dunkeln. Immerhin sind schon aus der Zeit Siegfrieds I. die Ämter des Burggrafen, des Vogtes und des Vizedoms überliefert. Helleres Licht fällt auf die Ausübung von Herrschaft in der Zeit Adalberts I., als dieser um 1120 die Verwaltung dezentralisierte und intensivierte.

Wertvolle Informationen aus den verschiedenen historischen Stufen hat der Provisor des erzbischöflichen Allods in Erfurt, Hermann von Bibra, 1332 in seinem berühmten Bibra-Büchlein überliefert. Der Schultheiß im Brühl (Brühl = Wiese beim Herrenhof) gilt möglicherweise als der älteste grundherrliche Beamte in Erfurt. Als im 12. Jahrhundert das Amt des Schultheißen in der Stadt (bei der Kaufmannskirche) geschaffen wurde, erscheint dieser zunächst auch als Marktmeister bei der Kaufmannskirche, bis sich dieses Amt verselbständigte. Marktmeister, Brühl- und Stadtschultheiß waren erzbischöfliche Ministeriale. Diese erscheinen auch als Inhaber der erzbischöflichen Hausämter: des Truchsessen, des Kämmerers und des Schenken.

Bereits 1108 gab es den Freizins, eine Abgabe, die von den Freigütern zu leisten war und wahrscheinlich auf der Grundleihe beruhte. Der Erzbischof hatte die Dienstbarkeit in einen Erbzins umgewandelt und die Güter zu freiem Eigentum verliehen. Der Freizins war später in sogenannten Freipfennigen zu entrichten. Die Institution war noch in der Neuzeit bekannt. Der Freizins für den Bezirk links der Gera wurde vom Schultheißen im Brühl in St. Severi erhoben, der Freizins für den Bezirk rechts der Gera vom Marktmeister in der Kaufmannskirche, die vermutlich auf dem Gebiet des ehemaligen Marktes lag, während die Gegend um Dom und St. Severi möglicherweise auf eine erzbischöfliche Marktsiedlung zurückgeht.

Münzherr in der Stadt Erfurt war der Erzbischof. Die ältesten Programme stammen aus der Zeit des Erzbischofs Aribo (1020–1031). Sie leiteten eine neue Blütezeit in der Wirtschaftsgeschichte der Stadt ein. Vitztum und Münzmeister waren die Vorgesetzten der Münzerzunft, der sogenannten Hausgenossenschaft. Der Münzmeister beaufsichtigte außer den Hausgenossen auch die Goldschmiede, Waagen und Gewichte. Außerdem richtete er alle Münzvergehen. Mit dem Schultheißen- und dem Marktmeisteramt verpfändete Gerhard II. 1289 auch das Münzmeisteramt an die Stadt Erfurt.

In einer Urkunde Adalberts I. von 1120 erscheint erstmals mit Ernst von Tonna ein beamteter Vogt, und zwar aus dem edelfreien, von Mainz abhängigen Geschlecht der Grafen von Gleichen. Als Inhaber der Blutgerichtsbarkeit waren sie so eng mit der Stadt Erfurt verbunden, daß sie sich auch als Grafen von Erfurt bezeichne-

ten. 1290 mußten sie allerdings die Vogtei an die Stadt Erfurt verkaufen.
Der Vitztum, der in der genannten Urkunde Adalberts ebenfalls als Zeuge erscheint, war der Vertreter des Erzbischofs und hatte die Aufsicht über die gesamte »zivile« Verwaltung. Mit dem Vitztum Dietrich II. (1162 bis 1170) wurde das Amt in der Ministerialenfamilie von Apolda erblich, die sich später Vitztume von Apolda nannten, von denen sich die von Eckstedt abspalteten, bei denen das Erfurter Vitztumsamt verblieb, bis es 1342 an den Mainzer Erzbischof verkauft wurde. Aber zu dieser Zeit waren die Aufgaben der Erfurter Vizedomini in der Verwaltung längst verblaßt. Denn inzwischen war der Provisor des erzbischöflichen Allods im Mainzer Hof zum wichtigsten erzbischöflichen Beamten in Erfurt geworden, dem auch hohe richterliche Funktionen übertragen wurden. Der bekannteste Provisor war Hermann von Bibra (Bibra-Büchlein), der etwa von 1321 bis 1336 amtierte. Im Mainzer Hof saß auch dessen Verwalter, der erzbischöfliche Küchenmeister. Von den Küchenmeistern wurde vor allem der 1494 ernannte Nikolaus Engelmann durch sein Weistum, das Engelmann-Buch, bekannt.

1289 verpfändete Erzbischof Gerhard II. die Schultheißenämter, das Marktmeister- und das Münzmeisteramt an die Stadt Erfurt, die sie fortan mit Bürgern besetzte. Entschlossen hielt aber auch Gerhard II. an der Gerichtsbarkeit fest. In der städtischen Willkür von 1306 hatte der Rat Berufungen nach außerhalb zwar untersagt, trotzdem wurden Klagen vor das erzbischöfliche Gericht in Mainz gezogen. Gegen Ende des 15. Jahrhunderts wurde das weltliche Gericht des Erzbischofs in Erfurt nach modernen Gesichtspunkten reformiert.

Erzbischof Adalbert I. war es wahrscheinlich auch, der im 12. Jahrhundert eine Reorganisation der immer komplizierter werdenden kirchlichen Verwaltung durchführte. Zunächst hatten sich die Erzbischöfe bei geistlichen Aufgaben von Chorbischöfen vertreten lassen. Diese weihten Kirchen und Altäre, firmten, weihten Priester und übten die geistliche Gerichtsbarkeit aus. Später übernahmen die Bischöfe aus den nördlichen oder nordöstlichen Missionsbistümern Weihehandlungen. Im 14. Jahrhundert lösten Bischöfe ohne eigene Diözese, vom Erzbischof ernannte und vom Papst bestätigte, auf den Titel eines untergegangenen Bistums »im Gebiet der Heiden« geweihte Bischöfe die Chorbischöfe ab. Die Mainzer Kirche hatte fortan zwei Weihbischöfe: einen in partibus Rheni in Mainz, einen zweiten in partibus Thuringiae in Erfurt. Als frühester Weihbischof in partibus Thuringiae gilt Theoderich, O. Min., Episcopus Vironensis, der aus dem Jahr 1247 bezeugt ist. Der Amtsbereich der Erfurter Weihbischöfe umfaßte im Spätmittelalter die Archidiakonate Mariae Virginis und St. Severi in Erfurt, Dorla, Jeachaburg und Heiligenstadt. Mit den Archidiakonaten Nörten, Einbeck und Fritzlar wies er über Thüringen hinaus.
Die Archidiakonate erfuhren im 12. Jahrhundert ebenfalls eine neue Umschreibung und Einteilung. Danach gliederte sich das Erzbistum Mainz in 18 Archidiakonate, von denen vier auf Thüringen entfielen. In Erfurt bestanden der Archidiakonat des Propstes von St. Marien und der Archidiakonat des Propstes von St. Severi. Der größte war der des Marienstiftes mit 500 Pfarreien. Da das Amt des Archidiakons mit den Propsteien verbunden war, deren Besetzung dem Erzbischof selbst vorbehalten war, sicherte sich Mainz einen erheblichen Einfluß über die kirchliche Verwaltungsorganisation.

Die Aufgaben des Archidiakons umfaßten die kirchliche Verwaltung und die geistliche Gerichtsbarkeit. In Erfurt tagten die Gerichtshöfe der beiden Archidiakonate in den Häusern Zur Roten Türe und Zur Grünen Türe. Oberster geistlicher Richter aber blieb der Erzbischof. In Mainz war Ende des 12. Jahrhunderts das Gericht des heiligen Mainzer Stuhls entstanden, als oberste Instanz für die Erzdiözese und die Kirchenprovinz. Seit dem Ende des 13. Jahrhunderts gab es in Erfurt ein geistliches Gericht für Thüringen. Judex Generalis war der Provisor des Mainzer Hofes. Über das Notariat führte ein Siegler (Sigilifer) die Aufsicht. In der zweiten Hälfte des 15. Jahrhunderts wurde die Personalunion von Provisor und Generalrichter aufgehoben. Jetzt übernahm der Siegler auch das Amt des Generalrichters.

Die Zuständigkeit des geistlichen Gerichts war nach dem Verständnis der Zeit sehr weitgespannt und konkurrierte immer häufiger mit dem weltlichen Gericht, was in der zweiten Hälfte des 15. Jahrhunderts zu Protesten und Versuchen der Neugliederung führte.
Für besondere Aufgaben der Verwaltung ernannte der Erzbischof Generalkommissare in spiritualibus et temporalibus. Der erste Generalkommissar war der Provisor Hermann von Bibra seit 1334. 1477 wurde das Amt wieder von dem des Provisors gelöst und mit dem des Generalrichters verbunden.

Ende des 12. Jahrhunderts treten erstmals Bürger als Zeugen in erzbischöflichen Urkunden auf. 1203 klagte Erzbischof Siegfried über die ungetreuen Erfurter, die seine Rechte in der Stadt stark geschmälert hätten. 1212 erscheinen als Aussteller einer Urkunde neben den erzbischöflichen Beamten 23 Bürger, und 1217 ist zum ersten Mal von einem Rat die Rede. 1243 urkundete dieser Rat ohne die Beamten des Stadtherrn. Seit 1267 ist ein regelmäßiger Ratswechsel festzustellen. Einen Abschluß der Entwicklung, nach immer wieder festzustellenden Auflehnungen gegen den Erzbischof, bedeuteten die Concordata Gerhardi von 1289, die nach zuvor geltendem Gewohnheitsrecht nun die Rechte des Erzbischofs erstmals schriftlich fixierten und ihn – bei allen Verlusten in Teilgebieten – als Stadtherrn anerkannten, was später eine große Rolle spielen sollte. Wappen, Siegel und Münzen legen ein beredtes Zeugnis ab.

Der wirtschaftliche Aufschwung, die geopolitische Lage inmitten des thüringisch-hessisch-mainzischen Spannungsfeldes, das Lavieren zwischen König und Stadtherrn, die Parteiungen in den Mainzer Schismen des 14. und 15. Jahrhunderts riefen Gegner und Feinde auf den Plan und zwangen den Rat in die große Politik. Dies erforderte große Finanzsummen und führte zu Spannungen innerhalb der Bürgerschaft, zwischen patrizischem Rat und der zünftigen Bevölkerung. 1322 wurden die Handwerker durch Statut in den Rat aufgenommen. Obwohl die sogenannten Vierherren als Exponenten der Bürgerschaft ständig im Rathaus am Fischmarkt saßen, verringerten sich die Spannungen in der sozial aufgewühlten Zeit nicht. Nur im Mißtrauen gegen den Erzbischof von Mainz waren sich die Gruppierungen einig und nutzten jede Gelegenheit zur weiteren Loslösung.

Trotz aller Spannungen erlebte die Stadt im 14. Jahrhundert eine glanzvoll aufstrebende Entwicklung, den »Höhepunkt ihrer Geschichte« (Patze, Verfassungs- und Rechtsgeschichte, S. 336). Den Einfluß der Grafen von Gleichen konnte sie bis 1300 ausschalten und 1290 deren Vogteirechte erwerben. Der Kauf von Stotternheim 1268 von den Wettinern bedeutet den Beginn eines planvollen Aufbaus eines eigenen Territoriums, der im wesentlichen im 14. Jahrhundert erfolgte. Einen Höhepunkt bildete die Belehnung mit dem Reichslehen Kapellendorf durch Karl IV. 1352. Die Wappen der Herrschaften Kapellendorf, Vieselbach, Vippach und Vargula umrahmten von nun an stolz das Mainzer Rad im großen Erfurter Stadtwappen. Um 1480 umfaßte das Erfurter Landgebiet 80 Dörfer, Burgen und Vorwerke. Manches Fürstentum war kleiner als das Erfurter »Territorium«. Die Stadt selbst zählte mit 20 000 Einwohnern zu den größten und führenden deutschen Städten. Mainz, die durch die Stiftsfehde von 1461/63 zutiefst verstörte und ihrer Selbstverwaltung beraubte Residenzstadt der Erzbischöfe, ist auf vielleicht 6000 Einwohner zu schätzen.

Erfurt verstand sich als Freie Reichsstadt, unterließ aber die letzten entscheidenden Schritte zum Erwerb der Reichsstandschaft, indem es sich beispielsweise weigerte, zu den Reichslasten beizutragen. Dem Stadtherrn kam dies zugute. Die Grundlage seiner Rechte – Gerichtsbarkeit und Besteuerung – blieb unangetastet, was auch in der, wenn auch verschwommenen, Eidesleistung der Gremien und der Huldigung beim Einreiten zum Ausdruck kam. Wenn er auf die Verwaltung auch kaum noch direkten Einfluß besaß, hatte er ihn auf Umwegen über die kirchlichen Institutionen beispielsweise oder über die 1392 als erste städtische Hochschule gegründete Universität.

Literatur: Behr, Münzgeschichte II, S. 38 f. Beyer 1 und 2. Beyer/Biereye. Böhmer-Will. Feldkamm. Gutsche, Geschichte. Heß, S. 313 f. Jürgensmeier, Bistum. May. Mägdefrau/Langer, Entfaltung. Otto. Patze, Erfurt, S. 103–107. Patze, Verf. und Rechtsgesch., S. 303–310, 335–338. Posern-Klett, S. 54–57. Stimming, Entstehung. Vigener. Wenck.

Kat. Nr. C 12

C 1

Aufenthalt der Mainzer Erzbischöfe in Erfurt vom hohen bis zum späten Mittelalter

Schaubild, dargestellt nach den in den Regesten der Erzbischöfe von Mainz (Böhmer-Will. Vogt. Otto. Vigener) aufgeführten Beurkundungen

Die Darstellung zeigt die Anzahl der Aufenthalte in Beziehung zur Regierungszeit der Erzbischöfe. Eine Vereinfachung wurde vorgenommen, wenn in einem Jahr mehrere Besuche zu vermuten sind. In diesem Fall ist aus technischen Gründen nur ein Aufenthalt eingezeichnet. Von Falck, Nachfolger, wurde die Epochengliederung übernomen.
Die Verwaltung der verstreut liegenden Besitzungen des Erzstifts war mit Schwierigkeiten verbunden und machte lange, beschwerliche Reisen, mit Stationen an den Mainzer Besitzungen in Hessen und auf dem Eichsfeld, nötig. Die Graphik weist auch auf die Bedeutung hin, die die einzelnen Erzbischöfe Erfurt zumaßen, beziehungsweise wann politische Konstellationen Aufenthalte in Erfurt unmöglich oder gefährlich machten. So sind besonders häufige Besuche der Erzbischöfe von Adalbert I. (1109–1137) bis Gerhard I. (1251–1259) nachzuweisen, zur Zeit der unangefochtenen Stadtherrschaft also. Nach Gerhard I. werden die Besuche mit dem Erstarken der Stadt Erfurt seltener, bis sie im späten Mittelalter nahezu ganz aufhören.

C 2

Itinerar der Mainzer Erzbischöfe auf ihren Reisen nach Erfurt, dargestellt am Beispiel des Erzbischofs Matthias von Buchegg (1321–1328) für die zweite Hälfte des Jahres 1322

Ermittelt nach: Vogt, Regesten der Erzbischöfe von Mainz. Eingezeichnet in die von Wilhelm Diepenbach entworfene Karte »Der Kurstaat Mainz« (vgl. Exponat F 1)

Am 17. Juli war der Erzbischof noch in Mainz, am 12. August in Rüdigheim bei Kirchhain/Hessen, am 13. August im kurmainzischen Hofgeismar und am 27. August in Erfurt. Dort blieb er etwa bis zum 11. September. Vom 16. bis zum 20. September hielt er sich im kurmainzischen Heiligenstadt auf, am 28. September war er wieder in Hofgeismar, am 2. Oktober in Fritzlar, vom 8. bis zum 17. Oktober in Amöneburg, am 6. November in Aschaffenburg, am 15. November in Friedberg/Hessen, am 22. und 28. November sowie am 18. Januar 1323 in Amöneburg.

C 3

Matthias von Buchegg, Erzbischof und Kurfürst von Mainz (1321–1328)

Tumbaplatte des am 10. September 1328 Verstorbenen im Mainzer Dom

Roter Sandstein mit erneuter Bemalung
Fotografie
Mainz, StadtA, BPS, alph. Slg.

Die Inschrift lautet (nach Arens, Dom, S. 93): »Im Jahre 1328: Mathias, der Kirchenfürst, (liegt) hier, ein Graf aus dem Stamme von Bucheck, allerdings fern der Heimat, jedoch der Fremde hochwillkommen: hochsinnig, gerecht, von der Sonne der Tugenden durchglüht. Wahrheitsliebend, wie ihr wißt, und seinen Feinden ein unbezwinglicher Feind; im Schenken großzügig und den Freunden ein Freund, so erstrahlte er. Als er in Frömmigkeit ein sehr demütiges Leben führte, erfuhr er, daß er aus diesem Leben erhöht werde, weil es ihm vergönnt war, zum Erzbischof erhoben zu werden. Acht Jahre, allerdings nicht voll, hat er seines Amtes gewaltet. Er, der hier, ach, den Würmern (zur Speise) gegeben ist, er glänzte in der Rüstung der Redlichkeit. Das beweinenswerte Leichenbegängnis läßt Du ihm zu Teil werden am 16. Tag vor den Kalenden des Oktober: beschieden seien ihm alle Güter des Himmels.«
Die politisch bedächtige Art des Erzbischofs gegenüber seinen unruhigen Städten Mainz und Erfurt wird »als nicht gerade glücklich« (Jürgensmeier, Bistum, S. 132), aber von beruhigendem Einfluß bezeichnet. Als Matthias den von Erzbischof Peter von Aspelt nach der für Mainz schicksalhaften Eisenacher Einigung zwischen Hessen, Meißen und Thüringen von 1318 beigelegten Streit zwischen Mainz und Hessen wegen der Einziehung Mainzer Lehen wieder aufnahm, mußte er in der Schlacht von Wetzlar 1328 eine empfindliche Niederlage hinnehmen.

Literatur: Falck, Nachfolger, S. 82. Jürgensmeier, Bistum, S. 127 bis 132. Arens, Dom, S. 92 f.

C 4
Erzbischöfliche Beamte in Erfurt – als Zeugen in einer Urkunde Erzbischofs Heinrich I. (1142–1153)

Erfurt 1144 Juni 18
Erfurt, StadtA, 0 – 1/VII – 371

Als Erzbischof Heinrich 1144 in Erfurt weilte und Güterschenkungen in Bachstedt und Mittelhausen an das Allerheiligen-Hospital in Erfurt bestätigte, bekräftigten dies zahlreiche Zeugen, nämlich:
Bischof Anselm von Havelberg,
die Pröpste Heinrich vom Marienstift in Erfurt, Anselm vom Marienstift in Mainz und Adelhard von St. Severi in Erfurt,
die Äbte Werner vom Kloster St. Peter in Erfurt und Kuno vom Kloster Disibodenberg,
die Kapläne Hartwinus, Berewicus, Conradus und Humberdus,
als Laien die Grafen Ernst (von Gleichen) und sein Bruder Lambertus, (Graf) Wigerus,
die Ministerialen Sigeboldus, Haeriman, Hartdunc, Ruzelinus *Schultheiß*, Wolframus *Schultheiß*, Dimo *Marktmeister*, Bertoldus *Herold*, Folcoldus, Sigefridus, Wolfhelmus, Henricus *Vizedom*, Richardus *Münzmeister*, Hunoldus.
Die Zeugenliste belegt genau, auf welche Bevölkerungskreise sich die Erzbischöfe von Mainz stützten. Sie zeigt auch genau die voll ausgebildete Erfurter Verwaltung nach den Reformen Adalberts I. um 1120. Erzbischof Heinrich, der aus einem thüringischen Grafenhaus stammte, setzte den stetigen Ausbau des Erzstiftes Mainz zu einem erfolgreichen Territorialfürstentum im Sinne seiner Vorgänger Adalbert I. und Adalbert II. fort.

Druck: Beyer I Nr. 25.
Literatur: Jürgensmeier, Bistum, S. 87 ff. Falck, Nachfolger, S. 77.
Abbildung: Wiegand, Stadtarchiv, 1. Aufl., Beil. 1.

C 5
Die kirchliche Verwaltung: Das Erzbistum Mainz und seine Archidiakonate

Bearbeitet von Georg Palzer, Mainz
Druck
Mainz, Bibliothek des Priesterseminars

Eingezeichnet sind die Grenzen der 18 Archidiakonate, die Archipresbyteriate sowie die Stifte und Klöster.

C 6
Erzbischof Peter von Aspelt (1306–1320) bestätigt den Augustinereremiten der Mainzer Diözese alle ihnen von den Päpsten, Erzbischöfen und Bischöfen verliehenen Privilegien

Erfurt 1308 August 19
Pergament, Latein
Mainz, StadtA, Urk, 1308 August 19

Der 1306 zum Erzbischof erhobene Peter von Aspelt weilte August und September 1307 in Erfurt. Im folgenden Jahr ist sein Besuch für die Zeit vom 2. August bis Mitte September nachzuweisen. Sein Quartier hatte er im Peterskloster aufgeschlagen, der Erfurter Residenz aller Mainzer Erzbischöfe im späten Mittelalter, nach dem Verfall des Krummhauses.

Regest: Dertsch I Nr. 447.

C 7
Der heilige Martin: Schutzpatron der Mainzer Kirche, des Erzstifts und der Städte Mainz und Erfurt

Standbild am Westwerk des Mainzer Doms in Richtung Höfchen. Im Hintergrund der Rhein und die Eisenbahnbrücke, die an der Main-Mündung das linke mit dem rechten Rheinufer verbindet

Roter Sandstein, 2. Hälfte 18. Jh.

Foto: Elisabeth Reis, Mainz
Mainz, StadtA, BPS, alph. Slg.

Das weithin sichtbare Standbild des Heiligen zu Pferd mit dem Bettler erhebt sich über der Mitte des westlichen Chorquadrats des Mainzer Doms, auf dem Kreuzungspunkt der Firste, als Schlußstein gewissermaßen. Angebracht wurde es bei dem Bau des Westturms 1769/74 durch Franz Ignaz Michael Neumann, dem Sohn des großen Baumeisters Balthasar Neumann,

nach dem Dombrand von 1767. 1928 wurde die Gruppe durch eine Kopie ersetzt.

Literatur: Arens, Dom, S. 58.

C 8

(Abb. S. 42)

Der Erfurter Stadtpatron St. Martin in der Universitätsmatrikel, Wintersemester 1503/04

Malerei auf Pergament

Erfurt, StadtA, 1 – 1/X B XIII/46, Bd. 2, fol. 32
Fotovorlage: StadtA Erfurt (Aufnahme: Christine Riesterer)

C 9

»Das goldene Mainz – getreue Tochter der Römischen Kirche«

Das älteste romanische Siegel der Stadt Mainz, um 1140 zuerst nachweisbar

Zeichnung nach dem um 1240 neugestochenen zweiten Stempel, aus: Wilhelm Diepenbach, Siegel und Wappen der Stadt Mainz, in: Wegweiser durch Mainz, Mainz 1948, S. 25

Der Siegelstempel hat die bedeutende Größe von 10,4 cm Durchmesser und zeigt als Siegelbild den heiligen Martin als thronenden und segnenden Bischof, flankiert von fünf Stadttürmen, mit der Aufschrift: »S(an)C(tu)S . MARTINUS«. Die Umschrift lautet: »AUREA . MAGUNCIA . ROMANE . ECCLESIE . SPECIALIS . FILIA.«

C 10

»Erfurt ist die getreue Tochter der Mainzer Kirche«

Das älteste romanische Siegel der Stadt Erfurt, 1216 (Beyer I Nr. 75) zuerst nachweisbar

Zeichnung von Carl Beyer, in: Herrmann, Wappen und Siegel, Taf. 6, und in: Beyer I, Anhang

Der Siegelstempel hat einen Durchmesser von 10 cm. Das Siegelbild zeigt den thronenden und segnenden heiligen Martin, flankiert von fünf Stadttürmen und der Aufschrift: »S(an)C(tu)S . MARTINUS«. Die Umschrift lautet: »ERFORDIA . FIDELIS . (EST) . FILIA . MAGONTINE . SEDIS.«
Die Siegel der Städte Mainz und Erfurt gleichen sich, natürlich nicht von ungefähr, fast genau. Während sich Erfurt als »getreue Tochter der Mainzer Kirche« bezeichnete, nannte sich Mainz »getreue Tochter der Römischen Kirche«.

Literatur: Herrmann, Siegel und Wappen.

C 11
Das erste große Erfurter Stadtsiegel von 1216

Am Erfurter Judeneid, einer der ältesten Urkunden in deutscher Sprache, einer besiegelten Ausfertigung aus der ersten Hälfte des 13. Jahrhunderts

Erfurt, StadtA, 0 – 0/A XLVII – 1
Fotovorlage: StadtA Erfurt (Aufnahme: Christine Riesterer)

C 12
(Abb. S. 38)
»Pax Thuringiae«

Landfriedenssiegel Erzbischof Heinrichs II. (1286–1288)

Kupferstich von Cöntgen in Würdtweins »Nova subsidia diplomatica V«, Seite III/IV

Ein auf einem Polstersitz thronender Herrscher hält in seiner Rechten ein Schwert, in seiner Linken ein Lilienzepter. In spitzen Dreiecksschilden zu beiden Seiten befinden sich links vom Betrachter aus gesehen das achtspeichige Mainzer Rad, rechts der gekrönte thüringische Löwe. Die Umschrift lautet: » + S(igillum) PACIS . THURING(iae) FR(atr)IS . H(enrici) . ARCHI(episco)PI . MAG(un)T(ini) . SEU . VICARII . IP(s)I(us) . CAPITANEI . PACIS .(et) XII . CONSERVATOR . EIVS.«.
Das »sigillum pacis« führte Erzbischof Heinrich neben dem großen erzbischöflichen Siegel als Vorsitzender des thüringischen Landfriedens, den er vermutlich Mitte Januar 1287 vermittelte. Der Siegelstempel aus Messing wurde 1463 im Kreuzgang des Klosters Petersberg in Erfurt gefunden, kam in das erzbischöfliche Archiv und gelangte im 19. Jahrhundert in das Hauptstaatsarchiv München.

Abbildung und Literatur: Posse, Nr. 47, Taf. 7, 9.

C 13
Das Erfurter Stadtwappen

Deckengemälde von P. Janssen im großen Festsaal des Erfurter Rathauses, 1881

Fotovorlage, schwarzweiß: StadtA Erfurt, Bildabteilung

Seit den ersten überlieferten Beispielen im 13. Jahrhundert war das Mainzer Rad auch das Wappen der Stadt Erfurt. Sie behielt es auch bei in den dunkelsten Epochen der Entfremdung vom Erzstift im 15. und 16. Jahrhundert. In den Anfängen oft achtspeichig, setzte sich schon im späten Mittelalter die sechsspeichige Form durch. Nur über wenige Hoheitszeichen ist mehr gerätselt und spekuliert worden als über das Mainzer Wappen, besonders in bezug auf seine Übertragung nach Erfurt. Die antimainzische Erfurter Geschichtsschreibung konnte und wollte nicht wahrhaben, daß die Landeshoheit im Wappen des Landesherrn ihren sichtbaren Ausdruck fand. Die Bezeichnung »Erfurter Rad« ist noch die gelindeste Fehldeutung. Herrmann, Wappen und Siegel, faßt die gesamte historische Diskussion zusammen.

◁ *Kat. Nr. C 8*

C 14

Das Mainzer Rad mit acht Speichen

Rücksiegel des großen Siegels Erzbischof Werners I. (1259–1284)

Reproduktion aus Würdtweins »Nova Subsidia Diplomatica IV«, Nr. XX

Unter Erzbischof Peter von Aspelt (1306–1320) wurde das Rad in einen Schild gestellt und unter Heinrich III. (1328–1355) zum selbständigen Siegel.

Literatur: Posse, S. 15.

C 15

»Fabelhafte« Deutung des Mainzer Rades

In der Chronica Erfordiana des Eobanus Dolgen, 1586
Mainz, Stadtbibliothek

Der Chronist führt die Entstehung des Wappens fälschlich auf Erzbischof Willigis (975–1011) zurück und zählt »Gemeinsamkeiten« des »Erfurter« Wappens mit dem Mainzer auf und stellt »Unterschiede« zwischen beiden fest.
Dolgen schreibt: »Melchise, Etliche setzen Willigesius, eines Rademachers son, aus / dem Lande zu Sachsen, ist Anno 996 zu einem Bischof zu Meintz erwehlt / worden, und auff das er sich seiner Dignitet nicht erheben möge, hat er in / all seine Gemache, ein Rad machen, und darüber schreiben lassen, Melchise / oder Willigesius, Gedenk wer due bist. Von dieses wegen, führet der / Bischoff noch heutigen Tages ein Rad, (Wie auch der Rath zu Erffurd) inn / seinem Wappen. Aber der Unterscheid ist, der Bischoff von Meintz führet / VIII Speichen in seinem Rade, und der Rath zu Erffurd nicht mehr als VI / Speichen.«
Die Geschichte von dem »Wagnerssohn« Willigis, der in Wirklichkeit ein niedersächsischer Adliger war, wird in Mainz bis heute tradiert, obwohl das Mainzer Rad erst seit etwa 1250 bekannt ist.

C 16

Erzbischöfliche Münze der Münzstätte Erfurt

Denar, Brakteat

Aus der Regierungszeit Erzbischof Gerhards II. (1289–1305)

1295, Silber, 2,5 cm Durchmesser
Abformung: Gerd Behr, Eckstedt bei Erfurt

Der thronende St. Martin hält in seiner Rechten den Krummstab und in seiner Linken das sechsspeichige Mainzer Rad. Die Umschrift lautet: »S . MAR . TI NUS«. Die ältesten Münzen des Stadtherrn sind aus der Zeit des Erzbischofs Aribo (1020–1031) überliefert, sie zeigen den heiligen Martin als Erzbischof und ein Kreuz mit Kugeln in den Winkeln. Unter Adalbert II. (1137 bis 1141) erscheint der heilige Martin im Bild mit der Umschrift: »MARTINVS . ADELBERTVS«. Im 13. Jahrhundert, wahrscheinlich unter Erzbischof Siegfried III. (1230–1249), spätestens unter Gerhard II., erscheint auch auf Münzen das – sechsspeichige – Mainzer Rad. Und unter Heinrich III. (1328–1355) kommt erstmals das Familienwappen eines Erzbischofs (in diesem Fall Virneburg) vor.

Abbildung: Posern-Klett, Taf. VII Nr. 7 und 8.
Literatur: Posern-Klett. Behr, Münzgeschichte I.

C 17

Johann von Allenblumen, Kurmainzer Vizedom in Erfurt (1413–1435)

Zeichnung des Grabsteins im Chor des Doms zu Erfurt aus der Epitaphiensammlung des Weihbischofs und Historikers Stephan Alexander Würdtwein, um 1760

Wiesbaden, Hess. HStA, 1098 II 57 Heft 3: Erfurt, Dom, Bl. 1
Fotovorlage: Hess. HStA Wiesbaden

Zwei Familienwappen, darunter der Text: »Johann von Allenblumen Vitzthum zu Erffart hat laßen machen diesen Stein gab Anno D(o)m(i)ni MCCCCXXIX«. Bezeichnung Würdtweins: »In cornu Evangelii summi Altaris«.

1413 hatte Erzbischof Johann II. von Nassau Allenblumen das Amt des Vizedoms auf Lebenszeit übertragen, worüber dieser einen (bei Falckenstein, Historia, S. 292–295 abgedruckten) Revers ausstellte. Bei Falckenstein, Historia, S. 64 heißt es: »Von diesem Johanne von Allenblumen schreibet Fabricius Chemnicensis, Lib. VII. Origin. Sax. p. 723 also: Johannes Alenblumus Jureconsultus, Antistitis Moguntini vicem tenens, vir eruditione & facundia clarus«. (Johannes Allenblumen, Erfurter Rechtsgelehrter, Vizedominus der Mainzer Erzbischöfe, ein wegen seiner Bildung und Beredsamkeit berühmter Mann).

C 18

Das Bibra-Büchlein

Weistum über Einkünfte und Gerechtsame des Mainzer Erzbischofs in Erfurt und Thüringen

1332
Pergamenthandschrift, Anfang des 15. Jahrhunderts
Groß-Oktav, 24 Blätter mit farbigen Initialen. (Bei Kirchhoff, Handschrift »C«)

Erfurt, StadtA, 2 – 111/3

Das Weistum des Hermann von Bibra ist für die Verfassungs- und Verwaltungsgeschichte Erfurts von größter Bedeutung, indem es Nachrichten aus den verschiedenen historischen Schichten überliefert. Bibra – Provisor des erzbischöflichen Allods in Erfurt und Dekan an St. Marien – stellte »ex antiqius libris et registris« die Rechte und Gefälle des Erzbischofs in Erfurt zusammen.
Hermann von Bibra war der bekannteste Provisor. In den Urkunden wird er von etwa 1321 bis 1336 genannt. Als Anhänger des Gegenerzbischofs Heinrich von Virneburg nahmen die Erfurter den Anhänger Balduins von Trier 1336 gefangen, nachdem er schon 1329 exkommuniziert worden war.

Druck: Kirchhoff, S. 37–133.
Literatur: Kirchhoff, S. 31–36. Herrmann, Bibliotheca, S. 193 f. Sonntag.

C 19

Rechnungslegung des Provisors Dietrich von Ilfeld für das Rechnungsjahr 1363/64

1364 Mai 13
Abschrift des Mainzer Juristen und Diplomatikers Franz Josef Bodmann, um 1788

Darmstadt, Hess. StA

Regest: Vigener Nr. 1769.
Literatur: Sonntag.

C 20

Erbzinsbuch für die Küchendörfer Dittelstedt, Daberstedt und Melchendorf

1401–1420
Pergamentkodex mit teilweise sehr schönen Initialen
Würzburg, Bayer. StA, Erw. Germ. Nat. Mus. mMog 36

Der Erbzins wurde von dem erzbischöflichen Eigengut (Allod) erhoben, zu dem vor allem die zum Tafelgut zählenden Küchendörfer gehörten.

C 21

Erfurter Freipfennig

Brakteat
Mitte 15. Jh., Silber, 1,7 cm Durchmesser
Abformung: Gerd Behr, Eckstedt bei Erfurt

Hinter dem sechsspeichigen Rad ein Krummstab. Zu beiden Seiten fünf Punkte oder Kugeln. Umschrift: »MARTINI«.
Mit den Freipfennigen wurde der Freizins von dem zu Beginn des 12. Jahrhunderts schon privilegierten Freigut bezahlt. Von Grundlasten und Dienstleistungen waren die Freigutbesitzer befreit. Der Freizins war am Tag nach Martini (11. November) zu entrichten.
Die ersten umfassenden Nachrichten über den Freizins stammen aus den Concordata Gerhardi. Obwohl die Einnahmen aus dem Freizins relativ gering waren – er soll etwa 2,5 Prozent der jährlichen Gesamteinnahmen des Erzbischofs in Erfurt betragen haben –, hielt er zäh an ihrer Einrichtung fest, da er in ihnen ein Zeugnis für seine Stellung als Stadtherr sah. Der Freizins wurde noch in der preußischen Zeit als staatlicher Zins erhoben und erst nach 1880 abgeschafft.

Literatur: Behr, Münzgeschichte II.

C 22

Der Mainzer Hof – Verwaltungszentrum der Mainzer Erzbischöfe in Erfurt

Der Mainzer Hof im Brühl, 1839. Im Hintergrund das Krumme Tor, rechts die Kapelle des Mainzer Hofs. Im Vordergrund ein Wachhäuschen

Aufnahme (Postkarte): Bissinger & Dillmann, Erfurt, nach einer Zeichnung von G. Gerlach
Fotovorlage: StadtA Erfurt, Bildabteilung

Im Mainzer Hof, dem Herrenhof im Brühl, Mainzerhofstraße, befand sich seit der Wende vom 13. zum 14.

Kat. Nr. C 23

Jahrhundert das Verwaltungszentrum der Erzbischöfe von Mainz in Erfurt. Dort saß der erstmals um die Mitte des 13. Jahrhunderts erwähnte Provisor des Mainzer Allods, der »Leiter« der erzbischöflichen Finanz- und Abgabenverwaltung sowie der ihm unterstellte Küchenmeister, der auch für den landwirtschaftlichen Betrieb zuständig war.

Literatur: Behr, Münzgeschichte II, S. 42. Michelsen. Overmann, Erfurt, S. 78 f. Zieschang, S. 14.

C 23
Der gotische Mainzer Hof im Brühl, um 1830

In der Mitte die laut Inschrift von Erzbischof Berthold von Henneberg 1504 neu errichtete Kapelle des Mainzer Hofes

Aufnahme: J. J. Schmitt nach einer Zeichnung von Böckner und einer Vorlage von Schubarth
Erfurt, Angermuseum
Fotovorlage: StadtA Erfurt, Bildabteilung

Literatur: Overmann, Erfurt, S. 78 f. (mit Abb.)

C 24
Reste des Mainzer Hofes, um 1865

Das altehrwürdige Gebäude mußte der 1860 errichteten staatlichen Gewehrfabrik und den Anlagen der Artilleriekaserne weichen

Zeichnung
Fotovorlage: StadtA Erfurt, Bildabteilung

Literatur: Overmann, Erfurt, S. 78.

C 25
Mainzer Hof, Dom, Severi und Peterskloster

Vergrößerter Ausschnitt aus dem Stadtplan von Merian, um 1620/30
Fotovorlage: StadtA Erfurt, Bildabteilung
(Aufnahme: Christine Riesterer)

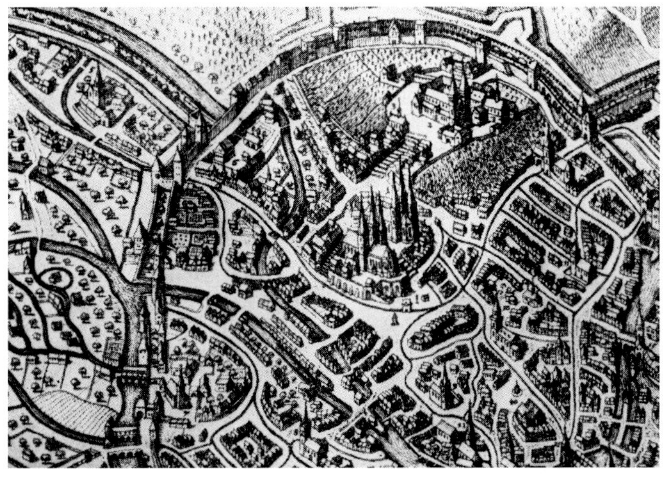

C 26
Erfurt zur Zeit der Concordata Gerhardi, 1289

Stadtplan aus: Alfred Overmann, Erfurt in zwölf Jahrhunderten. Eine Stadtgeschichte in Bildern, Erfurt 1929, S. 21

Mit der Nummer 55 ist das Krummhaus bezeichnet, mit der Nummer 38 der Mainzer Hof.

C 27
Verkauf der Vogtei an die Stadt Erfurt

Albert Graf von Gleichenstein veräußert der Stadt Erfurt für 200 Mark Silber die Vogtei über Erfurt sowie das Vogteiding mit dem Recht des Wiederverkaufs

1283 Juni 20
Pergament, Latein
Magdeburg, LHA Sachsen-Anhalt, Erf. A.X. 1

Mit dem Erwerb der Vogtei von den Grafen von Gleichen – der endgültige Verkauf fand 1290 statt – gelang der Stadt Erfurt ein wichtiger Schritt auf dem Weg zur Unabhängigkeit.

Druck: Beyer I Nr. 221.
Literatur: Mägdefrau/Langer, Entfaltung, S. 69.

C 28
Erfurter dürfen nicht vor auswärtige Gerichte gezogen werden

Erzbischof Gerlach von Nassau (1346/53–1371) erteilt der Stadt Erfurt das Privileg, daß ihre Bürger von Mainzern Richtern nicht vor auswärtige Gerichte gezogen werden dürfen, sondern nur vor den Provisor in Erfurt

1349 Juli 11
Druck
Reproduktion aus: Falckenstein, Chronik, S. 230

Am selben Tag hatte der Erfurter Rat erklärt, daß er Gerlach statt des 1346 vom Papst abgesetzten Heinrich von Virneburg als rechtmäßigen Erzbischof anerkennt. Daraufhin erteilte Gerlach der Stadt mehrere wichtige Privilegien, darunter auch das Versprechen, kein Bündnis einzugehen, ohne die Stadt darin einzuschließen, sowie die Versicherung, daß ohne sein oder seiner Nachfolger Wissen das Interdikt nicht mehr über die Stadt oder ihre Bürger verhängt werden dürfe.
1354 verpfändete Gerlach der Stadt erneut das Münzrecht und den Schlagschatz, die dann nicht mehr eingelöst wurden. 1355 gingen die Mainzer Schlösser Tonndorf und Mühlberg auf Wiederverkauf in den Besitz der Stadt über. Auch in diesem Fall hatte die Stadt Erfurt aus dem Streit der beiden Gegenbischöfe ihren Nutzen ziehen können. Gerlach war auch Propst von St. Marien.

Literatur: Beyer/Biereye, S. 112 ff. Sonntag.

C 29

Belehnung mit Kapellendorf durch König Karl IV.

Sammlung kaiserlicher, erzbischöflich Mainzischer, fürstlicher und gräflich Gleichenscher Privilegien und Verträge aus den Jahren 1235 bis 1544

1352 November 10
Kopialbuch (um 1355 begonnen)
Pergament, Folio, 90 Blätter
Erfurt, StadtA 2/110 – 7

Druck: Beyer II Nr. 395.
Literatur: Schmidt, Kanzlei, S. 66.

C 30

»Die Stadt Erffurdt träget zu Lehen« – Orte des »Erfurter Territoriums« um 1450

Aufstellung um 1674

Würzburg, Bayer. StA, Abger. Archivreste 342/I (Ämter) Nr. 8

Aufgeführt sind 61 Herrschaften und einzelne Orte. Von diesen waren 24 frei. Ein Lehen war kaiserlich (Kapellendorf). Von Kursachsen hatte die Stadt fünf Orte zu Lehen, von Sachsen-Altenburg-Weimar-Gotha fünfzehn, vom Stift Fulda zwei, vom Stift Hirschfeld eins, von den Grafen von Schwarzburg vier, von der Familie von Bibra eins, von den Grafen von Gleichen acht.

C 31

(Abb. S. 49)

Das große Erfurter Stadtwappen in der Universitätsmatrikel von 1526

Farbige Malerei auf Pergament
Erfurt, StadtA 1–1/XB XIII/46, Bd. 2, fol. 44v
Fotovorlage: StadtA Erfurt, Bildabteilung
(Aufnahme: Christine Riesterer)

Das Wappen zeigt im Schild auf rotem Feld das sechsspeichige silberne Mainzer Rad, das sich in der Helmzier, mit fünf grünen Pfauenfedern bestückt, wiederholt. Vereint mit den Wappen der zum Erfurter Gebiet gehörenden Herrschaften Kappellendorf (oben links vom Betrachter), Vieselbach (oben rechts), Vippach (unten links) und Vargula bildete es das eigentliche Erfurter Stadtwappen, das sogenannte große Wappen, wie es bis zur Reduktion von 1664 geführt wurde.

Abbildung: Gutsche, Geschichte, S. 104.
Literatur: Overmann, Erfurt, S. 54. Herrmann, Wappen und Siegel.

C 32

Erfurter Groschen

Brakteat
Stadtmünze, 1468, Silber, 1 cm Durchmesser
Abformung: Gerd Behr, Eckstedt bei Erfurt

Mit dem kaiserlichen Lehen Kappellendorf 1352 erwarb Erfurt auch das Münzrecht für diese Herrschaft. Das Münzbild zeigt das sechsspeichige Mainzer Rad vor dem Kappellendorfer Wappen.

Abbildung: Posern-Klett, Taf. VIII Nr. 38.

C 33

»daß Maintz ihr rechter Herr sey«

Kopialbuch mit dem Titel: »Erfordia: Jura Archiepiscopi Maguntini in Opido Erfurdensi« und dem Untertitel: »Sunt in hoc libello Copiae antiquorum literarum et documentorom inter D.D. Archiepiscopos et Electores Moguntinos et eorum urbem Erfurdiensem conscriptorum«

Um 1484–1498
Pergament, Folio, 24 Blätter
Erfurt, StadtA 2/110 – 2

Blatt 18: »Missiva des Raths zu Erfurth, darin sie bekennen, daß Maintz ihr rechter Herr sey«, 1372

C 34

Erzbischof Johann II. Graf von Nassau, Erzbischof und Kurfürst Mainz (1397–1417)

Ovales Siegel des Kurfürsten (10,8 x 7 cm)
Druck
Zeichnung aus Würdtweins »Nova Subsidia Diplomatica« VII Nr. XXXII

Der segnende Metropolit sitzt auf einem Thron mit Löwenköpfen, die Rechte segnend erhoben, in der Lin-

Kat. Nr. C 31

ken den Krummstab haltend. Auf dem Podest unten ein männlicher Kopf (hl. Johannes?). Rechts (links vom Betrachter) ein Wappenschild mit dem Mainzer Rad, links der Nassauische Wappenschild mit dem Löwen. Umschrift: »S(igillum) . IOH(ann)IS . DEI . GRACIA . S(anc)TE . Magunt(inensis) . sedes . archiepiscopi . sacri . imperii . p(er) . Germania(m) . archicancellarii«. Erst zu Beginn des 15. Jahrhunderts schritt man zur Quadrierung des Wappenschildes auf den Siegeln. Die Felder 1 und 4 enthielten das Mainzer Rad, die Felder 2 und 3 das Familienwappen des Erzbischofs.

Literatur: Posse, S. 1–19, 52.

C 35
Einritt der Kurfürsten Johann II. von Nassau 1398 und Dietrich I. Schenk zu Erbach 1440

Beschreibung im Engelmann-Buch der Stadt Erfurt, fol. 232–236
Erfurt, StadtA 2/111 – 9
Fotovorlage: Stadtarchiv Erfurt, Bildabteilung
(Aufnahme: Christine Riesterer)

Das Einreiten der Erzbischöfe nach ihrer Wahl in die Stadt Erfurt lief nach einem bestimmten Zeremoniell ab, dessen Höhepunkt die Huldigung des Rates und der Gemeinde sowie die Überreichung fürstlicher Geschenke an Naturalien und Geld war. So erhielt Erzbischof Johann Wein, Bier, Fisch, Roggen, Zucker, Heu für die Pferde, einen silbernen »Kopf« im Wert von acht lötigen Mark sowie 100 Pfund neuer Erfurter Pfennige. Die Ausführungen über das Einreiten Erzbischof Dietrichs 1440 ermöglichen eine genaue Schilderung des Huldigungsaufenthaltes in Erfurt: Als Dietrich in Heiligenstadt angekommen war, schickte der Erfurter Rat eine Delegation dorthin. Einer der Mainzer Domherren, die den Erzbischof begleiteten, stellten den Neugewählten vor und baten um Aufnahme in Erfurt. Der Ratsdelegierte sagte dann: »Wir sind willig, unsern gnädigen Herrn von Mainz aufzunehmen, doch also, daß er die Stadt Erfurt läßt bleiben bei aller Gerechtigkeit und Freiheit, die sie von unsern heiligen Vätern den Päpsten und allen unsern gnädigsten Herren den Kaisern und den Bischöfen von Mainz hat, und daß er uns und die unsern bei der Stadt Erfurt Gewohnheit und Recht läßt bleiben und getreulich helfe, uns die zu erhalten und behalten.« Der Erzbischof sagte dies zu und setzte seine Reise bis Ilversgehofen fort, wo er wiederum eine Delegation des Rates empfing und mit Pallium und zwei Pelzhüten beschenkt wurde. Der Einzug in die Stadt mit einem Gefolge von 600 Mann und ebenso vielen Pferden erfolgte durch das Johannestor, ging über den Anger und die lange Brücke bis zum Fuß des Petersberges, wo er von dem dortigen Abt empfangen wurde. Der Erzbischof war mit Kurfürstenhut und -mantel bekleidet. Schwert und Kreuz wurden vorangetragen. Bei der Huldigung des Rates wurde folgender Eid gesprochen: »Wir schwören, daß wir unserm Herrn dem Erzbischof, unserm Herrn dem Grafen, unserm Herrn dem Vitztum, der Stadt zu Erfurt und den Bürgern, reich und arm, ihr Recht behalten wollen ohne alle Übellist, so wahr wir das wissen und vermögen.« An der Stelle der veralteten an Vogt und Vitztum erinnernden Formel, in der es hieß, »unserm Herrn dem Vitztum«, mußte einer der Anwesenden ergänzen: »Das ist unser Herr von Mainz.«
Nach Dietrich von Erbach ritt lange Zeit – mehr als 200 Jahre lang – kein Erzbischof mehr in Erfurt ein. Auch dies spiegelt mit starkem Symbolgehalt das Verhältnis der Stadt zu den Erzbischöfen von Mainz wider.

Literatur: Beyer/Biereye, S. 172–175. Brück, Huldigungsreise.

C 36
»Unserm Herrn dem Bischoff von Mayntz«

Eidesformel bei der Aufnahme zum Bürger der Stadt Erfurt

Druck
Reproduktion aus: Ohnumbgänglicher . . . Gegen Bericht, 1646, S. 71 Nr. LXXIII

Jeder, der zum Erfurter Bürger aufgenommen wurde, hatte vor dem Rat einen bestimmten Eid nachzusprechen.
»Ihr solet geloben und schweren, dem Rath zu Erffurdt gehorsam zuseyn mit Leibe und Güte in alle dem, daß Sie Euch heißen thun oder lassen. Auch der Stadt Schaden zu bewahren und bestes zuwerben. Unserm Herrn dem Bischoff zu Mayntz, der Stadt Erffurdt und den Bürgern, Reichen und Armen, ihr Recht helffen zu behalten als ferne ihrs wisset und vermöget. Alß Euch hier gelesen ist und Ihr in Trewen gelobet habt: Das wolt Ihr stet und vhest halten. Das schweret Ihr ohne argelist, daß Euch GOTT so helfe und sein heiliges Wort.«

D Der heilige Martin in der Verbannung: Die »ungetreue« Tochter der Mainzer Kirche im Zeitalter von Humanismus, Reformation und 30jährigem Krieg

Nach dem Tod Erzbischof Dietrichs von Erbach, 1459, wählte eine Minorität des Mainzer Domkapitels den Grafen Diether von Isenburg zum Erzbischof. Als Mitglied der Fürstenopposition gegen Kaiser Friedrich III. und Papst Julius II. setzte ihn dieser am 21. August 1461 ab und ernannte den Oberamtmann auf dem Eichsfeld und Provisor in Erfurt, Graf Adolf von Nassau, zum Erzbischof. Dies führte zu einem neuen Schisma der Mainzer Kirche und zur großen Mainzer Stiftsfehde mit den für die Stadt Mainz und den gesamten Kurstaat so verheerenden Folgen. Die Stiftsfehde endete 1463 mit dem Sieg Adolfs über Diether und dem Verlust der Selbständigkeit der ehemals Freien Stadt Mainz. Das Eichsfeld befand sich in Aufruhr, Erfurt litt zudem unter dem Bruderzwist der Wettiner.

Nachdem Adolf von Nassau Diether von Isenburg besiegt hatte, kam er Erfurt, das zunächst zu Diether gehalten und Waffenhilfe geschickt hatte, entgegen und erneuerte 1468 die Concordata Gerhardi mit weiteren Zugeständnissen an den Rat. Zum Provisor in Erfurt und Oberamtmann auf dem Eichsfeld ernannte er den Domherrn Graf Heinrich von Schwarzburg. Die Ernennung galt auf Lebenszeit. Der Graf war mit solchen Befugnissen ausgestattet, daß sie Befürchtungen wachriefen, er könne nach der Landeshoheit trachten. Die Vermutungen verdichteten sich, als Erzbischof Adolf im September 1475 starb und das Mainzer Domkapitel Diether von Isenburg zum zweiten Mal zum Erzbischof wählte.

Erfurt geriet mit Diether schon kurz nach dessen Wahl in Streit. In seiner Wehrlosigkeit gegenüber den Unruhen in Thüringen übertrug der Erzbischof Kurfürst Ernst von Sachsen den Schutz über das Eichsfeld und ernannte 1479 dessen Sohn Adalbert zum Provisor in Erfurt und Amtmann auf dem Eichsfeld. Außerdem versprach er ihm die Nachfolge auf dem Mainzer Stuhl. Die Erfurter fürchteten die drohende Stadtherrschaft der Wettiner, ebenso rüsteten sie gegen Diether, von dem sie einen Gewaltstreich gewärtigten. Sie rissen das Cyriakskloster ab und errichteten eine Burg an der Stelle. Erfurts Vertreter waren rastlos tätig, um die Unterwerfung unter Sachsen oder unter Mainz zu verhindern. Die Situation verschärfte sich dramatisch, als Diether die städtischen Freiheiten Erfurts bestritt. Die Folge war, daß sein Einreiten verhindert wurde.

Mit Diether von Isenburg, und zwar bei Antritt seiner zweiten Regierung, hatte ein Mainzer Erzbischof erstmals in der Wahlkapitulation beschwören müssen, Erfurt dem Erzstift zurückzugewinnen. 1478 stellte er fest, Erfurt sei Eigentum des Erzstiftes, gehöre dem heiligen Martin und Mainz stehe die volle Obrigkeit und Herrschaft zu. Erfurt stellte dies natürlich in Abrede: Erfurt sei eine freie Stadt und habe seine eigene Obrigkeit. 1480 ließ Diether überall im Reich Drucke mit seinen Ausführungen anschlagen, die Stadt folgte und verbreitete ihre Gegendarstellungen auf die gleiche Weise. Beide Parteien appellierten an die Kurie. Kursachsen stand auf der Seite Diethers und bedrängte das Erfurter Gebiet wirtschaftlich und militärisch. Der Kaiser erließ als Gegner Diethers mehrere Mandate zugunsten Erfurts.

Als 1482 Diether und Wilhelm von Sachsen starben und Adalbert von Sachsen (wegen seines jugendlichen Alters) als Administrator den Mainzer Stuhl bestieg, sah Erfurt ein, daß es sich mit Sachsen und mit Mainz arrangieren müsse. Mit den Concordata Alberti, dem Vertrag von Amorbach, erkannte Adalbert 1483 die Privilegien Erfurts an, mit dem Vertrag von Weimar im selben Jahr begründeten die Wettiner ihre Schutzrechte über die Stadt. An beide Seiten hatte Erfurt hohe Wiedergutmachungszahlungen zu leisten. Adalbert hatte vor allem erreicht, daß die Stadt ihre Abhängigkeit vom Erzstift anerkannte. Die übrigen Gerechtsame waren wenig bedeutsam, gegenüber dem Bibra-Büchlein hatten sie sich stark verringert. 1484 starb Adalbert im Alter von 20 Jahren. Sein Nachfolger auf dem Mainzer Stuhl war Graf Berthold von Henneberg. Dieser fügte 1497 dem Vertrag von Amorbach, den sein Vorgänger abgeschlossen hatte, die Concordata Bertholdi hinzu, in denen erstmals festgelegt wurde, daß Erfurt dem Erzbischof von Mainz als Erbherren zu huldigen hatte.

Mehrere Faktoren beendeten mit krisenhaften Erscheinungen in der zweiten Hälfte des 15. Jahrhunderts die Blütezeit Erfurts: Die Handelsräume hatten sich verlagert, begleitet von einer Geldentwertung. Die Auseinandersetzungen mit Mainz und Sachsen sowie die Stadtbefestigung hatten große Summen verschlungen. Die Folgen der Pest und des Stadtbrandes von 1472, der das gesamte Viertel zwischen Gera und Peterskloster, also ein Drittel der Stadt, in Schutt und Asche legte, waren verheerend. Abergläubische Furcht und Zeichendeutungen lähmten das Leben, Mißwirtschaft trat an die Stelle klugen Planens. Die Kapitalnot konnte nur durch die Aufnahme immer neuer Kredite und durch Einführung indirekter Steuern gemildert werden. Dies wiederum stärkte die von Mainz unterstützte Opposition der mittleren und unteren Bürgerschichten gegen die kleine Gruppe der Ratsgeschlechter, die von Sachsen gestützt wurde.

1508 verpfändete der Rat die Herrschaft Kapellendorf für weniger als 10 000 Gulden an Sachsen, während die Schulden der Stadt 500 000 Gulden betrugen, für die jährlich 30 000 Gulden Zinsen zu zahlen waren. Als die finanzielle Situation in Verbindung mit der Verpfändung Kapellendorfs bekannt wurde, kam es 1509 zu den revolutionären Unruhen, die als das »tolle Jahr« in die Geschichte eingingen. Den Hintergrund bildeten die sozialen Spannungen, die Bindungen an Sachsen und Mainz, Klagen über Zölle und Abgaben und die finanziellen Privilegien der hohen Geistlichkeit. Erzbischof Uriel von Gemmingen konnte aber die städtische Machtfrage im Mainzer Sinn lösen, er setzte einen neuen Rat ein und entwarf einen Ratseid, der auch die Passage über den »rechten Erbherren« enthielt. Dieser Rat setzte auch durch, daß der kurmainzische Amtmann auf der Burg Lahneck, Philipp von Heuchelheim, als Stadthauptmann die militärische Gewalt übernahm. 1510 führte Mainz eine »Regimentsverbesserung« genannte Regierungs- und Verwaltungsreform durch, die vor allem auf eine Gesundung von Wirtschaft und Finanzen zielte. Uriels Nachfolger, Albrecht von Brandenburg, war als Erzbischof von Magdeburg und Bischof von Halberstadt sowie als Bruder des regierenden Kurfürsten von Brandenburg 1514 auch deshalb zum Erzbischof von Mainz gewählt worden, weil man hoffte, er werde Erfurt dem Erzstift zurückgewinnen. Bevor ein die Rechte der Stadt Erfurt weiter einschränkendes Abkommen, das als »Versöhnung« bezeichnet und 1515 abgeschlossen wurde, wirksam werden konnte, schloß der Rat 1516 überraschend mit Kursachsen einen Vertrag, der dieses als Schutz- und Lehnsherrn anerkannte und im wesentlichen den Zustand aus der Zeit vor 1509 wiederherstellte. Das schon in Gang gesetzte Einreiten Albrechts wurde verhindert.

1521 erschütterten Unruhen gegen die Geistlichkeit, das sogenannte Pfaffenstürmen, die Stadt, 1525 der Bauernkrieg, bereits 1521 wurde in mehreren Kirchen evangelisch gepredigt. Die Reformation und die mit ihrer Ausbreitung verbundenen Wirren hatten starke antimainzische Züge und in diesen auch, wenigstens teilweise, ihre Begründung. Im Bauernkrieg wurden die Mainzer Herrschaftsansprüche über die Stadt Erfurt erstmals rundweg bestritten.

Nach mehreren vergeblichen Anläufen einigte sich der Rat, veranlaßt auch aus Furcht vor der drohenden Unterwerfung unter den sächsischen »Schutzherrn«, mit Kardinal Albrecht 1530 in Hammelburg. Für die am Mainzer Eigentum angerichteten Schäden und Verwüstungen erhielt er Entschädigung und wurde in seine weltlichen Rechte wieder eingesetzt. Die beiden Stiftskirchen St. Marien und Severi sowie das Peterskloster wurden wieder katholisch (auch in einigen Pfarrkirchen feierte man seit Ende 1525 wieder die Messe). Im übrigen enthielt sich der Erzbischof ausdrücklich jeder Bestimmung über die Glaubensfrage, da er keiner Partei etwas geben oder nehmen wolle, wie es hieß. Der Hammelburger Vertrag wurde zu einem zukunftsweisenden Instrument und begründete die später von den Mainzer Erzbischöfen immer wieder zugestandene Religionsfreiheit für Erfurt. Dieses war in wenigen Jahren zu 95 Prozent protestantisch. Die Gegenreformation setzte nur zögernd ein.

Der Prozeß, den Albrecht 1521 nach dem »Pfaffenstürmen« vor dem kaiserlichen Reichskammergericht wegen seiner verletzten Rechte angestrengt hatte, schleppte sich dahin. Der Rat erhob Widerklage in der Hoffnung auf gänzliche oder wenigstens teilweise

Befreiung von dem ungeliebten Erbherren. In einem Urteil von 1578 erhielt der Erzbischof in der Sache recht, in einem kaiserlichen Mandat von 1589 wurde die Stadt Erfurt angewiesen, sich aller Eingriffe in die kurmainzischen Gerechtsame zu enthalten.
Die Auseinandersetzungen über die staatsrechtliche Stellung Erfurts zu Kurmainz gingen weiter. Ein Vertrag von 1618 sicherte wieder die freie Religionsausübung zu, enthielt aber erstmals den Passus, daß Erfurt ein »uraltes Integralstück und Eigentum des Erzstiftes« sei. Der Vertrag wurde nicht ratifiziert, blieb aber bei den weiteren Handlungen als Richtschnur bestehen.
1632 schenkte König Gustav Adolf von Schweden der Stadt Erfurt den Mainzer Hof und fünf Küchendörfer mit allen Gerechtsamen. Der Rat schien am Ziel seines jahrhundertelangen Kampfes um die Reichsstandschaft. 1646 vergab Gustav Adolfs Tochter Christine das Eichsfeld und den Mainzer Hof in Erfurt als Mannlehen an Landgraf Friedrich von Hessen. Der Westfälische Friede von 1648 machte aber auch diesen Akt zunichte. Die Schweden hatten zwar versprochen, die Stadt Erfurt in ihren Bestrebungen nach der Reichsstandschaft bei den Friedensverhandlungen zu unterstützen. Aber im Friedensvertrag wurde Erfurt nicht einmal erwähnt. Der Vertrag, der die deutschen Territorialgewalten stärkte, bestimmte nämlich, daß die Reichsstände in ihre alten Rechte wieder einzusetzen waren.

Literatur: Benary. Beyer/Biereye. Falck, Nachfolger. Gutsche, Klassenherrschaft. Gutsche, Das »Tolle Jahr«. Jaeger. Jürgensmeyer, Bistum. Jürgensmeier, Albrecht von Brandenburg. Klein. Kleineidam I. Loffung. Mehl. Neubauer, Verhältnisse. Neubauer, Geschichte. Patze, Polit-Gesch., S. 139–142, 331–338. Patze, Verf.- u. Rechtsgeschichte. Schum. Stimming, Wahlkapitulationen. Tettau, Verhältnis. Tettau, Reduktion. Weiß, Frühbürgerl. Rev. – 1664. Weissenborn I. Wildenhayn. Willicks.

D 1

Adolf II. Graf von Nassau, Erzbischof und Kurfürst von Mainz (1461 – 1475)

Grab im Zisterzienserkloster Eberbach im Rheingau. Rechts Erzbischof Gerlach von Nassau (1346/53 – 1371)

Foto: F. G. Zeitz K.G., Königsee/Obb.
Mainz, StadtA, BPS, alph. Slg.

1451 ernannte Erzbischof Dietrich von Erbach den Domherrn Graf Adolf von Nassau zum Provisor in Erfurt und Oberamtmann auf dem Eichsfeld, 1453 übertrug er ihm die ordentliche und kirchliche Gerichtsbarkeit in diesem Gebiet. 1459 bestätigte Erzbischof Diether von Isenburg seinen Rivalen um den Erzstuhl in diesen Ämtern und übertrug sie ihm auf Lebenszeit.
Adolf von Nassau wurde 1461 an Stelle des abgesetzten Diether von Isenburg vom Papst zum Erzbischof von Mainz ernannt. Die Folge war ein zweijähriges Schisma der Mainzer Kirche und die Mainzer Stiftsfehde, die auch das Eichsfeld und Erfurt in Mitleidenschaft zog. Im Oktober 1463 siegte Adolf über Diether. Mainz verlor seine Selbständigkeit und wurde zur kurfürstlichen Residenz- und Landstadt. In Erfurt erneuerte Adolf 1468 die Concordata Gerhardi von 1289. Zum Provisor in Erfurt und Amtmann auf dem Eichsfeld ernannte er den Grafen Heinrich von Schwarzburg.

Literatur: Jürgensmeier, Bistum, S. 159 – 163. Falck, Nachfolger, S. 87 f. Köster.

Kat. Nr. D 2

D 2

Diether Graf von Isenburg, Erzbischof und Kurfürst von Mainz (1459 – 1463 und 1475 – 1482)

Statue vom Grabmal im Mainzer Dom, mit den Merkmalen der Spätgotik. Der Kopf des greisen Fürsten, der in einem Buch lesend dargestellt ist, ist trefflich modelliert. Das einzige überlieferte Porträt Diethers

Foto: Hanne Zapp, Mainz
Mainz, StadtA, BPS, alph. Slg.

Diether wurde 1459 vom Mainzer Domkapitel zum Erzbischof gewählt, aber 1461 von Papst Julius II. abgesetzt und von seinem Gegenspieler Adolf von Nassau 1463 besiegt. Nach dem Tod Adolfs wählte ihn das Domkapitel erneut. In Mainz gründete er eine zweite Universität für das Erzstift und ließ als neue Residenz der Erzbischöfe und Kurfürsten am nördlichen Stadtrand die St. Martinsburg erbauen.
Als erster Mainzer Kurfürst hatte er sich bei Antritt seiner zweiten Regierung in seiner Wahlkapitulation verpflichtet, Gerechtsame in Erfurt und auf dem Eichsfeld dem Erzstift zurückzugewinnen. Mit Erfurt geriet Diether daher bald nach Antritt seiner zweiten Regierung in Streit über die staatsrechtliche Stellung der Stadt zum Erzstift. Unter Diether von Isenburg schwächten sich, zunächst kaum bemerkbar, die Loslösungsbestrebungen von Mainz ab.

D 3
Wahlkapitulation Erzbischof Diethers von Isenburg

Mainz 1475 November 13

Pergament mit Siegel in rotem Ledereinband
Würzburg, Bayer. StA, Mz. Domkap. Urk. Libell 4

Da in der Mainzer Stiftsfehde viele Besitzungen verlorengegangen waren , wurde als wichtigste Neuerung die Bestimmung aufgenommen, die Besitzungen auf dem Eichsfeld, in Erfurt, in Hessen und Westfalen wieder zurückzugewinnen.

Literatur: Stimming, Wahlkapitulationen, S. 48.

D 4
»In causa Moguntina«

Spezialkorrespondenz zu den Streitigkeiten Erzbischof Diethers mit der Stadt Erfurt über deren staatsrechtliches Verhältnis zum Erzstift Mainz.

Papier, Folio, 370 Seiten
Erfurt, StadtA, 2 – 110/4

Die Korrespondenz besteht aus dem Briefwechsel zwischen dem Erzbischof, dem Mainzer Domkapitel, den Kurfürsten und Herzögen von Sachsen einerseits und dem Rat zu Erfurt andererseits aus den Jahren 1477 bis 1480.
Die Seiten 187–207 enthalten Diethers Argumente, daß Erfurt zum Erzstift gehöre und keine freie Stadt sei, die Seiten 217–233 enthalten die Gegenargumente des Rates.
Der Streit fand seinen Widerhall sogar in der zeitgenössischen Literatur. Conrad Stolle, Vikar an St. Severi, begann ein Gedicht mit folgenden Versen (Abdruck bei Wolf, S. 235):
»Nu hilff uns got von hymmelrich,
der alle dingk wol kan machen glich
in himmel und uff erden
viel grosser breffe sint an-geslagen: was wil
dar uß werden?
Die brefe halden, hore ich sage,
myn here von Mencz thu sich vil der clage,
och hat mans wol vornommen,
wie viel rechts er zu Erffort habe und kan
dar zu nicht komen.«
Ein Erfurter Anonymus aber spottet (Druck bei: Falckenstein, Historie, S. 347):
»Wenn Diether schon hörte gleich alles was schallet,
was thönet, was klinget, was brummet, was lallet,
So konnt es ihm doch nicht vom Sinne bewegen,
Rieth man ihm gleich: er war doch immer entgegen.«

Literatur: Beyer/Biereye, S. 209–212.

D 5 ▷
Der Vertrag von Amorbach zwischen dem Administrator des Mainzer Erzstifts, Adalbert von Sachsen (»Concordata Alberti«), und dem Erfurter Rat von 1483 und der Vertrag zwischen Kurfürst Berthold von Henneberg (»Concordata Bertholdi«) und dem Erfurter Rat von 1497

Mainz 1497 April 6

Druck: Concordata unnd Vertrege, so zwüschen den Hochwirdigsten etc. Ertz Bischoffen unnd Stifft Mayntz etc. Unnd der Stadt Erffurdt auffgericht. Item Concordata unnd Vertrege zwüschen den Durchleuchtigsten Durchleuchtigen Hochgeborn Chur Fürsten und Fürsten des Löblichen Hauß zu Sachssen, Hertzogen, Landt Graffen in Düringen unnd Marggraffen zu Meyssen etc. Unnd der Stadt Erffurdt Aufgericht. Mainz (Nikolaus Heyll) 1537

Mainz, StadtA. LVO

Im Vertrag von Amorbach bestätigte Adalbert die Privilegien Erfurts, während dieses die Abhängigkeit von Mainz anerkennen mußte. Im Vertrag von Weimar, den der Rat ebenfalls 1483 mit Sachsen abschloß, begründeten die Wettiner ihre Schutzherrschaft über Erfurt. An beide Landesfürsten mußte die Stadt hohe Entschädigungssummen zahlen. Nur vorübergehend brachten die Concordata Alberti Ruhe nach den Auseinandersetzungen mit Diether von Isenburg.

Literatur: Mägdefrau/Langer, Entfaltung. Beyer/Biereye, S. 212 f.

CONCORDATA
vnnd Vertrege / so zwüschen
den Hochwirdigsten / ꝛc. Ertz Bischoffen
vnnd Stifft Mäyntz / ꝛc. Vnnd der
Stadt Erffurdt auffgericht.

Item / CONCORDATA
vnnd Vertrege zwüschen den Durchleuchtigsten
Durchleuchtigen Hochgeborn ChurFürsten vnd
Fürsten / des Löblichen Hauß zu Sachssen / Hertzogen /
LandtGraffen in Düringen / vnnd Marggraffen zu
Meyssen / ꝛc. Vnnd der Stadt Erffurdt
Auffgericht.

Cum Gratia & Privilegio.
Getruckt in der ChurFürstlichen Haupt: vnd
Residentz Stadt Mäyntz /
Bey Nicolao Heyll.
Anno M. DC. XXXVII.

Kat. Nr. D 5

D 6

Herzog Adalbert von Sachsen, Adminstrator des Erzstifts Mainz (1482–1484)

Statue am Grabdenkmal im Dom zu Mainz

Foto: Hanne Zapp, Mainz
Mainz, StadtA, BPS, alph. Slg.

Dargestellt ist der junge Prinz, der mit 18 Jahren zum Kurfürsten und Erzbischof von Mainz gewählt wurde und zwei Jahre später starb. Da er das kanonische Alter noch nicht erreicht und deshalb nicht die Priester- und Bischofsweihe erhalten hatte, trägt er die Gewänder eines Domherren. In den Händen hält er ein Buch und das erzbischöfliche Vortragekreuz. Wie am Grabdenkmal Diethers (vgl. Exponat D 2) ist auch hier die Porträtähnlichkeit sofort zu erkennen. Den unbekannten Schöpfer des Denkmals hat man nach diesem den Adalbertmeister genannt. Erzbischof Diether von Isenburg ernannte, im Rahmen seiner Rückgewinnungspolitik verpfändeter Besitzungen, den 15jährigen Sohn des Kurfürsten Ernst von Sachsen 1479 zum Provisor in Erfurt und Amtmann auf dem Eichsfeld. 1480 ließ er ihn zum Coadjutor mit dem Recht der Nachfolge wählen.

Literatur: Jürgensmeier, Bistum, S. 163 f. Falck, Nachfolger, S. 88 f. Arens, Dom, S. 103.

D 7

»Dieser Stat Erffurt Erbherrn«

Die Concordata Bertholdi

Mainz 1497 April 14
Pergamentlibell, 8 Seiten, Siegel Bertholds an rotgelber Seidenschnur
Erfurt, StadtA, 0–0/A VI – 10

Die Concordata Bertholdi ergänzten im einzelnen die Bestimmungen des Vertrags von Amorbach aus dem Jahr 1483. Sie enthielten aber erstmals die Bestimmung, daß die Stadt Erfurt dem Kurfürsten von Mainz als ihrem »Erbherrn« zu huldigen hatte. Die entsprechende Stelle zu Beginn des Vertrags lautete: »Item zum ersten alls erstlich unnser vorfaren seligen und wir lang zeyt here mit gemeldten Ratsmeistern Rath, Rethen und Gemeinde vermeldter unnser Stat Erffurt Spannung und irrig gewest sind der Huldunge und Eyde halber etc. Derhalben haben wir unns gutlichen mit einannder vereynigt und vertragen. Also das wir und alle unser nachkomen des Stiffts zu Mentz nu und hinfüre ewiglich von den Ratsmeistern, Rath und Rethen den nachfolgenden Eyde im Einreyten nemen, den sie unns auch also thun sollen, wie der von Wort zu Worten nachgeschriben stehet also lutende: Das wir unnserm gnedigsten Herren zu Mentz, diser Stat Erffurt Erbherren, unnserm Herrn dem Grafen, unnserm Herren dem Vitzdhum, der Stat Erffurt und den Burgern, reichen und armen, ir Recht behallten, on alle ubel list, also ferr als wir das wissen und vermögen. Das unns Got allso helffe und alle Heiligen.« Den gleichen Eid hatten die Neubürger zu leisten.

Literatur: Beyer/Biereye, S. 216. Weiß, Frühbürgerl. Rev. – 1664, S. 105 f. Willicks.

D 8

Das Engelmann-Buch

Aufzeichnungen über Einnahmen und Gerechtsame des Mainzer Hofes in Erfurt. Niederschrift des Küchenmeisters Nikolaus Engelmann, Ende des 15. Jahrhunderts

Abschrift aus dem Jahr 1585, Papier, Folio
Erfurt, StadtA, 2/111 – 9

Nikolaus Engelmann wurde 1486 von Eltville im Rheingau nach Mainz in die Kurfürstliche Kammerschreiberei gerufen, 1490 zum Keller in Amöneburg ernannt und 1494 zum Küchenmeister nach Erfurt berufen. Dieses Amt versah er 21 Jahre. Die Küchenmeister waren mit umfassenden Befugnissen ausgestattet. Sie standen an der Spitze der erzbischöflichen Verwaltung in Erfurt. In seinem Buch zeichnete Engelmann alle wichtigen mittelalterlichen Gerechtsame der Mainzer Erzbischöfe in Erfurt auf. Es enthält die Concordata Gerhardi, das Bibra-Büchlein, die Geleitsordnung, die Gerichtsordnung, die Ordnung beim Einreiten der Erzbischöfe, Aufzeichnungen zum Zollrecht und über die Verwaltung und das Personal des Mainzer Hofes.
Anlaß für die Aufzeichnungen war wahrscheinlich der große Stadtbrand von 1472, dem auch die Gebäude des Mainzer Hofes und damit das erzbischöfliche Archiv zum Opfer fielen. Auf Bitten des Erzbischofs befahl Papst Innozenz VIII. 1489 dem Rat der Stadt Erfurt und der Geistlichkeit, binnen 30 Tagen dem Abt des Schottenklosters als Bevollmächtigter des Stadtherrn sämtliche Urkunden zur Abschrift vorzulegen. Dies erfolgte auch, aber nicht innerhalb von 30 Tagen, sondern erst am 6. Mai 1491, und zwar auf dem Rathaus.

Literatur: Michelsen. Herrmann, Bibliotheca, S. 184 f. Nr. 11. Wildenhayn, S. 28 f.

D 9

Das Personal des Mainzer Hofes 1551

In: »Ordnung und Reformation des Ertzbischofflichen Hoffs in unsers gnedigsten Herrn Stat Erffurdt, furgenomen Anno etc. 1552«

Wiesbaden, HStA, 101,11 fol. 95r – 131v

Sollstand des Personals: 29, Iststand: 32 Personen. Drei Personen sollten entlassen werden. Der Sollstand entsprach – mit teilweise veränderten Bezeichnungen – dem im Engelmann-Buch um 1500 beschriebenen Zustand.
Das Protokoll einer auf Anordnung Erzbischof Sebastians von Heusenstamm vorgenommenen Visitation des Mainzer Hofes befindet sich im Oberlahnsteiner Jurisdictionalbuch, einem Sammelband mit Unterlagen aus den Jahren 1533–1668. Er enthält auch Instruktionen für den Küchenmeister und detaillierte Beschreibungen der zum Mainzer Hof gehörenden Güter.

D 10

»Die mitteldeutschen Territorien um 1500«: Das »Territorium Erfurt«

Reproduktion der Karte in: Geschichte Thüringens, hrsg. von Hans Patze und Walter Schlesinger (Mitteldeutsche Forschungen 48), 3. Bd.: Das Zeitalter des Humanismus und der Reformation, Köln/Graz 1967

Das kurmainzische Eichsfeld ist unter »geistliche Gebiete« M = Mainz eingereiht, das kurmainzische Erfurt gesondert – quasi als selbständige Einheit – unter »Territorium Erfurt«.

D 11

»Wie die Stadt an Ruhm gewänne«

Papst Urban VI. bestätigt auf Fürsprache seines Legaten Kardinal Philipp von Alençon und des Erzbischofs Adolf von Mainz die Stiftung einer Universität in Erfurt

Rom 1389 Mai 4
Vidimierte Abschrift, Papier, 5 Seiten
Erfurt, StadtA, 0–0/A 45a Nr. 5

1378 hatte der Erfurter Rat überlegt, wie die Stadt an Ruhm gewänne, und bei Papst Gregor XI. um Genehmigung zur Gründung einer Universität gebeten. Wegen des Papstschismas wandte er sich 1398 erneut an die Kurie, unterstützt von Erzbischof Adolf I. von Nassau, der den Erfurtern für ihre Unterstützung im Kampf um den Mainzer Stuhl dankbar war. 1392 fand die Eröffnung der Erfurter Universität statt. Mit der Oberaufsicht war zunächst der Dekan der Marienkirche beauftragt, seit 1396 aber der Erzbischof von Mainz als Kanzler. Als solcher konnte er sich, zumal durch die Ernennung der Vizekanzler, Einfluß auf das Geschehen an der einzigen Universität im Erzstift sichern, die fortan auch zahlreiche hohe geistliche und weltliche Mainzer Beamte ausbildete. So studierten beispielsweise die Erzbischöfe Dietrich Schenk zu Erbach, Diether von Isenburg und Berthold von Henneberg an der Alma Mater Erfordensis.

Druck: Weissenborn I, S. 3 ff.
Literatur: Kleineidam, Universitas I.

D 12

Reisemissale des Adolf von Breithardt (um 1420–1491)

2. Hälfte des 15. Jahrhunderts
Pergament, 161 Blatt, Höhe 24,5 cm, Breite 17 cm, Ledereinband des 19. Jahrhunderts
Mainz, Bibliothek des Priesterseminars, Hs. 7

Der Kleriker Adolf von Breithardt war ein enger Vertrauter Erzbischof Adolfs II. von Nassau. Als dieser zum Provisor in Erfurt ernannt wurde, erscheint Breithardt seit 1456 als Küchenmeister und Offizial. Michaelis 1456 ließ er sich unter dem Rektorat Gottschalk Gresemunds, während der geistigen Blütezeit, in die Matrikel der Erfurter Universität einschreiben, zusammen mit dem Mainzer Domherrn Bernhard von Breidenbach, dem späteren Mainzer Domdekan und berühmten Verfasser einer Reisebeschreibung ins Heilige Land. Als Erfurter Student machte Breithardt auch die Bekanntschaft mit dem Grafen Berthold von Henneberg, dem späteren Mainzer Erzbischof.
Nach der Erhebung Adolfs zum Erzbischof reiste Breithardt wiederholt zwischen Rhein und Gera hin und her, um Gefällestreitigkeiten zu regeln; als Kanzler Adolfs hörte er 1465 die Rechnungslegung des Erfurter Küchenmeisters, seines Nachfolgers, ab. Er starb als Hofrat des Erzbischofs Berthold von Henneberg 1491. Breithardt war im Besitz zahlreicher Pfründen, unter anderem war er Inhaber der Pfarrei St. Cyriakus in Duderstadt.
Als Beförderer der Liturgie, als frommer Stifter, Bücherliebhaber und Kunstfreund gehört Breithardt zu den herausragenden Persönlichkeiten des Mainzer Hoflebens in der zweiten Hälfte des 15. Jahrhunderts. Ob er selbst ein Exponent des deutschen Frühhumanismus war, ist nicht bekannt. Auf jeden Fall war er einem Kreis von Humanisten verbunden, die er alle von Erfurt her kannte. Dazu zählte der Theologe Johannes von Wesel, dessen Werk noch Luther stark beeinflussen sollte und der nach 15jähriger Rektorentätigkeit in Erfurt 1477 als Domprediger nach Mainz berufen wurde, wo er mit der offiziellen Lehre in Konflikt geriet. Dazu gehörte Jakob von Jüterbog, der Erfurter Lehrer Breithardts. Dazu gehörte auch der Arzt Dietrich Gresemund von Meschede, der Bruder des Erfurter Magisters Gottschalk Gresemund. Gresemund kam als Leibarzt Erzbischof Adolfs nach Mainz. Vermutlich kannte Breit-

hardt auch Angelinus Becker, der ebenfalls von der Erfurter Universität als Prediger nach Mainz kam. Sein Reisemissale vermachte Breithardt, nach einem Eintrag von 1481, dem Mariengredenstift in Mainz, dessen Dekan er war. Die in mehreren Farben geschriebene, illuminierte Handschrift enthält als besondere Kostbarkeit (fol. 53v) ein dem Kanon vorangestelltes Kreuzigungsbild: Christus mit Maria und Johannes.

Abbildung: Jung, Abb. 144 (schwarzweiß)
Literatur: Köster. Kleineidam, Universitas I, S. 154–163. Weissenborn I, S. 256. Jung, Kat.Nr. 157.

D 13
Studierte auch Johannes Gutenberg in Erfurt?

Seite der Erfurter Universitätsmatrikel für das Sommersemester 1418 mit dem Eintrag: Joh(ann)es de Alta villa« (= Eltville), rechte Spalte, Zeile 14 von oben

Erfurt, StadtA, 1 – 1/XB XIII/46, Bd. 1
Fotovorlage: StadtA Erfurt, Bildabteilung

Von den jüngeren Forschern ist es vor allem Albert Kapr, der in Johannes von Eltville Johannes Gutenberg vermutet, den Mainzer Patrizier und Erfinder der Buchdruckerkunst mit beweglichen Lettern. Gutenberg hatte enge Beziehungen zu der kurmainzischen Residenz Eltville im Rheingau und soll dort zeitweise gewohnt haben. Kapr weist auch nach, daß andere bekannte Frühdrucker in Erfurt studierten. Der Name des Johannes de Altavilla erscheint noch einmal, und zwar im Wintersemester 1419/20 in der Erfurter Universitätsmatrikel.

Literatur: Kapr.

D 14
»Die Freyheit und auch ware Lehr«

Ulrich von Hutten (1488–1523), Ritter, Humanist und politischer Publizist

Porträt
Holzschnitt (von Tobias Stimmer?) nach dem Porträt »Ulrich von Hutten in einer Nische« von 1520 aus: Nicolaus von Reusner, Contrafracturbuch, Straßburg 1587
Mainz, StadtA, BPS V H 95

Das Porträt zeigt Hutten in Ritterrüstung, mit der linken Hand ein Schwert haltend, bekrönt mit dem Dichterkranz Kaiser Maximilians. Über dem Porträt die Zuweisung: »Huldrich von Hutten Ritter und Poet«. Unter dem Porträt die Zeilen: »Edel vom Stam̃, Lehr und verstand / Ein Held zugleich mit faust und Hand / Die Freyheit und auch ware Lehr / Beschütz ich im Leben mit Mund und wehr / Starb im Jahr 1523«.
Nach einem ungesicherten Aufenthalt in Erfurt 1503/05 studierte Hutten 1505 zusammen mit seinem Freund Grotus Rubeanus in Köln und hielt sich mit diesem 1506 in Erfurt auf. Dort lernte er den berühmten Erfurter Humanistenkreis kennen, mit Grotus Spalatin. In Erfurt erschien 1510 sein Buch »Nemo«, der »Ur-Nemo«, bei Sebaldus Striblita. Ein Jahr später begann er seine reichspatriotisch-universalistische Gesinnung literarisch zu verarbeiten, was zu den Schriften gegen den Papst und die deutschen Reichsfürsten führte.
Im Frühjahr 1514 weilte er erneut in Erfurt, 1517/19 war er Hofrat des Mainzer Kurfürsten Albrecht von Brandenburg, dessen Wahl von 1514 er literarisch begrüßt hatte. 1516 kamen die berühmten, hauptsächlich von Grotus Rubeanus und Hutten verfaßten »Dunkelmännerbriefe« heraus, die sich gegen die Spätscholastik wandten und den reformfreudigen Humanismus priesen. In der Bannbulle des Papstes Leo X. von 1520 gegen Luther war auch Hutten aufgeführt. Dieser begrüßte und verteidigte das Auftreten des Reformators, grenzte sich aber gleichzeitig gegen ihn ab.

Abbildung: Laub, S. 398.
Literatur: Laub. Romeick, Hutten.

D 15

Kardinal Albrecht von Brandenburg, Erzbischof und Kurfürst von Mainz (1514–1545), Erzbischof von Magdeburg, Administrator des Stiftes Halberstadt, als heiliger Martin

Kopie nach einem Gemälde von Simon Franck im Museum der Stadt Aschaffenburg
121 x 56,5 cm

Mainz, Landesmuseum

Der Nimbus um den im Bischofsornat dargestellten Albrecht weist diesen als hl. Martin aus, wie er einige Münzen über die Schale des Bettlers hält. Die kleinen, mit Mitren bekrönten Wappen bezeichnen die drei Stifte Albrechts.

Auf den ersten Blick ist der prachtliebende Renaissancefürst zu erkennen, der am Beginn der Moderne die sancta sedes Moguntina bestieg, im Zeitalter der Reformation, mit deren Begründer sein und des Erzstiftes Schicksal in besonderem Maß verknüpft war. Der Regent dreier Bistümer, der die Voraussetzungen für den Beginn einer modernen Verwaltung schuf, gleichzeitig das Erzstift Mainz in große finanzielle Not stürzte, mußte erleben, daß er aus seinen nördlichen Besitzungen vertrieben wurde und daß Erfurt binnen weniger Jahre zu 95 Prozent evangelisch war.

Entscheidend für die Wahl Albrechts zum Erzbischof von Mainz im Frühjahr 1514 waren zwei Faktoren: Zum einen verpflichtete sich sein Bruder, Kurfürst Joachim von Brandenburg, zur Zahlung der bei der Wahl fälligen hohen Gebühren an die Kurie, die Mainz wegen des Todes dreier Erzbischöfe in einem Jahrzehnt existentiell belasteten, zum anderen versprach der Kurfürst, Albrecht werde die Rechte des Mainzer Stifts auf eigene Kosten schützen. Schon 1510 war eine Gruppe von Mainzer Domkapitularen, die alle Verbindungen nach Erfurt hatten, der Meinung, Albrecht sei der geeignete Kandidat für den Mainzer Stuhl, weil er Erfurt dem Erzstift erhalten könne. Wie seine Vorgänger und Nachfolger hat er selbst die Stadt an der Gera nie betreten. Durch die Reformation entstand ein weiterer Faktor, Erfurt dem Erzstift Mainz zu entfremden, zumal auch die geistliche Jurisdiktion verlorenging.

Abbildung und Literatur: Reber, S. 186.

D 16 *(Abb. S. 62)*

Martin Luther, die Reformation und Erzbischof Albrecht von Mainz

Luther an Kardinal Albrecht (Wittenberg), 31. Oktober 1517
Latein, eigenhändig, Papier, 2 Blatt
Stockholm, ReichsA

Luther fordert den Erzbischof auf, die Ablaßprediger zurechtzuweisen und die Instruktion für diese zurückzuziehen. Seine 95 Thesen fügt er bei.

1515 hatte Papst Leo X. für den Vertrieb des 1506 zugunsten des Neubaus von St. Peter in Rom ausgeschriebenen Ablasses Erzbischof Albrecht von Mainz und den Franziskaner-Guardian zu Generalkommissaren auf acht Jahre ernannt. Zum Sub-Generalkommissar für die Kirchenprovinz Magdeburg berief Albrecht den Dominikaner und Ablaßprediger Tetzel, der wohl im Januar 1517 mit der Verkündigung begann. Aus allen Gegenden eilten die Menschen herbei, um den begehrten Ablaß für ihr Seelenheil zu gewinnen. Der Augustinereremit Luther, der viele Jahre lang in Erfurt studiert hatte und dort dem Orden beitrat, war seit 1512 Professor der Bibelwissenschaft an der kurfürstlich-sächsischen Universität Wittenberg, wo es Tetzel verboten war, aufzutreten. Luther verlangte, dem wenig christlichen Handel, der bei der Sache in den Vordergrund getreten war, ein Ende zu bereiten. Als Angebot einer vertieften theologischen Diskussion schlug er am 31. Oktober 1517 seine berühmt gewordenen 95 Thesen an die Schloßkirche zu Wittenberg an. Noch am selben Tag schrieb er an den Erzbischof von Mainz.

Luther schreibt zunächst, warum er, »der Geringsten einer«, so vermessen sei, sich an den Erzbischof zu wenden, und begründet dies mit seiner Treuepflicht. Er fährt dann fort: »Es wird im Land der päpstliche Ablaß unter dem Namen E.K.f. Gnaden zum Bau der Peterskirche (zu Rom) ringsum angeboten. Dabei klage ich nicht so sehr das große Geschrei der Ablaßprediger an, das ich nicht gehört habe, als daß ich vielmehr das überaus falsche Verständnis beklage, welches das Volk daraus erlangt, und das sie dem einfachen Volke allenthalben hoch anpreisen. Die unseligen Leute meinen nämlich, wenn sie Ablaß lösen, seien sie ihrer Seligkeit gewiß . . . « Luther folgert: »Ach, lieber Gott, so werden die Seelen unter Eurer Obhut, teuerster Vater, zum Tode unterwiesen . . . «

Albrecht forderte am 1. Dezember 1517 die Theologen der Mainzer Universität zu einem Gutachten auf und meldete die Angelegenheit am 13. Dezember nach Rom. Den Ernst der aufgeworfenen Fragen erkannte er nicht. Luther selbst erhielt erst auf einen weiteren Brief vom 4. Februar 1520 eine Antwort des Kardinals. Zu diesem Zeitpunkt war Luther bereits ein berühmter Mann. Wiederholt wandte er sich nochmals an Albrecht, tadelte seinen Reliquienkult und forderte ihn auf zu heiraten, andererseits erhielt Luther sogar ein Hochzeitsgeschenk von Albrecht. Gegen den Mainzer Klerus bezog Luther wiederholt Stellung. In der Anfangsphase verhielt sich Albrecht dem neuen Glauben gegenüber nachgiebig, vertrat aber bald wieder eine strenggläubige Richtung.

Luthers Brief gelangte auf ungeklärte Weise, möglicherweise als schwedische Kriegsbeute im 30jährigen Krieg, nach Arensburg auf der Insel Ösel, von wo ihn ein Beamter 1694 an König Karl XI. von Schweden schickte (vgl. WA Briefwechsel 1, S. 109).

Abbildung: Reber, S. 236.
Druck mit Übersetzung: Reber, S. 234 f. WA Briefwechsel 1 Nr. 48.
Literatur: Jürgensmeier, Kardinal Albrecht. Reber, S. 233. Weiß, Luther. Weiß, Jerusalem.

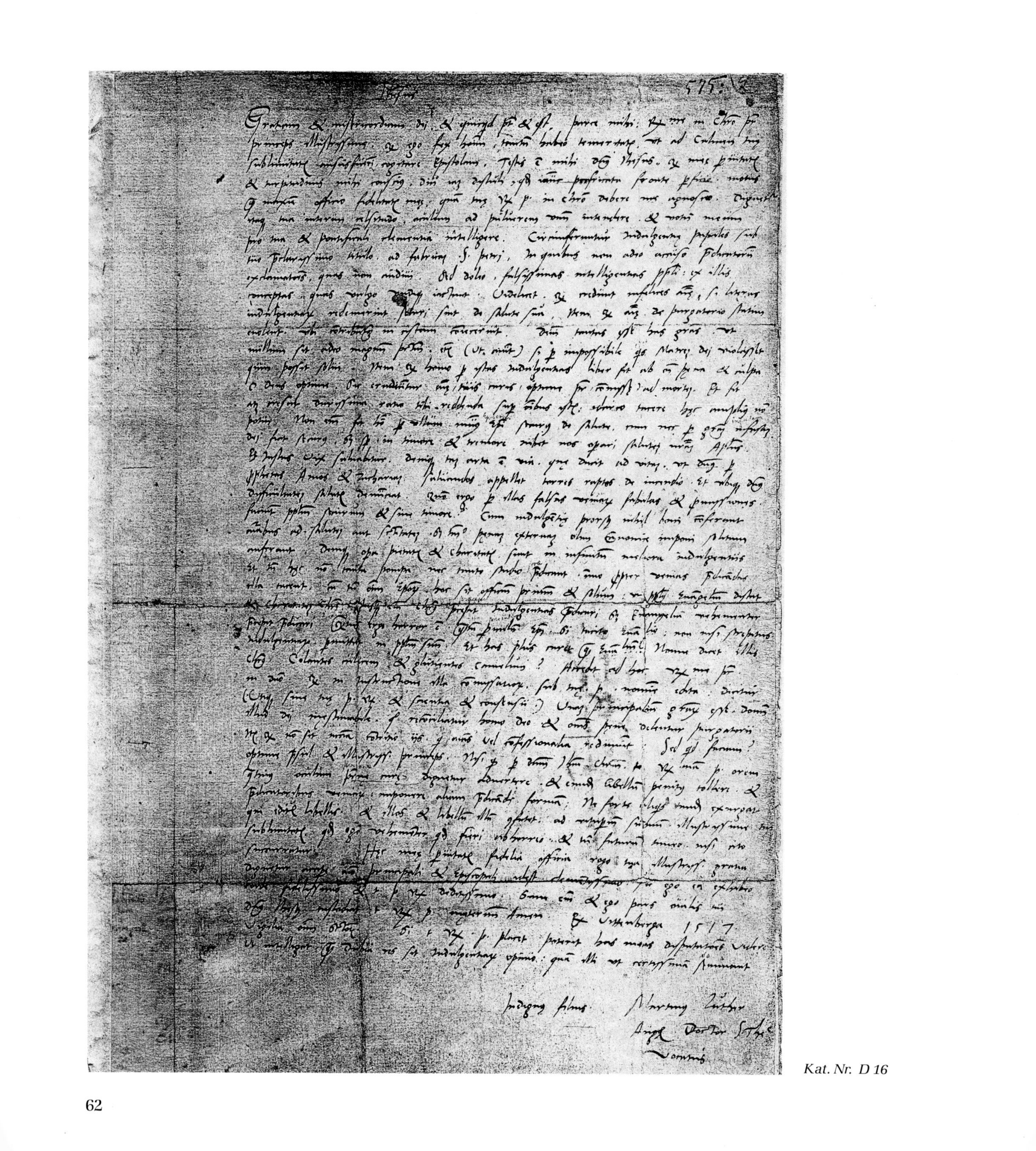

Kat. Nr. D 16

D 17

Das Pfaffenstürmen von 1521

Studentenverse in der »Cronica Erfordiana« des Eobanus von Dolgen, Auszüge
Mainz, Stadtbibliothek

G. Schmatz bannte die Exzesse von Studenten, jungen Handwerkern, Bürgern und Adligen in der Nacht vom 11. zum 12. Juni 1521 gegen die geistlichen Mainzer Beamten und Universitätsprofessoren in einer endlosen Kette von Versen. Natürlich wurden auch die Häuser des Sieglers des Geistlichen Gerichts (des ehemaligen Küchenmeisters Engelmann) und des Küchenmeisters nicht verschont:

»Darnach kamen sie ins Küchenmeisters Haus,
Der weiset sie mit guten Worten aus,
Die ander Rott die hernach kam,
Sprach, habt ir nicht mehr gethan?
Gott gebe im die Pestilenz
(Und die Frantzosen darzu).
Er hat geschrieben gen Meintz,
Die Heimligkeit eines Raths,
Die Erffurth in Schaden bracht,
Und wer ich bey im gewesen,
Ich wolt in besser han uberlesen,
Mit einer Axt in seinen Rücken,
Dann der Schalck steckt voll heimlicher Tücken.
Ei hört von dem alten Seglern,
Dem wollten sie die Platten schern,
Er bot in viel der guten Wort,
Esst und trinkt lieben Gselln, geht fort,
Was ir haben wolt das sol sein,
Man soll euch geben den besten Wein,
Gesotens und auch gebraten,
Das macht, das sie im nichts thaten,
Noch thet er sich hartbekümmern,
Und ist geflohn gen grossen Sömmern,
Da hat er die Gemein auch erzürnt,
Das sie in auch haben gestürmt,
Und haben in also gepocht,
Das hat er geben müssen die Flucht,
Und ist gen Northausen gezogen,
Das ist war und nicht erlogen,
Do haben sie in entpfangen,
gleich wies im zuvor ist ergangen.«

1521 wurde bereits in mehreren Erfurter Kirchen evangelisch gepredigt. Als Luther Anfang April 1521 auf seiner Reise zum Wormser Reichstag in Erfurt Station machte und in der Augustinerkirche predigte, wurde er frenetisch begrüßt. Obwohl Luther bereits exkommuniziert war, nahmen an der Predigt auch mehrere Kanoniker der Stifte von St. Marien und Severi teil. Als diese deswegen ebenfalls exkommuniziert wurden, revoltierten Studenten, junge Handwerker, Bürger und Adlige wochenlang. Der Höhepunkt der Exzesse fand in der Nacht vom 11. zum 12. Juni 1521 statt. Die Verfolgten wurden drangsaliert, ihre Häuser gestürmt, der Hausrat geplündert. Der ehemalige Küchenmeister und jetzige Siegler, ein alter Mann inzwischen, gibt in einem Bericht 40 geplünderte Häuser an, Eobanus Hessus 50, der Universitätsrektor 60.

Hinter dem Ganzen steckte auch die Wut der Bevölkerung über die finanziellen Privilegien der Geistlichkeit, die nicht zu Abgaben herangezogen wurde. Die Unruhen legten sich denn auch erst, als die beiden Stifter versprachen, auf althergebrachte Privilegien zu verzichten.

Druck: Liliencron Nr. 353.
Literatur: Weiß, Pfaffenstürmen. Weiß, Frühbürgerl. Rev. – 1664, S. 122 f.

D 18

Der Hammelburger Vertrag

Einigung zwischen dem Kurfürsten von Mainz und der Stadt Erfurt nach dem Pfaffenstürmen von 1521 und dem Bauernkrieg von 1525: Wiederherstellung der Mainzer Hoheitsrechte, Ausklammerung der Religionsfragen. Inseriert in die Bestätigung des Schwäbischen Bundes, Augsburg 1530 März 4

Hammelburg 1530 Februar 5
Pergament, Deutsch, Siegel der drei Bundeshauptleute, des Kardinals Albrecht und der Stadt Erfurt, 78 x 48 cm
Erfurt, StadtA, 0–1/A VI Nr. 13

Anfang 1525 brachte der Transitus Adolar Huttener als Oberstratsmeister an die Spitze des Rates. Mit ihm begann ein betont kirchen- und mainzfeindlicher Kurs. Als am 28. April 1525 die Bauern einmarschierten, lenkte Huttener sie geschickt gegen die Mainzer Repräsentanz und gegen die katholische Geistlichkeit. Der Rat nahm auch die 28 Artikel der Bauern an: Der Mainzer Herrschaft und der katholischen Kirche wurde ein Ende gemacht, der katholische Gottesdienst verboten. Kurz zuvor hatte der Rat die Stifte und Klöster gezwun-

gen, ihre Kleinodien zur »Aufbewahrung« ins Rathaus zu bringen.
Die Bauern stürmten alles, was mainzisch war. Die Wut galt vor allem dem Mainzer Hof im Brühl. Der Küchenmeister wurde gefangengenommen, die Vorräte geplündert, Bücher und Urkunden vernichtet oder beiseite geschafft. Das Zollhaus auf dem Domplatz, das Geistliche Gericht, das Notariat und die Salzkremen wurden zerstört, das Standbild des heiligen Martin gegenüber dem Rathaus zertrümmert.
Als die Bauern abgezogen waren, übernahm der Rat den Mainzer Hof unter der Bezeichnung »Landhof«. Das neue Wappen zeigte eine Pflugschar, ein »Sech«, einen Karst und ein Hufeisen. Der Rat legte sich auch ein neues Stadtsiegel zu, das den heiligen Martin aus dem Siegelbild verbannte. Und in der Umschrift nannte sich die Stadt auch nicht mehr die getreue Tochter der Mainzer Kirche. Das neue Siegel stellte Christus als Weltenrichter dar. Die Umschrift lautet: »Die Menschenkinder sollen gerecht richten«.
In wenigen Wochen, nachdem Kurmainz schon Ende Januar 1525 protestiert, Strafmaßnahmen angedroht und Schadenersatz gefordert hatte, war alles vorbei. Wiederholt wurde verhandelt. Aber erst im Frühjahr 1530 einigte man sich, nach Vermittlung durch den Schwäbischen Bund, auf einen Kompromiß:
Der Rat erkennt den Erzbischof als rechtmäßigen Oberherrn an, die Marien-, die Severi- und die Peterskirche werden wieder dem katholischen Ritus zurückgegeben. Regelungen von Glaubensfragen waren ausdrücklich ausgeklammert. Der Vertrag nahm vorweg, was der Augsburgische Religionsfrieden von 1555 zur allgemeinen Richtschnur erhob.

Literatur: Weiß, Frühbürgerl. Rev. – 1664, S. 124–130. Wildenhayn, S. 48–54. Kleineidam, Universitas II, S. 36–48.

D 19
Mainz contra Erfurt

Sammelband mit den beim Reichskammergericht zwischen 1521 und 1594 vorgelegten Prozeßakten, Folio
»Abdruck des keyserl. Mandats, welches von weiland Albrechten etc. Churfürsten zu Mainz 1521 wider E. E. Rath und Gemeine Stadt Erfurt ausgenommen, auch was darauf am Keyserl. Kammergericht vor Klagen und Forderungen con reconveniendo eingebracht, zusammt den Erfurtischen Peremtorialibus articulis, und was endlich Anno MDLXXVIII d. 22. Septbr. darauf vor Urtheile erfolget sind«

Druck, nach 1594
Mainz, Stadtbibliothek, III k : 2 °/196 a

Nach den Ereignissen von 1521 verklagte Erzbischof Albrecht die Stadt Erfurt wegen Beeinträchtigung seiner Gerechtsame beim Kaiserlichen Reichskammergericht. Die Stadt erhob Gegenklage in der Hoffnung, die Mainzer Herrschaft auf diesem Wege abschütteln zu können. Der Prozeß zog sich hin, 1578 wurde das Zollregal des Erzbischofs anerkannt, und 1589 erging ein Kaiserliches Mandat, das der Stadt befahl, sich aller Eingriffe in die Kurmainzischen Rechte zu enthalten. 1594 war der Prozeß noch anhängig.

D 20
Formula Pacificationis

Bestimmungen des Rates zu Erfurt über die Organisation der Evangelischen Kirche

1580 Dezember 30
Zeitgenössische Abschrift
Erfurt, StadtA 2–210/7 fol. 43 r – 49 v

Nach dem Augsburger Religionsfrieden von 1555 hätte Erzbischof Sebastian von Heusenstamm als Landesherr die Religionsverhältnisse in Erfurt bestimmen können. Daß er dazu nicht die Macht besaß, begriff er selbst genausogut wie die Stadt Erfurt. Diese übernahm daher wie ein Reichsstand die Befugnis zur Religionsbestimmung und führte die Reformation durch. Um 1557 gab es bereits das Evangelische Ministerium als vorgesetzte Behörde der Erfurter Pfarrer, die Ordinationen vornahm und theologische Prüfungen abhielt. Mit den Formula Pacificationis regelte der Rat endgültig die Organisation des Evangelischen Ministeriums und vermehrte dessen Befugnisse, bestimmte aber auch sich selbst als »ordentliche und christliche Obrigkeit« dieser Institution.

Literatur: Weiß, Frühbürgerl. Rev. – 1664.

D 21

Weihbischof Johannes Bonemilch von Lasphe († 1510)

Grabplatte im Dom zu Erfurt
Reliefdarstellung, Bronzeguß

Foto: Eduard Seifert, Großlohra 3
Mainz, DDA, Nachlaß Hermann Kardinal Volk (Geschenk des Erfurter Bischofs Hugo Aufderbeck)

Dargestellt ist der Bischof in ganzer Figur. Die Inschrift lautet (Abkürzungen aufgelöst): »Obiit anno domini 1510 die 17 Octobris reverendus in Christo pater et dominus Johannes de Lasphe, artium et theologiae doctor, Dei gratia episcopus Sidoniensis, reverendissimi domini nostri archiepiscopi Moguntini in pontificalibus vicarius, hic sepultus, requiescat in pace, amen« (nach Jahr/Lorenz Nr. 510).
Johannes Bonemilch war Theologieprofessor in Erfurt, Kanoniker an St. Marien, Pfarrer an der Michaeliskirche. 1488 wurde er zum Episcopus Sidoniensis geweiht. Neben seinem Amt als Mainzer Weihbischof in partibus Thuringiae versah er seit 1502 auch noch das Amt des Generalrichters. 1497 weihte er die Gloriosa, die berühmte Erfurter Domglocke. Er gilt als »eine der repräsentativsten Gestalten, die die Universität je gehabt hat« (Kleineidam, Universitas, II, S. 85).
Bischof Bonemilch weihte im Frühjahr 1507 Luther zum Priester.
Nach dem Tod Bonemilchs wurde Paulus Huthenne Mainzer Weihbischof in Thüringen. Er erlebte die Anfänge der Reformation und starb 1532. Nach seinem Tod erfolgte die Berufung von Weihbischöfen in Thüringen unregelmäßig und nach oft langen Vakanzen. Auf Huthenne folgte erst 1547 Wolfgang Westermeier, nach dessen Tod 1568 erst 1578 Nikolaus Elgard.

Literatur: Koch, S. 88–95. Schuchert, S. 69. Jürgensmeier, Bistum, S. 204 f. Jahr/Lorenz Nr. 510.

D 22

»ex medio nationis perversae«

Denkschrift des Weihbischofs Nikolaus Elgard über die Reform des Erfurter Klerus

1583 Februar
Erfurt, Bibliothek des Ev. Ministeriums, Msc. 15: Epistulae Nicolai Elgardi, Suffraganei Erfurdiensis, fol. 594r – 603r

Die Gegenreformation in Erfurt begann mit der Weihe des jungen Nikolaus Elgard aus Luxemburg zum Episcopus Ascalonensis 1578. Der im Germanicum ausgebildete Priester, ein Vertrauter des Erzbischofs Daniel Brendel von Homburg, hatte großen Anteil am Erfolg der Kirchenreform in Thüringen und auf dem Eichsfeld. Obwohl er selbst heftigen Verfolgungen ausgesetzt war, so daß er zeitweise um sein Leben fürchtete, holte er trotzdem erstmals zwei Vertreter der in der Bevölkerung verhaßten Jesuiten nach Erfurt. Elgard übte Kritik an den kirchlichen Zuständen, aber auch an der Mainzer Verwaltung, die er für unfähig hielt, mit den Schwierigkeiten fertigzuwerden. Er starb 1587.
Den Schlußsatz seiner Denkschrift von 1583 schloß er mit den Worten: »Datum ex medio nationis perversae« (Gegeben in der Mitte des verdrehten Volkes).

Literatur: Drehmann, S. 80 ff. Jürgensmeier, Bistum, S. 90–95.

D 23 ▷

Dom und St. Severi mit einigen mainzischen Gebäuden

um 1598
Farbige Zeichnung von Constantin Beyer nach einer Federzeichnung
Lithographie von Uckermann, 19,5 x 21,5 cm
Fotovorlage: StadtA Erfurt, Bildabteilung
(Aufnahme: Christine Riesterer)

a) Salzhäuser (»Salzkremen«)
b) Turm des Krummhauses, der alten Mainzer Burg: die sog. Bonifatiuskapelle. Dahinter ein weiterer Rest der Burg
c) Haus des Sieglers des Geistlichen Gerichts
d) Haus zur roten Türe (erzbischöfliches Geistliches Gericht)

Kat. Nr. D 23

D 24
Wolther Heinrich von Streversdorf (1588–1674), Weihbischof

Porträt, 1672
Kupferstich von Nicolaus Person
Mainz, StadtA, BPS V s 78 a

Brustbild in ovalem Rahmen mit dem Wappen am Fuß und der Inschrift am Sockel: »Woltherus Henriquez à Streversdorff, SS. Theol. Doctor in alma Universitäte Colon. Ordinarior Prosessorum senior Jubilarius: Dei et. Apost. sedio gratia ex ordine Erem. S. Augustini 1634. Episcopus Ascalonensis, Mogunt. Suffraganeus, Praepositus B. M.V. Erfurti, Rector Magnificus, Cancellarius Theol. Facult., Decanus Mogunt.«
Streversdorf, aus einer ursprünglich portugiesischen Familie stammend und in Neuß geboren, Provinzial der Augustinereremiten, wurde 1634 oder 1635 zum Episcopus Ascalonensis geweiht und als Mainzer Weihbischof nach Erfurt gesandt. Es blieb ihm allerdings wegen der Besetzung durch die Schweden verwehrt, die Stadt zu betreten, so daß er nur auf dem Eichsfeld wirken konnte. Er ging 1637 nach Köln zurück und wurde 1644 Mainzer Weihbischof in partibus Rheni. 1644 weihte er den Bischof von Würzburg und nachmaligen Mainzer Erzbischof Johann Philipp von Schönborn, dessen Vertrauter er war, zum Priester, ein Jahr

später zum Bischof, 1656 den späteren Erzbischof von Mainz, Lothar Friedrich von Metternich, zum Priester und 1660 den späteren Erzbischof Anselm Franz von Ingelheim zum Priester. Bei der Krönung Kaiser Leopolds 1658 in Frankfurt nahm er als der älteste der assistierenden Bischöfe die erste Stelle ein.

Literatur: Koch, S. 103 f. Jürgensmeier, Bistum, S. 204 f. Jürgensmeier, Schönborn.

D 25
Jesuitenkolleg Erfurt

Papst Pius IV. an Erzbischof Daniel Brendel von Homburg (1555–1582): Gründung eines Jesuitenkollegs in Erfurt

Rom 1565 September 19
Zeitgenössische Abschrift, Latein, 1 Blatt
Mainz, StadtA, 14/10 fol. 77

Papst Pius IV. läßt Erzbischof Daniel von Mainz durch seinen Visitator Petrus Canisius die Erlaubnis überbringen, das Jesuitenkolleg in Mainz aus dem Stiftsvermögen, auch ohne Zustimmung des Domkapitels, zu dotieren und in Erfurt (in urbe diocesis tuae Erfordia) ein weiteres Jesuitenkolleg zu errichten.
Bis zur Gründung des Erfurter Kollegs sollte jedoch noch ein halbes Jahrhundert vergehen. Sowohl die Versuche des Erzbischofs Daniel als auch die Bemühungen des Weihbischofs Elgard blieben Episode.

Literatur: Duhr I, S. 422–426.

Kat. Nr. D 26

D 26
Wolfgang Kämmerer von Worms genannt von Dalberg, Erzbischof und Kurfürst von Mainz (1582–1601)

Porträt, 1593, 34 x 22,8 cm
Farbiger Druck. Frankfurt/M.: Conrado Corthois
Mainz, StadtA, BPS V D 10 e

Der Erzbischof ist in einen langen Talar gekleidet. In den Händen hält er Gebetbuch und Handschuhe. Rechts oben das Wappen Dalbergs. Über dem Porträt die Zeilen: »Contrafactur deß hochwurdigsten Fürsten und Hernn, Hernn Wolffgangi Ertzbischofen zu Mentz, deß H. Römischen Reichs Ertz Cantzeler durch Teütschlandt und Churfursten«.
Unter dem Porträt der Spruch:
»Ein Ertz Churfurst des heiligen Reichs.
Und Ertz Canzler / thut dir mit Vleiß
Diß bildtnuß deß Geistlichen herren.
Bischofs zu Mentz gäntzlich erklären /
Wolffgangi von Dalberg / geboren.
Von höchstem Adell außerkoren /«
»Dem Gott durch gnadt recht hat gegeben.
Ein regiment in seinem leben /
Welches er Friedlich weiß zu halten.
Mit Ernst und weißheit wie die Alten /

Derrowegen ihn thut Gott behutten.
Und steht ihm bey in allen nötten«.

Dalberg verhielt sich in Glaubensfragen vorsichtig und unentschieden, so auch bei der Ansiedlung der Jesuiten in Erfurt, die schon von Weihbischof Elgard betrieben worden war.

Die kontinuierliche Geschichte der Jesuiten in Erfurt, die zum eigentlichen Träger der Gegenreformation werden sollten, begann mit Pater Michael Schilling aus dem Mainzer Kolleg (gebürtig aus Mühlhausen in Thüringen), der 1588 nach Erfurt kam. Als ihn der Rat 1589 zum Verlassen der Stadt aufforderte, floh er in den Mainzer Hof, den er erst nach fast zwei Jahren wieder verlassen konnte. Trotz der außerordentlich feindseligen Haltung von Rat und Bürgerschaft hielten die Jesuiten an der geplanten Niederlassung fest.

Literatur: Koch, S. 95. Duhr I, S. 425. Jürgensmeier, Bistum. Falck, Nachfolger, S. 92.

D 27
Jesuiten-Mission, -Residenz, -Kolleg

Die Missio Erfordiensis im »Catalogus Primus Personarum Provinciae Rhenanae Superioris Societas Jesu, Anno 1597«

Mainz, StadtA, 15/341

In diesem Jahr bestand die Missio in »Erfurtum celebrem Turingiae urbem« aus zwei Priestern, nämlich: Joseph Mangolt (geb. 1553), Prior, aus Buchen im Fuldischen, und Gerhard Plümis (geb. 1558) aus Willich bei Duisburg.

Die Patres lebten im Mainzer Hof, die notwendigen Dinge erhielten sie vom Jesuitenkolleg in Heiligenstadt. Von der Domkanzel predigten sie.

Durch ihre aufopfernde Hilfe im Pestjahr 1597 festigte sich die Stellung der Patres etwas, so daß eine Mission gebildet werden konnte, die 1601 in eine Residenz und 1615 in ein Kolleg umgewandelt wurde. Zu Beginn des Jahrhunderts konnten sie das Haus zum Marienbildchen, das dem Kapitel von St. Marien gehörte, beziehen, bis ihnen Erzbischof Johann Schweikard von Kronberg 1615 die Gebäude des regulierten Augustiner-Chorherren-Stiftes – das Reglerstift – zuwies, in denen sie das erste katholische Gymnasium einrichteten. 1660 brannten die Stiftsgebäude ab. Der Schulbetrieb war zunächst bescheiden, die Konversionen allerdings angeblich überdurchschnittlich hoch. »Der Jesuitismus hatte sich fest eingenistet in der Stadt. Seinen Bestrebungen waren Tor und Tür in Erfurt geöffnet« (Beyer/Biereye, S. 481).

Literatur: Duhr I, S. 422–426. Beyer/Biereye, S. 475 f.

D 28
Johann Schweikard von Kronberg, Erzbischof und Kurfürst von Mainz (1604–1626)

Porträt, Kupferstich, 40,5 x 29 cm
Mainz, StadtA, BPS V K 70 o

»Johannes Sviccardvs, D(ei) G(ratia) Archiepiscopvs Mogvntinae, sac(ri) rom(ani) imp(erii) per Germaniam Archicancel(larius), Princ(eps) Elector«.

Kat. Nr. D 28

Johann Schweikard setzte die Politik seines Vorgängers Johann Adam von Bicken (1601–1604), unter dem die Gegenreformation einen Höhepunkt erreicht hatte, konsequent fort – beide hatten in den neunziger Jahren Erfurter Visitationskommissionen geleitet – und förderte die für die katholische Mission wichtigen Kolleg- und Klostergründungen. So konnte mit seiner Unterstützung 1615 die Residenz der Jesuiten in Erfurt in ein Kolleg umgewandelt und 1618 der in der Reformationszeit vertriebene Augustinerorden wieder angesiedelt werden. Ein Vertrag mit der Stadt Erfurt sollte diese enger an den Kurstaat binden.

Literatur: Beyer/Biereye, S. 476–481. Falck, Nachfolger, S. 93. Jürgensmeier, Bistum, S. 210–214. Kleineidam, Universitas III, S. 182 f. Mai, S. 20–24. Weiß, Frühbürgerl. Rev. – 1664, S. 135 f. Zieschang, S. 79.

D 29

»Daß nemblich unßere Statt Erffurth ein Recht uhralt Integral Stück ...«

Kommissarische Vereinbarung von 1618 über das staatsrechtliche Verhältnis zu Kurmainz: Die Erfurter sollen Untertanen des Erzbischofs sein

Erfurt 1618 April 21
Besiegelte Ausfertigung (der Mainzer Delegation), 25 Seiten
Erfurt, StadtA, 0–0/A VII, 170/171

Die Vereinbarung – eigentlich »Kurmainzische Commissarische Erklärung« – gliedert sich in drei Teile:
Im ersten Teil versichert der Erzbischof, alle Privilegien, die der Stadt Erfurt verliehen worden waren, anzuerkennen und zu mehren.
Im zweiten Teil (Bl. 4r) soll die Stadt anerkennen, daß sie »ein Recht uhralt Integral Stück, mitgliedt und aigenthumb unßers Ertzstiffts und Churfürstenthumb zue Maintz seye, Sye, unßere Rathßmeister, der rath undt ganze gemeine Burgerschafft dieselbe aus Gnaden unßerer Herrn vorfahren undt unßers Ertzbischofflichen Stuels alß ihrer getrewen Mutter besitzen, auch alle der Gewalt und Regiment, welches Sye, unßere Rathßmeistere und Rath in und uber unßere Statt undt ihre mitburger Administriren undt verwaltten, sambt allen daran hangenden Obrigkeiten, Herrlichkeiten, Freyheiten und gerechtigkeiten von unßers Ertzstiffts und Churfürstenthumbß hoher fürstlicher Obrigkeit dependiren ...«
Der dritte Teil wiederholt die Versicherung des Erzbischofs von 1615 über die freie Religionsausübung, erweitert sie in einigen Punkten und dehnt sie auch auf das Landgebiet aus.
Die Etablierung der Jesuiten hatte die Stadt für ihre Religionsausübung fürchten und 1615 um eine feierliche Zusage Johann Schweikards einkommen lassen. Gleichzeitig hatte dieser jedoch eine Erklärung verlangt, wonach die Erfurter Untertanen des Erzbischofs seien. Daran knüpften sich lange Verhandlungen, zuerst in Aschaffenburg, dann in Erfurt, wo sie am 21. April 1618 zum Abschluß kamen.
Die Erklärung der Mainzer Delegation wurde von beiden Parteien nicht ratifiziert, wie es das Dokument im Schlußsatz forderte. Trotzdem bildete sie in den nächsten Jahrzehnten »die Richtschnur des politischen Handelns« (Weiß, Frühbürgerl. Rev. – 1664, S. 136) und war »eine wichtige Etappe im Sinken der Freiheit des Stadtstaates Erfurt« (Beyer/Biereye, S. 481).

Literatur: Beyer/Biereye, S. 478–481. Weiß, Frühbürgerl. Rev. – 1664, S. 135 f.

D 30

»Schwedischer Schutz«

Nördlingen 1632 Oktober 19
Pergament, Deutsch, Siegel an blau-goldener Seidenschnur in Holzkapsel, 29 x 50 cm
Erfurt, StadtA, 0–0/A XXI Nr. 6

König Gustav Adolf von Schweden schenkt der Stadt Erfurt »den Fuhrwerckshoff zu Erffurdt, der Meintzische Hoff genant, mit allen pertinentien, ein- undt zugehörungen, wie die immer nahmen haben mögen, auch Rechten undt gerechtigkeiten, Ingleichen die fünff Dörffer Daberstadt, Dittelstedt, Melchendorff, Hochheim undt Wittern mit den hohen undt niederen Gerichten, allen bußen undt gefällen, nichts davon ausgeschloßen, allermaßen solches von vorigen innhabern, dem Ertzstift zu Meintz, genützt, besaßen undt gebrauchet«. Außerdem übergab er der Stadt die beiden Stifte, acht Klöster, das Jesuiten-Kollegium und die katholischen Pfarrkirchen, das Ganze jedoch vorbehaltlich der schwedischen Oberhoheit.
Der 1618 einsetzende 30jährige Krieg stürzte die Stadt Erfurt bald schon in Not und Entbehrung, Belagerungen, Seuchen und Kontributionen. Am 2. Oktober 1631

marschierten die Schweden ein, begeistert von der Bevölkerung begrüßt. König Gustav Adolf nahm in der Hohen Lilie Quartier und stellte der Stadt einen Schutzbrief aus, in dem er auch versprach, die Stadt müsse in die künftigen Friedensverhandlungen namentlich mit einbezogen werden; dies hätte für Erfurt die Reichsstandschaft bedeutet.

Der Rat verlor jedoch die Geduld und bedrängte den König immer wieder, ihm die Mainzer Rechte in der Stadt zu übertragen. Eine Delegation reiste sogar zum König in das ebenfalls schwedisch besetzte Mainz. Mit Dekret vom 19. Oktober 1632 willfahrte Gustav Adolf den Erfurtern und übertrug ihnen den Mainzer Besitz.

Literatur: Beyer/Biereye, S. 533–547. Overmann, Erfurt, S. 236 bis 240. Weiß, Frühbürgerl. Rev. – 1664, S. 138–140. Wildenhayn, S. 58 f.

D 31

Axel Graf Oxenstierna (1606–1654), Schwedischer Minister Gustav Adolfs, nach dessen Tod Reichsverweser, hielt sich 1632/33 in Mainz und Erfurt auf

Porträt, Brustbild
Kupferstich von P. Aubry, 28 x 18 cm
Mainz, StadtA, BPS V 0 12

»Axelius Ochsenstirn, Comes in Maymitho, Domino in Filolm et Tydoen, eques S. R. Maist. Regn. Sueciae Senator et Cancellar ad exercit per. German. summa cum Potestate Legatus et Foederator, Evang. Direct«.

Handschriftlicher Zusatz: »Legatus a Rege Gustavo in Galliam missus foedus cum Rege Christianissimo iniit 1630 curam Regnis Sverice de functo Gustavo suscepit 1633, qua etiam summa cum laude et immortali gloria defunctus est«.

Oxenstierna setzte nach dem Tod Gustav Adolfs aufgrund von dessen Dekret die Stadt Erfurt in alle mainzischen Rechte und Besitzungen ein. Am 2. Januar 1633 ließ er die feierliche Übergabe vornehmen. Die fünf Küchendörfer huldigten dem Rat, der Mainzer Hof wurde in einen Gutshof umgewandelt und an einen Erfurter Bürger verpachtet. Die Stifter wurden beschlagnahmt, die Insassen der Klöster ausgewiesen, in den katholischen Pfarrkirchen evangelisch gepredigt. Die Gerichte wurden städtisch, die Zölle flossen in die städtischen Kassen. Die Universität unterstand fortan dem Rat.

Das Eichsfeld schenkte Oxenstierna Herzog Wilhelm von Sachsen-Weimar. Kursachsen, das nach der Eroberung Erfurts durch die Schweden versucht hatte, den alten Streit mit Kurmainz zu seinen Gunsten zu entscheiden, kam zu spät.

Schon im Herbst 1634 fiel Kursachsen von Schweden ab und schloß mit dem Kaiser im Mai 1635 den Frieden zu Prag ab. Kurfürst Johann Georg I. verlangte von der Stadt Erfurt, sich der schwedischen Besatzung zu entledigen und dem Frieden beizutreten: die Stadt werde vom Mainzer Kurfürsten in ihren alten Privilegien nicht geschädigt. Das hieß, die »Schenkungen« Gustav Adolfs wieder herauszugeben, denn im Prager Frieden war die Restitution der Konfessionen nach dem Stand von 1624 vereinbart worden.

Am 27. September 1635 erschien der Mainzer Vizedom Christoph von Harstall in Erfurt und verkündete im Namen seines Herrn den Friedensschluß.

Literatur: Beyer/Biereye, S. 547–555. Müller. Weiß, Frühbürgerl. Rev. – 1664, S. 140 f.

E *Erfordia Ecclesiae Moguntinae restituta: Der heilige Martin kehrt zurück*

Zu Beginn des 17. Jahrhunderts erfreute sich Erfurt einer langen Periode wirtschaftlichen Aufschwungs. Zwar war die volle Unterordnung unter den Kurstaat Mainz, abgesehen von der Religionsfreiheit, 1618 bekräftigt worden, aber die Stadt, die das Dokument nicht unterschrieben hatte, dachte gar nicht daran, sich zu fügen. Ähnliche Zugeständnisse hatte sie in den vergangenen Jahrhunderten immer wieder gemacht, ohne daß sich an ihrem selbständigen Regiment etwas geändert hätte.

Dies zeigte sich mit aller Deutlichkeit zur Zeit der schwedischen Besatzung 1631–33, als der Erfurter Rat von König Gustav Adolf nachdrücklich die Einsetzung in die Mainzer Rechte verlangte. An seiner Haltung änderte sich auch nichts, als die Stadt dem Prager Frieden beitreten mußte und Mainz wieder restituiert wurde.

1647 wählte das Mainzer Domkapitel Johann Philipp von Schönborn, seit 1642 Bischof von Würzburg, zum Erzbischof von Mainz. Kenner seiner Persönlichkeit wußten, daß er sein hohes Ansehen als Erzbischof, Kurfürst und Reichserzkanzler einsetzen würde, sein durch die konfessionelle Entwicklung und den langen Krieg schwer geschädigtes Erzstift wieder in Flor zu bringen. Zunächst drang er auf einen raschen Friedensschluß, der den Glaubenskämpfen ein Ende bereiten sollte. Der am 24. Oktober 1648 in Münster und Osnabrück unterzeichnete Westfälische Friedensvertrag besiegelte den Religionsvergleich zwischen Katholiken und Protestanten. Der zwischen dem Kaiser und seinen Verbündeten einerseits, dem König von Frankreich und seinen Verbündeten andererseits und der Königin von Schweden und ihren Verbündeten auf der dritten Seite abgeschlossene Friede, dem sich die Reichsstände anschlossen, regelte die zahllosen weltlichen und konfessionellen Probleme im Reich.

Von grundlegender Bedeutung wurde das Restitutionsprinzip, nach dem territorialer Besitz nach dem Stand von 1618 wiederhergestellt wurde. Ebenso einschneidend war der Machtzuwachs der Reichsstände bei gleichzeitiger Schwächung der kaiserlichen Gewalt. Der konfessionellen Ordnung legte man die Bestimmungen des Augsburger Religionsfriedens zugrunde: Der Territorialherr bestimmte die Konfession seines Landes, aber maßgebend war der Zustand von 1624.

Johann Philipp von Schönborn, dem an diesem Frieden ein entscheidender Anteil zukam, hatte bei den Verhandlungen ebenso zäh seine territorialen Belange verfolgt. Im wesentlichen handelte es sich um die Wiedergewinnung der an den Pfalzgrafen verpfändeten Bergstraße, die Rückgewinnung der von Hessen-Kassel besetzten hessischen Ämter Fritzlar, Amöneburg, Neustadt und Naumburg und um die Abwehr der von der Stadt Erfurt geforderten Anerkennung als freie Reichsstadt. Die Bergstraße konnte er wieder einlösen, Hessen-Kassel gab die kurmainzischen Ämter zurück, Erfurt wurde in dem Friedensvertrag nicht einmal erwähnt. Die Schweden, die ihrem Versprechen gemäß das Erfurter Verlangen unterstützten, ließen auf Drängen der mit Johann Philipp in gutem Verhältnis stehenden Franzosen Erfurt fallen. Ebenso entscheidend war, daß Johann Philipp sich gegen den Rat seiner eigenen Delegierten in Osnabrück entschieden weigerte, auf dem jus reformandi in bezug auf Erfurt zu bestehen. Dadurch, daß er dies aus kluger Einsicht ausdrücklich verneinte – er wußte, daß der Vertrag von 1618 nicht als Grundlage dienen konnte, da er nicht ratifiziert worden war –, zerstreute er das Mißtrauen von Sachsen und Brandenburg.

Die Erfurter Frage war dadurch zwar noch nicht vollständig geregelt, aber sie war auch noch nicht zum Nachteil von Kurmainz entschieden, seine Rechtsansprüche blieben gewahrt. Johann Philipp wußte, daß er im Recht war, denn Erfurt war rechtlich nie eine freie Reichsstadt gewesen, sondern hatte sich nur infolge der Schwäche von Kurmainz faktisch so darstellen können. Tettau, der nicht unbedingt die Mainzer Sache vertrat, hat dies überzeugend dargelegt. Die Erfurter Frage gegen alle Widerstände positiv zu entscheiden war das erklärte Ziel des Kurfürsten. Mit kleinsten Schritten versuchte er seinem Ziel näherzukommen. Die Stadt Erfurt half ihm ungewollt dabei. Und Johann Philipp nutzte die Verhältnisse, und er nutzte personalpolitische Möglichkeiten.

Die innerstädtischen Auseinandersetzungen begannen 1648 mit dem Streit zwischen Bürgerschaft und Rat wegen des Einflusses auf den letzteren und eskalierten in den folgenden Jahren, bis die Stadt nicht mehr regierbar war. Da sich die Bürgeropposition mit dem Rat nicht einigen konnte, wandte sie sich an den Kurfürsten mit der Bitte um Schlichtung. Der Westfälische Friedensvertrag sah die Einsetzung von Kaiserlichen Kommissionen zur Klärung der Restitutionsfragen vor. Als diese ihre Arbeit begann, wurde sie auch mit den innerstädtischen Auseinandersetzungen betraut.

Der Restitutionsprozeß von 1650 bestätigte alle Mainzer Rechte nach dem Stand von 1618, führte aber eine neue Bestimmung ein, die besagte, daß auch von allen evangelischen Kanzeln der Stadt ein Gebet für den Kurfürsten gesprochen werden mußte. Die genaue Formel blieb offen. Ein sogenannter Kompositionsrezeß stärkte die Rechte der Volkspartei ebenso wie der 1655 erwirkte Additionalrezeß. Der zunächst bei der Bevölkerung sehr populäre und von Johann Philipp von Schönborn im geheimen geförderte Obervierherr Volkmar Limprecht verlor durch Selbstherrlichkeit und Amtsmißbrauch seinen Rückhalt und wurde nicht wiedergewählt. Er intervenierte in Mainz und ließ sich wieder in sein Amt einsetzen. Er vertrat die Mainzer Belange und sprach sich auch für die Lösung der Gebetsfrage im Sinne des Kurfürsten aus. Als der Rat sich erbittert weigerte, darauf einzugehen, und nur zum Schein nachgab, während einige sich hilfesuchend an den Kurfürsten von Sachsen wandten, erwirkte Johann Philipp 1660 erneut eine Kommission. Als diese in der Gebetsfrage nicht weiterkam, forderte der Kaiser die Stadt am 24. Februar 1662 zum Gehorsam auf, es folgte am 6. Juli 1662 ein Kurfürstlich-Mainzisches Edikt.

Immer wieder schien es, als sei ein Kompromiß möglich, aber in Wirklichkeit wollten beide Seiten nicht nachgeben. Die Gebetsfrage, ursprünglich Nebenfrage, war zur Hauptfrage des staatsrechtlichen Verhältnisses der Stadt Erfurt zum Kurstaat Mainz geworden. Die Schriften, angereichert durch zahlreiche historische Belege, die hin und her gingen, sind kaum zu zählen. Gegendarstellung folgte auf Gegendarstellung.

Die Erfurter Wirren kulminierten 1663 in gewalttätigen Exzessen gegen einzelne Mitglieder des Stadtrates, gegen den Siegler Johann Daniel Gudenus, gegen zwei kaiserliche Notare. Nach der Hinrichtung Volkmar Limprechts am 20. November 1663 schien es allerdings, als sei die Krise der Krankheit erreicht. Eine merkwürdige Ruhe breitete sich über die Stadt. Kurfürst Johann Philipp hatte inzwischen die Reichsacht gegen Erfurt erwirkt. Gerüchte über militärische Rüstungen liefen um. Unerwartet wurde der Minister und engste Berater Johann Philipps, Graf Boineburg, verhaftet. Zu den Gründen, so hieß es, gehörten auch undurchsichtige Verbindungen zu Erfurt. Bewiesen wurde dies nicht. Die Erfurter Krise zog Kreise. Sogar der Papst erkundigte sich nach dem Stand der Dinge. Der Sturz Boineburgs, der den Franzosen zuletzt wegen seiner Kontaktaufnahme zum Wiener Hof verdächtig geworden war, ermöglichte es dem Kurfürsten, Frankreichs Hilfe gegen Erfurt zu erreichen. Mit Unterstützung mehrerer Rheinbundfürsten und einem französischen Hilfskorps von 6000 Mann unter General Franz de Pradel zog er mit insgesamt 15 000 Soldaten am 5. August 1664 gegen Erfurt. Ein Geheimabkommen mit Sachsen sicherte dessen Neutralität zu. Brandenburg stand ebenfalls beiseite. Sachsen forderte Erfurt schließlich zur Unterwerfung unter den Kurfürsten auf.

Jetzt nutzte es auch nichts mehr, daß in Erfurt bereits seit Mai 1664 das geforderte Gebet für den Kurfürsten gesprochen wurde. Nach einer wochenlangen Belagerung und Verhandlungen mit dem Bevollmächtigten Johann Philipps, dem Domkapitular Philipp Ludwig von Reiffenberg, ergab sich die Stadt am 15. Oktober 1664, bedingungslos, wie Johann Philipp gefordert hatte. Aus dem Erfurter Territorium war nun endgültig eine Kurmainzer Stadt geworden. Der Kurfürst hatte allerdings schon vor der Kapitulation angekündigt, auf Rache zu verzichten, Verzeihung zu gewähren und die religiösen Verhältnisse nicht anzutasten. Dadurch erwies sich Johann Philipp von Schönborn als ein wahrhaft weiser Herrscher seiner Zeit. Die Stadt Mainz hatte sich allerdings solcher Freiheit nicht zu erfreuen. Dort waren bis zum Ende des Kurstaates Protestanten nicht zugelassen.

Daß er die »Reduktion«, wie die Restitution der Stadt Erfurt schon von den Zeitgenossen genannt wurde, planmäßig vorbereitet hatte, bewiesen seine Maßnahmen zur Neuordnung der Erfurter Verwaltung in den folgenden Wochen und Monaten. Am 22. Oktober hielt er feierlichen Einzug in »seiner« Stadt Erfurt, die seit 220 Jahren keinen Mainzer Erzbischof in ihren Mauern gesehen hatte, und nahm Wohnung im Benediktinerkloster auf dem Petersberg. Am 28. Oktober huldigte ihm die Bürgerschaft, wenig später auch die Universität; die katholischen und evangelischen Kirchen hielten Gottesdienste ab. Am 25. Oktober teilte er dem Papst die vollzogene Reduktion mit. Am 27. Dezember gratulierte Alexander VII. zu dem gelungenen Unternehmen. Nuntius Caraffa schrieb nach Rom, es sei von großem Vorteil für die katholische Religion, daß das »Häretikernest« Erfurt gefallen sei (Jürgensmeier, Bistum, S. 255 f.). Johann Philipp ordnete die Befestigung des Petersbergs und des Cyriaksbergs an. Am 8. November erteilte er der evangelischen Geistlichkeit einen Schutzbrief, am 12. Dezember wiederholte er dies feierlich für alle Angehörigen der Augsburgischen Konfession. Dem hingerichteten Obervierherren Limprecht ließ er ein ehrenvolles Begräbnis zuteil werden, aber auch den oppositionellen Ratsmitgliedern verzieh er, zog sie sogar beim Aufbau der neuen Verwaltung zu Rat.

Dem Stadtrat entzog er das Wahlrecht, die bisherigen Stadtbeamten ernannte er zu landesherrlichen Beamten. Am 13. Dezember setzte er einen neuen Rat ein. Die gesamte Verwaltung wurde durch die Stadt- und Landordnung vom 15. Mai 1665 geregelt. Mit dem Hause Sachsen einigte sich der Kurfürst im sogenannten Leipziger Rezeß vom 30. Dezember 1665. Danach ging die Landeshoheit über die Stadt Erfurt mit ihrem gesamten Gebiet, einschließlich der Ämter Mühlberg und Tondorf, an den Kurfürsten von Mainz über. Sachsen trat zudem die Landeshoheit über einige Dörfer ab, während Mainz auf die Lehnsherrlichkeit über Gotha, Apolda, Tenneberg, Waltershausen und Altenberg verzichtete. Für das Geleitsregal und für das im Vertrag von Weimar (1483) vereinbarte Schutzgeld wurde Sachsen entschädigt. Der Erfurter Stadtrat kündigte am 13. März 1666 den Herzögen von Sachsen die Schutzgerechtigkeit auf.

Der Leipziger Rezeß wurde abschließend durch den Vertrag von Schulpforta vom 1. April 1667, in dem Kursachsen auf alle Ansprüche an Kurmainz verzichtete, sowie durch den Erfurter Exekutionsrezeß vom 26. Mai 1667 ergänzt.

Literatur: Jürgensmeier, Bistum, S. 251–257. Mentz, S. 70–90. Tettau, Reduction. Tettau, Verhältnis. Weiß, Frühbürgerl. Rev. – 1664.

E 1

»Erphordia – Erdfurt«

Erfurter Stadtplan von Merian

Um 1620/30
Kupferstich, 25 x 32,5 cm
Erfurt, StadtA, 7–240/41

Literatur: Overmann, Erfurt, S. 22 (mit Abbildung).

E 2

Erfurt und der Westfälische Friede

Kurmainz widerlegt die Behauptungen Schwedens über die Reichsstandschaft Erfurt mit zahlreichen Dokumenten

»Abdruck des Summarischen Berichts / Welcher Denen Königl. Schwedischen Herren Plenipotentiarijs Im Namen Des Hochlöbl.^{en} Ertz Stiffts Mayntz / wieder Die Stadt Erffurdt / Bey denen Universal Friedens Tractaten Zu Oßnabrüg vbergeben worden / den 11. Junij Anno 1646.«

Druck, 28 Seiten
Mainz, Stadtbibliothek, Mog m: 2 °/67

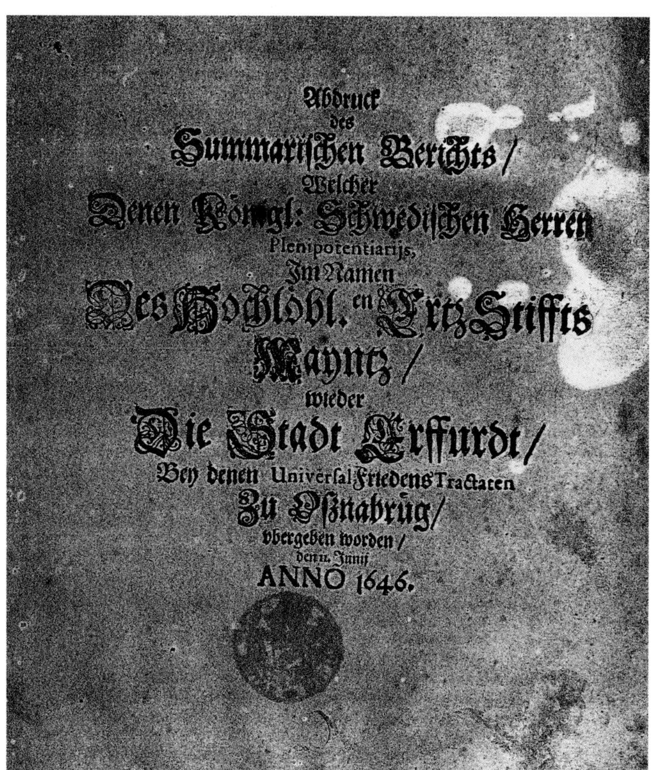

Abdruck
des
Summarischen Berichts /
Welcher
Denen Königl: Schwedischen Herren
Plenipotentiarijs,
Im Namen
Des Hochlöbl.^{en} Ertz Stiffts
Mayntz /
wieder
Die Stadt Erffurdt /
Bey denen Universal Friedens Tractaten
Zu Oßnabrüg /
vbergeben worden /
den 11. Junij
ANNO 1646.

E 3

Erfurt weist die Ansprüche von Kurmainz auf die Landesherrschaft zurück

»Ohnumbgänglicher und beständigster Gegen Bericht / Auff den Bey jetziger zu Oßnabrüg und Münster noch währenden höchstansehnlichen Versamlung / im Namen des Hochlöblichen Ertzstiffts Meintz wieder in die Stadt Erffurdt überreichten Summarischen Bericht . . .«.

Druck: Erfurt (Dedekind) 1646, 48 Seiten, mit 81 Seiten Beilagen
Mainz, Stadtbibliothek (Sammelband mit dem handschriftlichen Titel: »Acta: Des Rhats zue Erffurdt angemasten Reichs Standt betreffend«)

Mainz, Stadtbibliothek, Mog: 2 °/12 a Nr. 1

Diese beiden Streitschriften bildeten den Auftakt zu mehreren Entgegnungen, auch von seiten Sachsens.

E 4

Das Jus reformandi – »So wir ohnedieß nit zu behaubten vermögen«

Kurfürst Johann Philipp von Schönborn an seine Räte bei den Friedensverhandlungen in Osnabrück

1648 April 15
Konzept mit eigenhändigen Korrekturen des Kurfürsten, 4 Blatt
Wien, HHStA, Mainzer Erzkanzlerarchiv Fasz. 18
Fotovorlage: HHStA Wien

In Abänderung des Textes auf Blatt 2 schreibt der Kurfürst auf Blatt 3 zur Erfurter Frage (das Eingeklammerte eigenhändig):
»(Dann wihr unß nit einbilden, wofern die Distinci- / on unter dem Jure Reformandi), / so wir ohnedieß nit zu behaubten / vermögen und den juribus politicis / et temporalibus, so wir undt / unßer Ertzstifft vor dießem Krieg in mehr besagter unser / Stadt Erffurth gehabt / (vohn euch) gemacht werde, daß yemandt / unß selbiges dißputiren, weniger absprechen würdt etc. / (Sondern verhoffen, vigore deß / instrumenti pacis wider in / unsere vorgehabte / iura eingesetzt zu werden. / Derendtwegen wihr es zu Eurer / samblichen consideration stellen, / ob nicht diese sach durch vielfeltige / recommendationes bei den schwedischen und protestirenden / nuhr weittläufiger undt gefehrlicher / gemacht werde).«
Wie aus allen Schreiben an Seine Räte geht auch aus

Eminentissimo et Reverendissimo Principi ac Domino Dn,
IOHANNI PHILIPPO,
Sacræ Sedis Moguntinæ Archi-Episcopo, S. R. Imp. per Germaniam Archi-
Cancellario, et Principi Electori, Episcopo Herbipolensi, ac Wormatiensi,
Franciæ Orientalis Duci etc etc. Domino suo clementissimo
humillime offert

Kat. Nr. E 5

diesem die realistische, vorsichtige und zugleich zähe Art des Kurfürsten hervor: Das Jus Reformandi läßt er fallen, läßt aber an den übrigen vor dem Krieg innegehabten Rechten keine Zweifel zu, möchte hingegen mit den gegnerischen Parteien möglichst wenig über sie diskutieren.

Literatur (mit Textauszug): Mentz II, S. 73.

◁ E 5

Johann Philipp von Schönborn, Erzbischof und Kurfürst von Mainz (1647–1673)

Porträt, Brustbild
nach 1663 (nach einer älteren Vorlage)
Kupferstich von Johann Hofmann
47,5 x 36,5 cm
Mainz, StadtA, BPS V Sch 68b

Das Porträt des Kurfürsten in ovalem, barockverziertem Rahmen, in der Mitte oben das Wappen des Erzstifts Mainz mit dem Kurhut, in den Ecken oben Mitra und Krummstab, in den Ecken unten Adler. In der Barockkartusche der Text: »Eminentissimo et Reverendissimo Principi ac Domino D(omi)n(o) / JOHANNI PHILIPPO, / Sacrae Sedis Moguntinae Archi-Episcopo, S(acri) R(omani) Imp(erii) per Germaniam Archi- / Cancellario, et Principi Electori, Episcopo Herbipolensi ac Wormatiensi, / Franciae Orientalis Duci etc. etc. Domino suo clementissimo / humillimo offert Johann Hofmann, Sculptoriae Cultor«.
Johann Philipp von Schönborn (geb. 1605) wurde 1625 Mainzer Domherr, 1642 Bischof von Würzburg, 1657 Erzbischof/Kurfürst von Mainz, 1663 Bischof von Worms.

Literatur: Jürgensmeier, Schönborn. Jürgensmeier, Bistum. Mentz. Blaha, Schönborn.

E 6

Johann Philipp von Schönborn und die Erfurter Unruhen

Kurfürst Johann Philipp von Schönborn an den Kurmainzer Rat und nachmaligen Kanzler Dr. Johann Jakob Lasser

1650 April 24
Eigenhändig, behändigte Ausfertigung mit knappen Randbemerkungen des Empfängers, 3 Seiten
Wien, HHStA, Mainzer Erzkanzlerarchiv Fasz. 29

Johann Philipp von Schönborn fordert Lasser auf, den Erfurter Politiker Michael Silberschlag, einen Vertreter der Volkspartei, zu »unterhalten« und verspricht einem Mitglied der Kaiserlichen Restitutionskommission, dem Kammergerichtsfiskal Werner Emmerich, er solle Vizedominus oder Schultheiß werden. Bei dem »Ob. Jacob« handelt es sich um den bambergischen Hofmarschall und Oberst Peter Jacob, einem weiteren Mitglied der Kommission.
Der Brief belegt, daß sich Johann Philipp bis in die Einzelheiten mit der Entwicklung in Erfurt befaßte und in die Auseinandersetzungen zwischen dem Erfurter Rat und der Volkspartei eingriff, um sie zu steuern. Den Ratsmeister Silberschlag wollte er dabei für die Mainzer Sache gewinnen.
Auf Seite 1 des Briefes schreibt er:
»Hoffe, weil er den stein / mitt der Vierherrnwahl vohr gehoben, achtet es werde / alles zu gewünschtem endt außschlagen ratione precum / publicandum (öffentliches Gebet) undt der gleichen Sachen werden sich schon doch / medii termini findten. Wan es sich mit dem Herrn beßert (Lasser war erkrankt), / entretenire der Herr den Silberschlag undt disponire / ihn durch seine schreiben, damitt der Wahlstreitt, weil / es sine praeiudicio meo et plaebis geschehen kan, superirt möge / werden. Dem Fiscall schreib der Herr auch, daß er Vice / Dominus et Praetor sein soll. Der Ob(rist) Jacob will auch / wider hinein, so balt er vernimpt, daß der Wahl / unct zum Vergleich kommmen will. Undt will die sach / Vollendts außmachen helffen.«

Literatur: Mentz II, S. 76 (mit Teilabdruck). Tettau, Reduction, S. 16–28.

E 7

Der Restitutionsrezeß von 1650

»Kays. Confirmation obir den Restitutions-Recess ex Instr. pacis de Ao 1650«

Kaiser Ferdinand III. bestätigt den zwischen Kurfürst Johann Philipp von Mainz und der Stadt Erfurt durch die Kaiserlichen Subdelegierten Peter Jacob, Philipp Werner Emmerich und Johann Albrecht von Wellewarth gemäß den Bestimmungen des Westfälischen Friedensvertrags am 18. Juli 1650 abgeschlossenen Restitutionsrezeß, der in die Bestätigung inseriert ist

Prag 1652 November 7
Pergamentlibell, 105 Seiten, Geschmückter Pergamenteinband, Originalunterschrift des Kaisers, Kaiserliches Siegel an schwarzgelber Seidenschnur
Würzburg, Bayer. StA, Mz. Urk. Weltl. Schrank 71/76 (der Restitutionrezeß selbst unter: 71/75)

Der umfangreiche Vertrag bestätigte Kurmainz alle Rechte in Erfurt, wie es sie vor 1618 besessen hatte. Bis in die Details regelte er auch Einzelfragen wie die Feiertagsarbeit der Protestanten in den katholischen Küchendörfern, die Anbringung beziehungsweise Entfernung von Wappen usw. Neu war die wie nebenbei fast am Ende des Rezesses angebrachte Gebetsforderung für den Kurfürsten:
». . . Sovil aber den letzten Punct der gesonnenen Wiedereinführung des obangeregten in den Evangelischen Kirchen allhier vor Ihre Churf. Gn. undt dero Erzstift Meinz auff den Canzeln hiebevor verübten gemeinen Gebets betrifft, solle mehrberührtes gemeines Gebeth in den Evang. Kirchen für höchstbesagte Ihre Churfürstl. Gnaden undt dero Erzstift Meinz auff den Canzeln ea intentione et modo, wie solches ante motus bellicos bräuchlich gewesen, auch in das künfftig vom Rath wieder eingeführt und gepflogen werden«.

Druck: Falckenstein, Historie, S. 749–792.
Literatur: Tettau, Reduction. Weiß, Frühbürgerl. Rev. – 1664, S. 142.

E 8

Kirchengebet für den Kurfürsten von Mainz

1664
Eintrag im Tagebuch eines Erfurter Bürgers
Erfurt, StadtA, 1–1/XI A, Nr. 10a
Fotovorlage: StadtA Erfurt

»Eodem a(nn)o (1664), den 19. May: gleich aufs fest Him- / melfarth Christi wurde alhier auf Röm(isch) Keyßerl(icher) / Maj(estät) befehl das längst desiderirte gebeth vor ihre / Churfürstl(iche) Gn(aden) zu Meintz gäntzlich eingeführet / und nunmehr endlich gäntzliche parition ge- / leistet«.
Die Seite des Tagebuches aus dem Jahr 1664 spiegelt eindringlich die aufgewühlte Zeit. Die Buß- und Bettage häuften sich. Am 5. August flehten die Erfurter in allen Kirchen Gott um Abwendung der Strafe von der armen Stadt Erfurt an, am selben Tag, als sich 15 000 Soldaten zum Aufbruch gegen Erfurt sammelten.
Die Notiz über die Einführung des Kirchengebets drückt Erleichterung aus. Die vorangegangenen Erschütterungen läßt sie nur ahnen.
Seit 1660 war die geforderte Formel bekannt. Der Kaiserliche Subdelegierte der Restitutionskommission, von Schmidtburg, legte sie am 16. November vor. Sie lautete:
»Vor die Röm. Kayserl. Mayst., alle Christliche Könige, Churfürsten und Stände und dergestalt vor I. Churf. Gn. zu Maintz, daß Gott dero Gemüth regieren wolle, daß die zwischen I. Churf. Gn. und uns schwebende differentien zu gemeiner Stadt Wohlfahrt ausschlagen mögen«.
Dagegen forderten die Mainzer Bevollmächtigten am selben Tag folgenden Text:
»Vor die Röm. Kayserl. Mayst., alle Christliche Könige, Churfürsten und Stände und dergestalt vor I. Churf. Gn. zu Maintz *als unseres gnädigsten Herrn,* daß Gott dero Gemüth regieren wolle, daß die zwischen I. Churf. Gn. und uns schwebende differentien zu gemeiner Stadt Wohlfahrt ausschlagen mögen, *und daß die consilia auch zu des Reichs Wohlfahrt gereichen mögen«.*
Schmidtburg, der zu vermitteln versuchte, brachte daraufhin, als der Rat die Mainzer Forderung entschieden ablehnte, folgenden Vorschlag zur Sprache:
»Wir bitten auch den lieben Gott vor I. Churf. Gn. zu Maintz, *als unsern gnädigsten Herrn,* und der Erzstift, daß seine Allmacht dieselbe in gutem Wohlstand erhalten und dero consilia dergestalt leiten und regieren

wolle, daß solche sowohl zur Erhaltung beständiger gemeiner Reichsruhe als glücklicher Hinlegung aller bis dahin entstandenen Mißhelligkeiten zu unser und unserer Nachkommen gäntzlicher Beruhigung und Wohlfahrt gedeihen mögen«.
Diese Formel soll angeblich von Johann Philipp selbst stammen. Der promainzer Obervierherr Limprecht war mit dieser Formel einverstanden, stieß zwar auf den bekannten erbitterten Widerstand des Rates, ließ aber nur zu, daß das Wort *als* vor der entscheidenden Stelle »unsern gnädigsten Herrn« gestrichen wurde. Statt dessen fügte er zusätzlich ein: »Dafern I. Churf. Gn. hierdurch, zu Nachteil hiesiger Stadt Freyheiten, Herrlichkeiten, Recht und Gerechtigkeiten nichts suchen wolten noch würden«.
Lange stockten die Verhandlungen. 1661 legten sächsische Abgesandte folgenden Vorschlag auf den Tisch: »daß der liebe Gott vor höchstgedachte Chur- und Fürsten, unsere allerseit gnädigste Herren, auch dero respective Ertzstifter, Land und Leute bei Wohlstande erhalten und die Rathschläge zu gemeiner Stadt Wohlfahrt und Ruhe, auch zu Beylegung bereits entstandener und vorkommung neuer differentien mit der Stadt beendigen und segnen möge«.
Am Ostertag, dem 19. April 1663, wurde folgende Formel verlesen:

»Wir bitten auch für weltliche Obrigkeit, für Röm. Kays. Mayest., alle Christliche Könige und Churfürsten, bevorab für Ihre Churf. Gn. zu Maintz und für Ihre Chur- und Fürstl. Durchl. zu Sachsen, auch andere Fürsten und Herren. Verleihe Ihnen, o Gott! beständige Friedens Gedanken und hilf gnädiglich, daß alle Ihre Ratschläge gereichen zuvörderst zu deines allerheiligsten *Namens Ehre*, zu *Fortpflanzung deines allein seligmachenden Worts* und zu Erhaltung der durch deinen milden Segen vermittelst des Münsterischen und Osnabrückischen Frieden Schlusses wieder erlangten Reichs Ruhe: Gieb auch, lieber Gott, deine Gnade, daß du zwischen höchstbedachter I. Churf. G. zu Maintz und gemeiner Stadt schwebender Irrungen, zu gütlicher, der Stadt Wohlfahrt und aufnehmen beförderlicher Hinlegung gelangen, und wir also des lieben Religions- und Landfriedens beständig genießen mögen.«
Die kursiv wiedergegebenen Worte bezeichnen die Formulierungen, deren Einsetzung angeblich das Evangelische Ministerium gefordert hatte. Schmidtburg, die Mainzer Abgesandten und der Wiener Hof lehnten kategorisch ab, erst recht wegen der Aufnahme Sachsens in das Gebet, vor allem aber wegen der entscheidenden Weglassung der Worte »unsern gnädigsten Herrn« und der Streichung des Wortes »Erzstift«. Man blieb dabei: Gültig sei allein die von den Mainzer Delegierten 1660 geforderte Formel. Diese wurde dann von Christi Himmelfahrt 1664 an gebetet. Sie galt noch am Ende des Kurstaates (vgl. Exponat F 44).

Literatur: Tettau, Reduction, S. 55–96.

E 9
Das Jesuitenkolleg Erfurt 1658

Aus dem »Catalogus Primus Personarum Provinciae Rhenanae Superiroris Societatis Jesu Anno 1658«
Mainz, StadtA, 15/432

Nach dem 30jährigen Krieg kamen auch die Jesuiten nach Erfurt zurück und verstärkten ihre Arbeit. 1658 hatte das Kolleg 12 Mitglieder: sechs mit der Seelsorge beschäftigte Priester, zwei Magister und vier Brüder:
P. Albertus Doming aus Westfalen
P. Lorenz Hey vom Eichsfeld
P. Valentin Laurus von Walldürn/Odenwald
P. Philipp Brösamer aus Franken
P. Christoph Decanus aus Würzburg
P. Johannes Ohneberger (Suenus)
M. Albert Sauer von Carlstadt
M. Michael Scherer aus Franken
Georg Winterfues (?), (Suenus)
Johannes Fritz aus dem Elsaß
Johannes Mochel von Mosheim im Elsaß
Ägidius Bauer aus Neustadt

Literatur: Duhr III, S. 86–89.

E 10
»Treuhertzige Verwarnung«

Der Erfurter Rat warnt die Bürgerschaft vor Unruhe und Zwiespalt und fordert zu Einigkeit und Gehorsam auf

Erfurt 1662 September 22
Druck, 4 Seiten
Mainz, Stadtbibliothek, Mog m : 2°/74

Die Aufforderung des Rates bezog sich auf ein Mandat des Kaisers vom 2. Februar 1662, mit dem der Rat auf-

gefordert worden war, »daß derselbe mit angelegenem Fleiß darob seyn solle, damit künftig alhier Factiones, Ärgernis und Weitläufigkeit verhütet und wieder die, so darzu Ursach geben, hiesigen Statutis gemäß mit nachdrücklichem Ernst und Straffe verfahren werde«.
Am 9. Mai 1662 hatte ein kaiserliches Mandat dem Rat weiter befohlen, bei Anordnung weiterer Strafen das von Kurmainz geforderte Kirchengebet ungesäumt einzuführen«.

Druck: Tettau, Reduction, S. 300 f.
Literatur: Tettau: Reduction, S. 77.

E 11
»Treuhertzige Erklärung«

Rede der neugewählten Ratsmeister bei Empfang der Huldigung am 12. Februar 1664

»Treuhertzige Erklärung und Anrede der vier neuerwehlten Rathsmeister, Alß Sie / vor antrettung dero Regiementsverwaltung / von Vormunden und Bürgerschafft der Stadt Erffurt / in Volckreicher Versammlung die Hulde empfangen / den 11. und 12. Februarll Anno 1664«

Druck, 14 Seiten
Mainz, Stadtbibliothek, Mog m : 2 °/75

Beigefügt sind der »Anrede« ein Schreiben des Erfurter Rates an den Reichstag zu Regensburg vom 28. März 1664 mit einer Beschwerde gegen die Reichsacht sowie eine Erklärung des Rates vom 13. Februar 1664 mit der Aufforderung zur genauen Befolgung des Kaiserlichen Kompositionsrezesses.
Obwohl die Mainzer Landeshoheit längst anerkannt war und in Erfurt die Kriegsvorbereitungen des Mainzer Kurfürsten bekannt waren, schrieb der Rat am 28. März nach Regensburg:
»Denn ob zwar in die Stadt Erffurdt dem hochlöblichen Ertzstifft Maintz mit einer gewissen Verwandnis, so weit sich nemlich dessen daselbst hebende Jura erstrecke, und also nur secundum quid zugethan. So ist Sie doch demselben keines weges und zu keiner Zeit dergestalt simpliciter subject gewesen, wie in einer ohnlängst in Druck ausgegangenen hitzigen Maintz-Schrifft aus unterschiedenen Ungründen hat asseriret werden wollen.«

Literatur: Tettau, Reduction, S. 162–168.

E 12
»Assertio Juris Moguntini contra Affectatam Justitiam Protectionis Saxoniae in Civitate Erffurtensi«

Druck, 131 Seiten
Mainz (Nikolaus Heyll) 1663
Mainz, Stadtbibliothek, Mog m : 2 °/69

Auf die »Assertio« spielte der Erfurter Rat in seiner Schrift an den Regensburger Reichstag gegen die über Erfurt verhängte Reichsacht an (vgl. Exponat E 11). Die Schrift ist nur eine von kaum zu zählenden Streitschriften, die 1663 und 1664 zwischen Erfurt und Mainz gewechselt wurden.

E 13
»Ohnumbgängliche Nohtdurft der hochbeträngten Stadt Erffurt zu Offenbahrung ihrer Unschuld in Sachen der von I. Churf. Gnaden zu Maintz wieder dieselbe ohnlängst ausgewirckten und angeordneten Acht-Erklärung«

Druck, 18 Seiten
Erfurt (Johann Georg Hertz) 1663
Mainz, Stadtbibliothek, Mog : 4 °/17 Nr. 2

E 14
»Plan von der Belagerung von Erfurt im Jahr 1664«

Karte aus: Tettau, Reduction. Nach einer Zeichnung von W. v. Tettau
Fotovorlage: StadtA Mainz

Eingezeichnet sind zahlreiche öffentliche Gebäude der Stadt, ihre Befestigungsanlagen und die Lager der einzelnen Belagerungstruppen.

Literatur: Tettau, Reduction. Weiß, Frühbürgerl. Rev. – 1664, S. 144.

Vhralte ünd eigendliche Abbildüng der Chürfü r
lichen Mäyntzischen weitberümten Stadt Erffürdt.
OCCIDENS.
MERIDIES.
SPETENTRIO
ORIENS.
Pfarrkirchen.
VIRGINUM
COLLEGIA
Gedruckt/bey Johann Moritz Dedekinden / 1675.

Kat. Nr. E 18

Reverendissimo & Serenissimo Prin
ci Electori Moguntino & Domino suo clemen felicissimum
in urbem hanc ingressum gratulabatur demississime cum
RECTORE Universitas, Eadem ab Ipsius Celsi
tudine vicissim gratiosissime excepta
d. Octobris Anno 1664.

Kat. Nr. E 19

E 15
Das Peterskloster – Residenz der Mainzer Erzbischöfe

Die Gebäude des Benediktinerklosters auf dem Petersberg

Zeichnung von J. B. Bollermann, 1804, 13,3 x 19,3 cm
Erfurt, Angermuseum
Fotovorlage: StadtA Erfurt, Bildabteilung (Neg. C 4866)

Seit dem allmählichen Verfall des Krummhauses auf dem Severiberg diente das ehrwürdige Benediktinerkloster auf dem Petersberg seit dem 14. Jahrhundert als Unterkunft hoher Besucher; schon Heinrich der Löwe hatte sich hier 1181 vor Kaiser Friedrich Barbarossa gedemütigt. Auch die Mainzer Erzbischöfe des späten Mittelalters wohnten dort.

Literatur: Overmann, Erfurt, S. 10. Zieschang, S. 14.

E 16
Das Peterskloster 1661, drei Jahre vor der Reduktion

Zeichnung, schwarzweiß, aus Beyer/Biereye
Fotovorlage: StadtA Erfurt, Bildabteilung

Als Kurfürst Johann Philipp von Schönborn am 12. Oktober 1664 feierlichen Einzug in »seiner« Stadt Erfurt hielt, nahm er wie seine mittelalterlichen Vorgänger auf dem Petersberg Quartier und blieb bis zum 18. Dezember. In dieser Zeit schuf er die Grundlagen zur neuen Verwaltung des Kurmainzischen Erfurter Staates. Johann Philipp von Schönborn weilte noch zweimal in Erfurt, nämlich vom 6. bis 20. März und vom 25. März bis zum 28. April 1667.

Literatur: Tettau, Reduction, S. 232–263.

E 17
Peterskloster und Mainzer Hof zur Zeit der Reduktion

Ausschnitt aus dem farbigen Vogelschau-Plan von Johann Moritz Dedekind (vgl. Exponat E 18)
Fotovorlage: StadtA Erfurt, Bildabteilung
(Aufnahme: Christine Riesterer)

Das Peterskloster ist mit Nr. 15 bezeichnet (Ausschnitt rechts oben), der Mainzer Hof hat die Nr. 52 (Ausschnitt links oben).
Die Ausschnitte zeigen recht deutlich die Weitläufigkeit des Petersklosters und die ausgedehnten Anlagen des Mainzer Hofes.

E 18
(Abb. S. 80)

Erfurt zur Zeit der Reduktion

Farbiger Vogelschauplan 1625/75, 90 x 120 cm

»Uhralte und eigentliche Abbildung der Churfürstlichen Mayntzischen weitberühmten Stadt Erffurdt«. Gedruckt bei Johann Moritz Dedekind, 1675. Kopiert von J. Frohberger, Erfurt, Buch- und Steindruckerei

Erfurt, StadtA, 7/240 – 10[1]
Fotovorlage: StadtA Erfurt, Bildabteilung
(Aufnahme: Christine Riesterer)

Der Plan ist vor allem wegen der genauen Einzeichnung der Häuser von großer Bedeutung. Ungenauer muß die zeitliche Bestimmung ausfallen. Einerseits sind die 1664 begonnene Befestigung des Petersklosters und die Bastionen eingezeichnet, andererseits enthält der Plan noch den bereits 1633 abgebrochenen großen Turm am äußeren Brühlertor.

Abbildung und Literatur: Overmann, Erfurt, S. 26 f.

E 19 *(Abb. S. 81)*

Die Universität Erfurt beglückwünscht Kurfürst Johann Philipp von Schönborn zu seinem Einzug in Erfurt

Malerei auf Pergament in der Erfurter Universitätsmatrikel, 26,5 x 20 cm
Erfurt, StadtA, 1–1 X B XIII/46 Bd. 3, fol. 192v
Fotovorlage: StadtA Erfurt, Bildabteilung
(Aufnahme: Christine Riesterer)

Die versammelten Professoren, an ihrer Spitze der Theologe Nikolaus Stenger mit den beiden Universitätszeptern, stehen im Halbkreis um den Kurfürsten. Die Barockkartusche hat die Inschrift: »Reverendissimo et Serenissimo Principi Electori Moguntio et Domino suo clementissimo felicissimoque in urbem hanc ingressum gratulabatur demissime cum RECTORE Universitas. Eadem ab Ipsius Celsitudine vicissim gratiosissime excepta d. 21./11. Octobris Anno 1664« (den hochwürdigsten und allergnädigsten Kurfürsten von Mainz, ihren mildesten und glücklichsten Herrn beglückwünschen zu seinem Einzug in diese Stadt alleruntertänigst die Universität samt ihrem Rektor, die von seiner Hoheit hinwiederum auf das freundlichste empfangen wurde am 21./11. Oktober 1664«). (Das Datum ist unrichtig, da der Kurfürst die Stadt erst am 22. Oktober betrat.)
Rektor Stenger beglückwünschte den Kurfürsten und empfahl die Universität seinem Schutz. Johann Philipp betonte, daß keiner der Professoren gegen ihn gehandelt habe und versprach, die Universität nicht nur bei ihren Freiheiten zu schützen, sondern auch ihren früheren Glanz wiederherzustellen.

Abbildung und Literatur: Overmann, Erfurt, S. 254 f. Blaha, Kurmainz. absol. Herrsch., S. 153.
Literatur: Kleineidam, Universitas IV, S. 20–27. Tettau, Reduction, S. 249 f.

E 20

»Erfordia Ecclesiae Moguntinae restituta«

Medaille auf die Eroberung Erfurts durch Kurfürst Johann Philipp von Schönborn und französische Truppen

Bronze, 4 cm Durchmesser
Abformung: Gerd Behr, Eckstedt bei Erfurt

Die Vorderseite zeigt das Porträt des französischen Königs Ludwig XIV. mit der Umschrift: »LUDOVICUS XIIII. REX CHRISTIANISS(imus)« und dem Namen des Künstlers: I. Mauger.
Auf der Rückseite führt die behelmte Gallia der Mainzer Kirche die demütig kniende, mit der Mauerkrone geschmückte Stadt Erfurt zu, die der Mainzer Kirche zwei Stadtschlüssel überreicht. – Darunter befindet sich die Inschrift: »ERFORDIA ECCL(esiae) MOGUNT(inae) RESTITUTA . M . DC . LXIV«. Die Umschrift lautet: »GALLIA VINDEX« (Rächerin Gallien).

Abbildung und Literatur: Overmann, Erfurt, S. 252 f.

E 21

Kapitulationsurkunde der Stadt Erfurt

»Im Lager vor Erffurt« (Bindersleben) 1664 Oktober 15

Unterzeichnet ist die Urkunde von dem Mainzer Bevollmächtigten Philipp Ludwig von Reiffenberg und dem französischen General Franz von Pradel einerseits und von 26 Mitgliedern des Erfurter Rates andererseits

Inseriert ist die Urkunde in die Versicherung des Kurfürsten Johann Philipp über die Religionsfreiheit der Stadt Erfurt vom 12. Dezember 1664

Druck, 7 Seiten
Erfurt (Johann Georg Hertz) 1664
Erfurt, StadtA, 0–1/I–83a

»Vidimierter Abdruck der Versicherung über die Freyheit und das Exercitium der Religion Augsburgischer Confession von dem Hochwürdigsten Durchläuchtigsten Fürstn und Herrn JOHANN PHILIPPKY / Des Heil. Stuels zu Meintz Ertzbischofn / des heil. Röm. Reichs durch Teutschland Ertz Cantzlarn und Churfürstn / Bischofn zu Würtzburg und Wormbs / und Hertzogn zu Francken / etc. mit Bekräftigung des Hochwürdigen Thumb-Capitels zu Mayntz Dero Stadt Erffurt und angehörigen auff dem Lande gnädigst ertheilet im Jahr Christi 1664«.
Der vorliegende Druck wurde am 2. März 1665 durch zwei Erfurter Notare beglaubigt.

Literatur: Tettau, Reduction, S. 228 f.

Kat. Nr. E 22

E 22
Die Reduktion von 1664 in der Historienmalerei

Kurfürst Johann Philipp von Schönborn hält Einzug in die eroberte Stadt Erfurt

Darstellung von P. Janssen, 1878/82, aus dem Gemäldezyklus zur Stadtgeschichte im großen Festsaal des Erfurter Rathauses
Fotovorlage: StadtA Erfurt, Bildabteilung

Die Szene zeigt den Kurfürsten zu Pferd, in Begleitung des Domherrn Philipp Ludwig von Reiffenberg, wie er am 22. Oktober 1664, 15 Uhr, feierlichen Einzug in die Stadt Erfurt hält, begrüßt von dem Stadtrat, dessen Mitglieder ihn zum Teil kniend empfangen.

E 23
Erfurter Stadt- und Landesordnung

Erfurt 1665 März 5
Papierlibell, 35 Seiten, Kurfürstliches Siegel aufgedrückt, eigenhändige Unterschrift des Kurfürsten Johann Philipp von Schönborn
Würzburg, Bayer. StA, Mz. Urk. Weltl. Schrank 71/80

In der Urkunde wird die gesamte Verwaltung Erfurts geordnet, der Behördenaufbau geregelt.
In der ausführlichen Einleitung erinnert der Kurfürst an die jahrhundertealten Rechte des Erzstifts Mainz über Erfurt, daß die Erfurter sich dagegen aufgelehnt und daß weder väterliche Ermahnungen noch kaiserliche Reskripte und die Acht sie zu schuldigem Gehor-

sam hätten bewegen können; erst die ihm abgenötigte, Ungemach und hohe Kosten verursachende Belagerung habe sie, nach Versicherung von Gewissens- und Religionsfreiheit, gezwungen, sich zu ergeben. – Ihre Reumütigkeit und ihr öffentlicher Fußfall habe ihn bewogen, auf jegliche Bestrafung zu verzichten und die Aufhebung der Acht zu erwirken. Er hoffe, die Erfurter würden sich in Zukunft als treue Untertanen verhalten und unter seinem landesväterlichen Schutz ihren Gewerben friedlich nachgehen und durch Gottes Segen für sich und ihre Nachkommen zu gedeihlichem Aufschwung gelangen. Damit dies erreicht und niemand ungebührlich belastet, sondern durch gute Justiz und Verwaltung geschützt werde, habe er diese Ordnung erlassen.

Literatur: Tettau, Reduction. Blaha, Kurmainz. absol. Herrsch., S. 146 f.

E 24
»Leipziger Transactions- und Executions-Recess zwischen Chur Maintz, Gesambten Hause Sachsen und dem Graffen von Hatzfeld«

Leipzig 1665 Dezember 30

Mit der vorangestellten Bestätigung durch Kaiser Leopold I., Wien 1668 März 3. Das Mainzer Domkapitel hatte den Vertrag am 8. Februar 1666 ratifiziert

Zeitgenössische Abschrift
Erfurt, StadtA, 2–210/7
Fotovorlage: StadtA Erfurt

Literatur: Tettau, Reduction, S. 260–264.

Kat. Nr. E 25

E 25
»Hier reift und sprießt die Frieden Pflantz«

Johann Philipp von Schönborn und Erfurt nach der vollzogenen Reduktion von 1664

Kupferstich
Erfurt, Museum für Stadtgeschichte

Das Blatt war dem Kurfürsten gewidmet von den Erfurter Bürgern Caspar Stieler und Jakob Martini, der wohl die Darstellung schuf, während der Schriftsteller die Verse beigesteuert haben dürfte.

F Das Mainzer Rad an der Gera: Der Kurmainzer Erfurter Staat (1664–1802)

Die Art und Weise, wie Johann Philipp von Schönborn während und nach der Reduktion handelte, beweist staatsmännische Größe, Umsicht und Toleranz. Innerhalb weniger Monate war das Gemeinwesen neu geordnet, der thüringische Besitz als »Kurfürstlich-Mainzischer Erfurter Staat« in das Kurfürstentum eingegliedert. Die verfassungsmäßige Sonderstellung blieb gewahrt.

Der Kurstaat bestand aus 123 Quadratmeilen und hatte 336 000 Einwohner, das Erfurtische Gebiet aus 16 Quadratmeilen mit 40 000 Einwohnern. 15 000 von ihnen entfielen auf die Stadt Erfurt, während die Stadt Mainz zum Beispiel etwa 25 000 Einwohner hatte. Der Kurstaat Mainz war damit knapp halb so groß wie das kleinste weltliche Kurfürstentum Hannover.

Die Verwaltungseinheiten aus der Zeit vor 1664 wurden zunächst beibehalten. Das Erfurtische Gebiet mit 72 Ortschaften und der Stadt Sömmerda gliederte sich in sieben Vogteien und sechs Ämter. Nach der von Statthalter Graf Boineburg 1706 durchgeführten Verwaltungsreform gab es acht Ämter: Stadtamt, Tonndorf, Vargula, Atzmannsdorf, Sömmerda, Mühlberg und Gispersleben, später neun: Stadtamt, Atzmannsdorf, Gispersleben, Alach, Tonndorf, Vippach und Groß-Sömmerda, Vargula und Mühlberg. Die örtlichen Verwaltungen wurden von Amtmännern geleitet.

An der Spitze des Erfurter Staates stand – wie in Mainz und Aschaffenburg sowie im Rheingau – ein Vizedom, der 1675 allerdings die Bezeichnung Statthalter erhielt. Außer in Erfurt führte nur noch der oberste Beamte auf dem Eichsfeld den Titel Statthalter. Der Statthalter zu Erfurt war auch diplomatischer Vertreter des Kurstaates Mainz an den sächsischen Höfen zu Eisenach und Gotha.

Die Erfurter Regierung, wie die oberste Verwaltungsbehörde hieß, war eine Mischung aus Verwaltungs- und Justizbehörde. Sie bestand zunächst aus fünf Regierungsräten (zunächst waren zwei von ihnen katholisch), später wurde ihre Zahl auf sieben erhöht und durch zwei Regierungsdirektoren ergänzt. Einer der Regierungsräte war Stadtschultheiß, ein anderer Kammerdirektor.

Die Kammer war mit den Finanzangelegenheiten befaßt, also mit dem Steuerwesen, den Forsten und der Waage, von der die Zölle und Steuern erhoben wurden.

Die Institution des Stadtrates ließ Kurfürst Johann Philipp bestehen, beschnitt aber seine Machtfülle, die einer quasi-souveränen Stellung entsprochen hatte. Zuständig war der zahlenmäßig viel zu übergewichtige Rat für das Bau- und Polizeiwesen, das Erbschaftswesen und die niedere Gerichtsbarkeit. Bagatellsachen wurden vor der Zweiermannskammer abgehandelt, die dem Stadtrat unterstand, oder vor den Ämtern auf dem Land. Funktionen besaßen der Oberratsmeister, der ältere und der jüngere Bürgermeister, der zweite und der dritte Ratsmeister, der Oberbauherr und der Obermarktherr. Das Stadtgericht (Zivil- und Kriminalgericht) war zuständig für Zivilsachen und Kriminalsachen. Außerdem bestand das (katholische) geistliche Gericht, dem einige geistliche und weltliche Assessoren sowie der Weihbischof als Siegler angehörten, und das Evangelische Ministerium, das über Ehe- und Gewissenssachen zu urteilen hatte und dem der Senior sowie mehrere Pfarrer angehörten.

Die Regierung war zweite Instanz für Justizsachen mit einem Streitwert von 50 bis 100 Reichstalern – für Berufungen und einen höheren Streitwert war das Hofgericht in Mainz zuständig – und dritte Instanz in Bau-, Polizei- und Erbschaftssachen.

Nicht zu übersehen waren im Stadtbild die Kurmainzische Garnison und die Kaiserliche Garnison, die vertragsmäßig in Erfurt stationiert waren. Insgesamt befanden sich etwa 1200 bis 1500 Mann in Erfurt.

Der Statthalter, der vor seinem Amtsantritt eine umfangreiche Instruktion unterschreiben mußte, war einerseits mit einer Fülle von Aufgaben und Repräsentationspflichten versehen. Er präsidierte der Regierung, dem geistlichen Gericht und der Kammer. Er beeinflußte die Geschicke der Universität und präsidierte später auch der Kurmainzischen Akademie. Andererseits waren seine Wirkungsmöglichkeiten empfindlich eingeschränkt, denn die Regierung arbeitete nach dem Prinzip der Kollegialität; der Statthalter hatte die Voten der Räte einzuholen und ihnen Kenntnis von den aus Mainz eingetroffenen Rescripten zu geben. Zudem war der Statthalter auf die Fachkompetenz der Regierungsräte angewiesen. Verstand er sich mit ihnen, lief der Betrieb reibungslos. Versuchte er, die Räte zu umgehen, gab es böses Blut, Leerlauf und Intrigen; war er eine schwache Persönlichkeit, lieferte er sich ihnen aus. Dann regierte der Klüngel.

Unterstellt war die Erfurter Regierung dem Mainzer Hofrat (Regierung) und der Hofkammer. Seit der Mitte des 18. Jahrhunderts mußten die Regierungsprotokolle dem Kurfürsten vorgelegt werden, an den die Statthalter von Anfang an unmittelbar berichteten.
Schon in der Wahlkapitulation des Kurfürsten Damian Hartard von der Leyen 1675 war festgelegt worden, daß der Statthalter zu Erfurt aus dem Kreis der 24 Mainzer Domkapitulare stammen mußte. Das sagt auch etwas darüber aus, welches Ansehen der Erfurter Stelle zugedacht war. Denn in der Kurmainzer Hierarchie bildeten die adeligen Domkapitulare die oberste Spitze, ausgestattet mit einflußreichen Ämtern in Regierung und Verwaltung. Da die Mainzer Domkapitulare aus dem Mainzer Stiftsadel stammten, waren sie alle mehr oder weniger eng miteinander verwandt, folgerichtig auch die Erfurter Statthalter.

Der Erfurter Statthalterposten war bei den Kapitularen hoch angesehen; er bedeutete keineswegs einen Weg aus der Residenz in die Verbannung. Die meisten der Statthalter hatten wichtige Verwaltungsfunktionen bekleidet, bevor sie ihr Erfurter Amt antraten. Daß sie sich dann nicht alle als überragende fachliche und charakterliche Vertreter ihres Kurfürsten erwiesen, ist allzumenschlich und ein Spiegel des gesamten öffentlichen Lebens. Direkte Mißgriffe hat es nur wenig gegeben. Und wenn von der Erfurter Geschichtsschreibung drei von insgesamt zwölf Statthaltern – sechs weitere wirkten so kurz in Erfurt, daß ihre Arbeit keine Früchte tragen konnte –, nämlich Boineburg, Warsberg und Dalberg, mit großem Lob bedacht werden, spricht das für sich.
Anscheinend war es so, daß einige Kapitulare schon zu Zeiten eines amtierenden Statthalters eine Exspektanz auf die Nachfolge erhielten. So war es jedenfalls bei Boineburg, Bicken und Warsberg. Starb ein Statthalter, ernannte der Kurfürst seinen Nachfolger und benachrichtigte das Domkapitel sowie die Höfe in Eisenach und Gotha. Der Ernannte legte einen Eid ab und beschwor seine Instruktion. Einer, gelegentlich auch zwei, der Domherren begleitete den neuen Statthalter nach Erfurt und stellte ihn der Bevölkerung in der Stadt und auf dem Land vor. An den Höfen in Eisenach und Gotha überreichte der Statthalter sein Akkreditierungsschreiben.

Folgende Statthalter regierten den Erfurter Staat von 1664 bis 1802, die ersten drei noch als Vizedom:

1. 1664–1667: Philipp Ludwig Freiherr von Reiffenberg, 1667 abgesetzt wegen Verrats gegen den Kurfürsten, Mißwirtschaft und moralischen Vergehens, auf Lebenszeit eingekerkert, starb 1686.
2. 1667–1674: Friedrich von Greiffenclau zu Vollrads, wurde nach 1674 Vizedom im Rheingau.
3. 1675: Johann Heinrich Daniel Freiherr Ritter von Groenestein.
4. 1675–1679: Anselm Franz Freiherr von Ingelheim (1634–1695), 1679 Kurfürst und Erzbischof von Mainz.
5. 1679–1697: Johann Jakob Waldbott von Bassenheim, starb 1697, beigesetzt Erfurt, St. Wigbert.
6. 1699–1702: Gottlieb Philipp Josef Faust von Stromberg, starb 1702, beigesetzt Erfurt, Dom, als Propst an St. Marien.
7. 1702–1717: Philipp Wilhelm Reichsgraf zu Boineburg (1656–1717), beerdigt Erfurt, St. Wigbert.
8. 1717–1732: Friedrich Wilhelm Freiherr von Bicken (1661–1732), beerdigt Erfurt, St. Wigbert.
9. 1732–1760: Anselm Franz Ernst Freiherr von Warsberg (1680–1760), beerdigt Erfurt, St. Wigbert.
10. 1763–1766: Karl Joseph Adolf Lukas Freiherr Schenk von Schmidtburg, beerdigt Erfurt, St. Wigbert.
11. 1766–1770: Karl Wilhelm Joseph Adam Freiherr

von Breidbach zu Bürresheim (1714–1770), beerdigt Erfurt, St. Wigbert.

12. 1771–1802: Karl Theodor Anton Maria Kämmerer von Worms genannt von Dalberg (geb. 1744), 1802 Kurfürst und Erzbischof von Mainz, 1806 Fürstprimas, später Großherzog von Frankfurt, gestorben als Diözesanbischof von Regensburg 1817, beerdigt Regensburg, Dom.

Erfurt erhielt allmählich den Charakter einer Residenzstadt, erst recht, als unter den Statthaltern Boineburg und Bicken die repräsentative Statthalterei entstand und die Wigberti-Pfarr- und Klosterkirche zur Hofkirche avancierte. Das Mainzer Rad im Wappen der Kurfürsten wurde immer häufiger sichtbar im Stadtbild. Zahlreiche Verbindungen gab es zwischen Erfurt und der Residenz, der Schwesterstadt am Rhein. An erster Stelle ist die katholische Geistlichkeit zu nennen. Mainzer Kleriker waren Dompröpste in Erfurt, dortige Kleriker in Mainz bepfründet. Beamtenfamilien, allen voran die Familie Gudenus, waren im Laufe der Zeit an beiden Orten tätig. Austausch fand zwischen beiden Landesuniversitäten statt. Weniger häufig zogen einfache Menschen von Erfurt nach Mainz (über die Gegenbewegung gibt es keine Unterlagen), was vor allem eine Konfessionsfrage war. Denn in Mainz waren Protestanten nicht zugelassen.
Die ruhige, fortschreitende Entwicklung im Land an der Gera wurde nur von außen durch Seuchen (1682/83), Brände (1736) und Kriege (Siebenjähriger Krieg 1756–1763) gestört. Nicht mehr als die Untertanen anderer Staaten waren die Erfurter mit Steuern beschwert. Natürlich dachten auch die Mainzer Kurfürsten und ihre Behörden an die Steuereinnahmen, aber sie waren auch am Flor der Wirtschaft und dem ökonomischen Wohlergehen der Menschen interessiert, gewiß im Rahmen des Wissensstandes der Zeit. Klagen über hohe Besteuerung und wirtschaftliche Vernachlässigung stammen aus späterer Zeit.
Geistig-kulturell wurde Erfurt im 17. und 18. Jahrhundert zu einem Zentrum von europäischer Bedeutung, eine Tatsache, die bis heute nicht verblaßt und ein hoffnungsvoller Richtungsweiser für die Zukunft ist. Wo die Musik, die Wissenschaften und die Literatur blühten, muß eigentlich auch eine gewisse Freiheit des Denkens und Handelns geherrscht haben. Vielleicht ist der Satz, daß unter dem Krummstab gut leben sei, doch nicht so falsch. Und möglicherweise sahen das die Zeitgenossen auch so. Überschwenglicher Jubel war beim Einmarsch der Preußen im August 1802 jedenfalls nicht zu hören.

Literatur: Blaha, Kurmainz. abs. Herrschaft. Blaha, Franz Rev. Brodbeck. Falck, Nachfolger. Dominikus. Hensler, S. 1–6. Jürgensmeier, Bistum. Kleineidam, Universitatis IV. Kurmainzischer Hof- und Staatskalender. Moser. Oergel, Gebiet. Overmann, Erfurt. Schwineköper II, S. 395–456. Tümmler, Kurmainz. Thüringen. Wenck.

F 1

(Abb. S. 90)

Der Kurstaat Mainz im 18. Jahrhundert

Zeichnung von Wilhelm Diepenbach, Mainz

Mit der Reduktion von Erfurt 1664 hatte das Kurfürstentum Mainz im wesentlichen seine endgültige Gestalt bis zum Ende des Alten Reiches gefunden.
Um 1700 umfaßte der Kurstaat etwa 123 Quadratmeilen mit 336 000 Einwohnern, das Erfurtische Gebiet etwa 16 Quadratmeilen mit 40 000 Einwohnern. Die Stadt Erfurt selbst hatte ungefähr 15 000 Einwohner, die Haupt- und Residenzstadt Mainz 25 000.
Die einzelnen Landesteile waren nur unzulänglich oder gar nicht miteinander verbunden. Das Unterstift gruppierte sich im wesentlichen um die Haupt- und Residenzstadt Mainz, das Oberstift, mit dem Verwaltungszentrum Aschaffenburg, gliederte sich in zwei durch die Stadt Miltenberg verbundene Teile. Die hessischen Enklaven Amöneburg, Fritzlar und Naumburg bildeten jeweils eigene Amtsbezirke, ebenso der Erfurter Staat und der Eichsfelder Staat mit dem Zentrum Heiligenstadt.

Literatur: Brodbeck, Boineburg, S. 52. Hensler, S. 1–6. Mentz, S. 91. Wenck, S. 27.

F 2

»Karte des ehemaligen Erfurtischen Gebiets«

Karte von G(eorg) Oergel, Erfurt. Aus: G(eorg) Oergel, Das ehemalige Erfurtische Gebiet, in: Mitt. 24 (1903), S. 159–190

Die Karte zeigt das Erfurtische Gebiet mit den Verwaltungseinheiten aus der Zeit vor 1664, die nach der Reduktion bis zur Verwaltungsreform von 1706 beibehalten wurden. Das Gebiet gliederte sich in sieben Vogteien (Stotternheim, Kerspleben, Zimmern infra, Büssleben, Kirchheim, Nottleben und Walschleben) und in sechs Ämter (Vargula, Mühlberg, Sömmerda, Vippach, Tonndorf und Kapellendorf).
Die Nebenkarte zeigt den Erfurter Staat nach der Gliederung in Ämter von 1706 und die 1815 an Sachsen-Weimar abgetretenen Gebietsteile.

F 3

Der Kurmainzische Erfurter Staat um 1700

»Territorii Erfurtensis, accurata delineatio Moguntinae per Nicolaum Person«
Aus: Nicolaus Person, Novae Archiepiscopatus Moguntini (1690/1700)

Kupferstich, 43 x 58 cm, Verwaltungsgrenzen koloriert
Mainz, StadtA, BPS VII/15

F 4

Das Kurmainzische Eichsfeld um 1700

»Nova et accurata Eisfeldiae delineatio«
Aus: Nicolaus Person, Novae Archiepiscopatus Moguntini (1690/1700)

Kupferstich, 43 x 58 cm, Verwaltungsgrenzen koloriert
Mainz, StadtA, BPS VII/15
Fotovorlage: StadtA Mainz

F 5

Die Kurfürstlich Mainzische Haupt- und Residenzstadt

Mainz, 1634
Kupferstich, 50 x 200 cm
Mainz, StadtA, BPS 85 E

Stadtansicht von einer imaginären Höhe hinter dem rechtsrheinischen Kastel aus. Stark vergrößerter Nachstich der Stadtansicht von Merian 1633. In der Bildmitte der Dom, rechts außen (vom Betrachter) die St. Martinsburg mit dem 1627 begonnenen rheinseitigen Flügel des Kurfürstlichen Schlosses und dem Kanzleibau.

F 6

(Abb. S. 92/93)

Das Herrschafts-, Regierungs- und Verwaltungszentrum des Mainzer Kurstaates in der Haupt- und Residenzstadt Mainz

Aquarell von Franz Graf von Kesselstadt, um 1800, 26 x 34 cm
Mainz, StadtA, BPS III Ma 1

Rechts die von Erzbischof Diether von Isenburg 1477 bis 1481 an der nordöstlichen Ecke der Stadtmauer

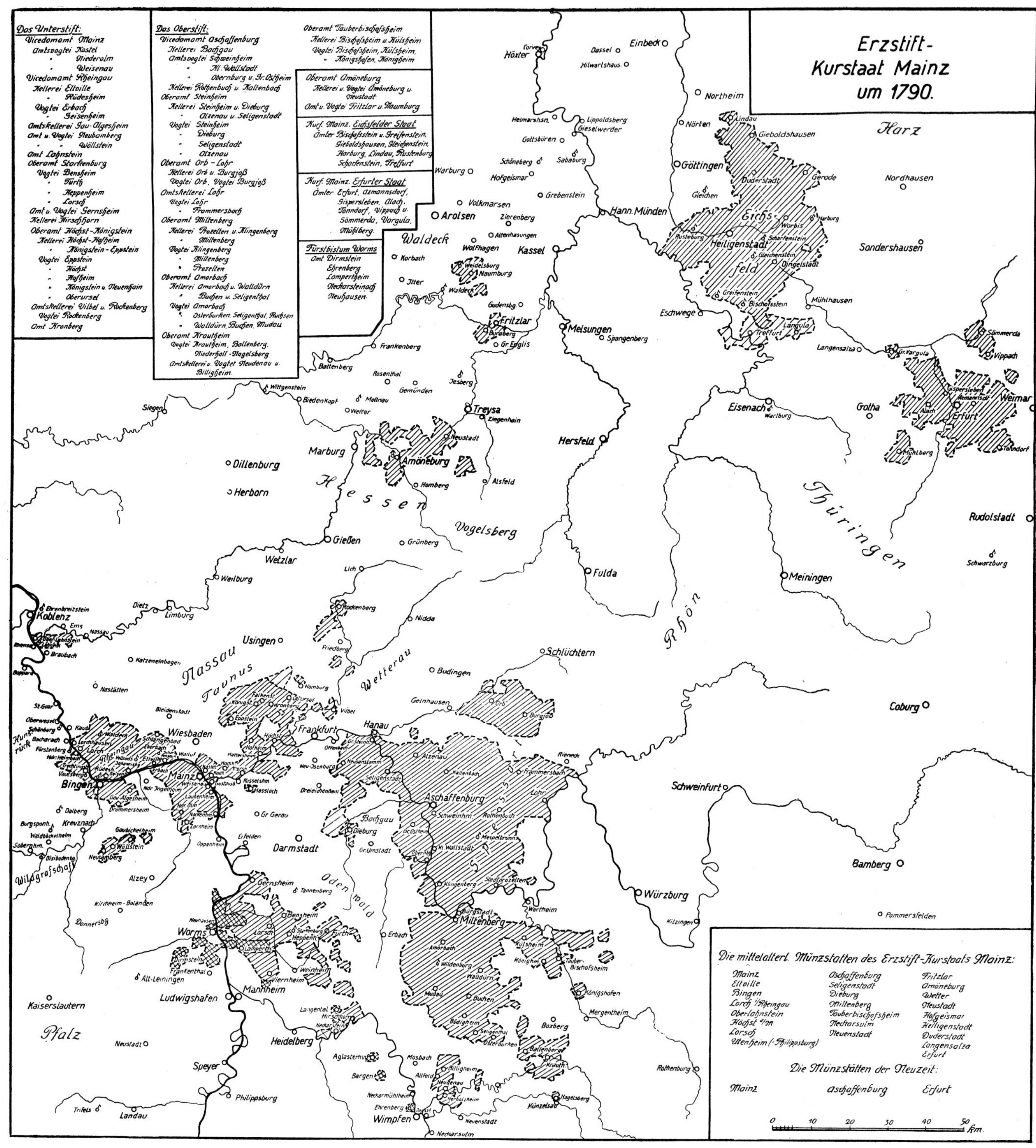

Erzstift-
Kurstaat Mainz
um 1790.
Das Unterstift:
Vicedomamt Mainz
Amtsvogtei Kastel
" Niederolm
" Weisenau
Vicedomamt Rheingau
Kellerei Eltville
" Rüdesheim
Vogtei Erbach
" Geisenheim
Amtskellerei Gau-Algesheim
Amt u. Vogtei Neubamberg
" " Wöllstein
Amt Lahnstein
Oberamt Starkenburg
Vogtei Bensheim
" Fürth
" Heppenheim
" Lorsch
Amt u. Vogtei Gernsheim
Kellerei Hirschhorn
Oberamt Höchst-Königstein
Kellerei Höchst-Hofheim
" Königstein-Eppstein
Vogtei Eppstein
" Höchst
" Hofheim
" Königstein u. Neuenhain
" Oberursel
Amtskellerei Vilbel u. Rockenberg
Vogtei Rockenberg
Amt Kronberg
Das Oberstift:
Vicedomamt Aschaffenburg
Kellerei Bachgau
Amtsvogtei Schweinheim
" Kl. Wallstadt
" Obernburg u. Gr. Ostheim
Kellerei Rothenbuch u. Kaltenbach
Oberamt Steinheim
Kellerei Steinheim u. Dieburg
" Alzenau u. Seligenstadt
Vogtei Steinheim
" Dieburg
" Seligenstadt
" Alzenau
Oberamt Orb-Lohr
Kellerei Orb u. Burgjoß
Vogtei Orb, Vogtei Burgjoß
Amtskellerei Lohr
Vogtei Lohr
" Frammersbach
Oberamt Miltenberg
Kellerei Prozelten u. Klingenberg
" Miltenberg
Vogtei Klingenberg
" Miltenberg
" Prozelten
Oberamt Amorbach
Kellerei Amorbach u. Walldürn
" Buchen u. Seligenthal
Vogtei Amorbach
" Osterburken, Seligenthal, Ruchsen
" Walldürn, Buchen, Mudau
Oberamt Krautheim
Vogtei Krautheim, Ballenberg,
Niederhall-Nagelsberg
Amtskellerei u. Vogtei Neudenau u.
Billigheim.
Oberamt Tauberbischofsheim
Kellerei Bischofsheim u. Külsheim
Vogtei Bischofsheim, Külsheim,
" Königshofen, Königheim
Oberamt Amöneburg
Kellerei u. Vogtei Amöneburg u.
Neustadt
Amt u. Vogtei Fritzlar u. Naumburg
Kurf. Mainz. Eichsfelder Staat
Ämter Bischofsstein u. Greifenstein,
Gieboldshausen, Gleichenstein,
Harburg, Lindau, Rustenburg
Scharfenstein, Treffurt
Kurf. Mainz. Erfurter Staat
Ämter Erfurt, Azmannsdorf,
Gispersleben, Alach,
Tonndorf, Vippach u.
Sömmerda, Vargula,
Mühlberg.
Fürstbistum Worms
Amt Dirmstein
Ehrenberg
Lampertheim
Neckarsteinach
Neuhausen.
Harz
Waldeck
Hessen
Vogelsberg
Thüringen
Rhön
Wetterau
Nassau
Taunus
Odenwald
Pfalz
Hunsrück
Rheingau
Bachgau
Eichsfeld
Höxter
Einbeck
Northeim
Göttingen
Duderstadt
Nordhausen
Heiligenstadt
Sondershausen
Arolsen
Kassel
Hann. Münden
Fritzlar
Melsungen
Eschwege
Mühlhausen
Langensalza
Eisenach
Gotha
Erfurt
Weimar
Treysa
Hersfeld
Marburg
Amöneburg
Dillenburg
Herborn
Gießen
Wetzlar
Fulda
Meiningen
Rudolstadt
Koblenz
Limburg
Usingen
Schlüchtern
Büdingen
Coburg
Wiesbaden
Frankfurt
Hanau
Mainz
Bingen
Darmstadt
Aschaffenburg
Schweinfurt
Bamberg
Würzburg
Miltenberg
Worms
Mannheim
Ludwigshafen
Heidelberg
Kaiserslautern
Speyer
Philippsburg
Landau
Wimpfen
Pommersfelden
Die mittelalterl. Münzstatten des Erzstift-Kurstaats Mainz:
Mainz
Eltville
Bingen
Lorch i/Rheingau
Oberlahnstein
Höchst a/M
Lorsch
Utenheim (: Philippsburg)
Aschaffenburg
Seligenstadt
Dieburg
Miltenberg
Tauberbischofsheim
Neckarsulm
Neuenstadt
Fritzlar
Amöneburg
Wetter
Neustadt
Hofgeismar
Heiligenstadt
Duderstadt
Langensalza
Erfurt
Die Münzstätten der Neuzeit:
Mainz
Aschaffenburg
Erfurt
0 10 20 30 40 50 km.

Kat. Nr. F 1

erbaute, 1806 abgerissene St. Martinsburg, daran anschließend der von Erzbischof Georg Friedrich von Greiffenclau 1627 begonnene Rheinflügel des Kurfürstlichen Schlosses und ein Teil der aus der zweiten Hälfte des 16. Jahrhunderts stammenden Kurfürstlichen Kanzlei. Ansicht vom Rhein aus gesehen.

F 7
Das Kurmainzer Regierungs- und Verwaltungszentrum in Mainz

Schloß und Kanzlei

Aquarell von Franz Graf von Kesselstadt, um 1800, 24 x 36 cm
Mainz, StadtA, BPS III Ma 1

Rechts die Schloßkirche St. Gangolf, daran anschließend das Kanzleigebäude (beide 1814 abgerissen) und der rheinseitige Flügel des Kurfürstlichen Schlosses. Von der Stadtseite aus gesehen.

F 8
St. Martinsburg, Schloß, Kanzleigebäude, Schloßkirche St. Gangolf

Grundrisse der beiden Stockwerke der St. Martinsburg (oben links), des rheinseitigen Flügels des Kurfürstlichen Schlosses (Mitte), des Kanzleigebäudes, der Schloßkirche St. Gangolf, des Marstalls, des Waschhauses (unten rechts) und der beiden Rundtürme

Um 1680
Zwei Federzeichnungen, 68 x 71 cm
Mainz, StadtA, BPS III E a 6 a und b

Im Kanzleigebäude befanden sich im 1. Stock das Hofgericht (oberstes Gericht des Kurstaates) und die Lehenpropstei, im 2. Stock – rechts neben den Privaträumen des Kurfürsten – die Regierungskanzlei, die Geheime Kanzlei und das Revisionsgericht, diejenigen Behörden also, von denen aus der Kurstaat regiert wurde. Die Regierung (auch unter der Bezeichnung Hofrat) führte die Aufsicht über die Erfurter Regierung. Hier befand sich auch das Geheime Archiv mit den Archivalien des Erfurter Staates, die zu Beginn des 19. Jahrhunderts an Preußen abgegeben wurden.

F 9
Aschaffenburg, die zweite Residenz der Mainzer Kurfürsten

Ansicht der von Kurfürst Johann Schweikard von Kronberg um 1615 errichteten St. Johannisburg, samt Beschreibung

Kupferstich, 28 x 44,5 cm
Mainz, StadtA, vorl. BPS 2922

F 10
Die Festung Mainz

Plan von Giovanni Spalla, 1676
Kupferstich, 75 x 105 cm, Kopie von 1827, Original im Staatsarchiv Weimar
Mainz, StadtA, BPS 122 D

Darstellung mit linksrheinischer Umgebung, das Stadtinnere mit Ausnahme der St. Martinsburg im Norden ausgelassen. Außer den vorhandenen, von Kurfürst Johann Philipp nach den Erfahrungen im 30jährigen Krieg angeordneten, im wesentlichen wohl von Antonio Petrini durchgeführten Befestigungen (Zitadelle im Süden über der Stadt, Bastionen, Reste der alten Stadtmauer und einige Türme) sind Änderungs- und Erweiterungsvorschläge von Spalla als rote Linien eingetragen.

F 11
Die Mainzer Zitadelle, Tunnelportal unter dem Kommandantenbau

Foto: Pedro Bargon, Mainz
Mainz, StadtA, BPS, alph. Slg.

Die rheinseitige Toranlage wurde 1660 von Petrini vollendet. Im Dreiecksgiebel befindet sich das von zwei Löwen (dem Schönbornschen Wappentier) gehaltene Wappen des Kurfürsten Johann Philipp.

Literatur: Wegner, S. 72.

Kat. Nr. F 6

F 12

Das Peterstor am Kommandantenbau der Erfurter Zitadelle

Foto: Dr. Franz Dumont, Mainz

Die Erfurter Zitadelle ist nicht nur in der Funktion, sondern auch im Baustil verwandt mit der Mainzer Zitadelle. Das Wappen am Peterstor erinnert an den Schöpfer der Erfurter Befestigungsanlagen Johann Philipp von Schönborn und dessen Baumeister Antonio Petrini.

Literatur: Overmann, Erfurt, S. 256 f. (mit Abb.). KDM Prov. Sachsen I.

F 13

Antonio Petrini, Festungsbaumeister in Mainz und Erfurt

Petrini quittiert Kurfürst Johann Philipp von Schönborn über 1000 Reichstaler für Maurerarbeiten (an der Zitadelle auf dem Petersberg) in Erfurt

1668 Juli 13
Wiesentheid, Schönborn-Archiv, Korrespondenzarchiv Johann Philipp, Nr. 2827
Fotovorlage: Bayer. StA Würzburg

1658 wird der italienische Baumeister Antonio Petrini erstmals in Mainz, 1662 in Würzburg genannt. Auf ihn geht wahrscheinlich auch die Planung der Erfurter Befestigungsanlagen zurück, für die er 1673 noch tätig war. Petrini war eigentlich Zivilbaumeister. Mit ihm begann der Barock in Franken. Er starb 1701.
Außer an den Festungen Mainz und Erfurt wirkte Petrini auch an der Festung Marienberg bei Würzburg, Forchheim und Rosenberg bei Cronach mit. Eine zweite Bauphase der Festung Erfurt wurde in den Jahren 1717 bis 1726 unter Kurfürst Lothar Franz von Schönborn durch Maximilian von Welsch, den Schöpfer der Statthalterei, bestimmt, der auch Entwürfe für den Ausbau der Festung Mainz lieferte. In Erfurt lebte ein Bruder Welschs, Johann Lorenz Welsch. Er war Grenadierhauptmann in der Mainzer Garnison.

Literatur: Arens, Welsch, S. 14. Maué/Brink, S. 14 u. 26. KDM Prov. Sachsen I, 659 u. 742.

F 14

Streitigkeiten mit Sachsen-Gotha, 1678

Herzog Friedrich von Sachsen-Gotha-Altenburg an einen seiner Räte: Gefangenschaft und Freilassung Mainzer Untertanen, Freilassung Sachsen-Gothaischer Untertanen in Erfurt

Ausfertigung
Friedenstein 1678 Dezember 28
Mainz, StadtA, Briefsammlung Nr. 498

Seit der Reduktion war das Verhältnis von Kurmainz und seinen Beamten in Erfurt zu den sächsischen Staaten keinen Trübungen ausgesetzt, wenn auch vor allem Sachsen-Weimar immer wieder begehrliche Blicke auf das Kurmainzische Erfurt richtete, bis hin zu Herzog Carl August, der aber erst 1815 wenigstens einen Teilerfolg verbuchen konnte. Austauschpläne gab es schon 1707, als Kursachsen die Grafschaft Hanau, auf die es – allerdings sehr unklare – Lehnsansprüche hatte, gegen Erfurt tauschen wollte und Kurfürst Lothar Franz sich nicht abgeneigt zeigte. Ähnliche Pläne tauchten 1736/40 noch einmal auf.
Welcher Art die Streitigkeiten mit Sachsen-Gotha 1678 waren, konnte nicht geklärt werden. Der Herzog schrieb, er sei entschlossen, »die bekannte Irrung mit dem Ertzstifft Mainz«, weshalb einige Erfurter Untertanen von Ronna in Arrest gehalten wurden, in einer nachbarlichen Konferenz zu erörtern. Nachdem aber die Kurmainzer Beamten in Erfurt einige wegen Schlägereien ebenfalls in Arrest gehaltene Gomstädter (?) Untertanen, ohne den Ersatz von Unkosten oder Bestrafung zu verlangen, auf freien Fuß gesetzt hätten, seien auch die Alacher freizulassen.

Literatur: Brodbeck, Boineburg, S. 112 f. Tümmler, Carl August.

F 15

Karte der Postwege in Deutschland, 1757

»Carte de l'Empire d'Allemagne où sont marquées exactement les Routes des Postes«, gezeichnet von dem königlich-französischen Geometer Robert

Kupferstich, 52 x 71 cm, die Grenzen koloriert
Mainz, StadtA, vorl. BPS 1279

Die sogenannte sächsische Post führte von Mainz über Frankfurt am Main, Gelnhausen, Salmünster, Fulda, Hünfeld, Eisenach, Gotha, Erfurt bis nach Warschau.

Die sächsische Post fuhr regelmäßig montags, dienstags, freitags und samstags um elf Uhr vom Mainzer Postamt ab. Ankunft war montags, mittwochs, donnerstags und samstags zwischen 16 und 17 Uhr (Hof- und Staatskalender 1786). Bei der Route, die die sächsische Post befuhr, handelte es sich um die uralte, berühmte Königsstraße. Auf ihr wurde auch die Behördenpost von und nach Mainz befördert, auf ihr reisten die Beamten zwischen Erfurt und Mainz.

Literatur: Stubenvoll.

F 16

»Verzeichnis der in den Kurmainzischen Landen befindlichen Kaiserlichen Reichs-Postämter und Poststationen«

Druck, um 1790
Mainz, StadtA 23/55

In Kurmainz gab es insgesamt 25 Poststellen, drei von ihnen waren allerdings nur Expeditionen. Postämter hatten nur die Städte Mainz, Erfurt und Duderstadt.

F 17

Das Erzstift Mainz um 1700

Aus: Nicolaus Person, Novae Archiepiscopatus Moguntini (1690/1700)

Kupferstich, 43 x 58 cm
Mainz, StadtA, BPS VII/15
Fotovorlage: StadtA Mainz

Einzige Originalkarte, auf der die gesamten zerstreuten Gebiete von Kurmainz enthalten sind.

F 18

Huldigung der Stadt Erfurt für Kurfürst Johann Philipp von Schönborn 1674: Zählung der Haushaltsvorstände nach Stadtvierteln und Pfarreien

»Nahmen der vier Vierteln und darin incorporirte Pfarrn der Stadt Erffurth, so anno 1674 Em(minentissim)i gehuldigt«

Undatiert, 4 Seiten
Würzburg, Bayer. StA, Abger. Archivreste 342/I (Ämter) Nr. 8
Fotovorlage: Bayer. StA Würzburg

F 19 ▷

»Historia Homagis«

Huldigung der Stadt Erfurt für den Kurfürsten Karl Heinrich von Metternich-Winneburg am 30. Januar 1679 vor dem Statthalter Anselm Franz von Ingelheim

Papierlibell, 33 Blatt, grüner Samteinband, Widmungsexemplar für den Kurfürsten
Würzburg, Bayer. StA, Mz. Urk. Weltl. Schrank 71/82

Der Band hat den Inhalt:

Blatt 1v: Titelei (»Historia Homagis«),
3r: Widmung der Verfasser Elias Meltzer, Mainzer Rat, und Johann Valentin Friese, Ratssyndikus
4r: Bekanntmachung über den Regierungsantritt des Kurfürsten, Druck
6r–14r: Protokoll der Huldigung (Ankunft der Delegation, Verlauf, Ordnung usw.)
16v–17r: Aufruf des Statthalters Anselm Franz von Ingelheim zur Huldigung, 27. Januar 1679, Druck
18r: Glückwunschadresse von Rat und Bürgerschaft, Druck (Carl Christian Kirsch)
18v–22r: Text und Noten der Huldigungsmusik von Johann Pachelbel
24v–25r: Text einer von den Protestanten dargebrachten Huldigung, Druck
26r: Erinnerungsblatt an eine zur Huldigung dargebrachte Musik von Florian Schmied, Kantor, und Johann Pachelbel, Organist an der Predigerkirche, Druck (C. Ch. Kirsch)
26v–27v: Text, Druck
30: Huldigung vor dem Rathaus, Handzeichnung von Tobias Jacob Hildebrandt
31: Huldigung in der großen Ratsstube, Handzeichnung von Tobias Jacob Hildebrandt.

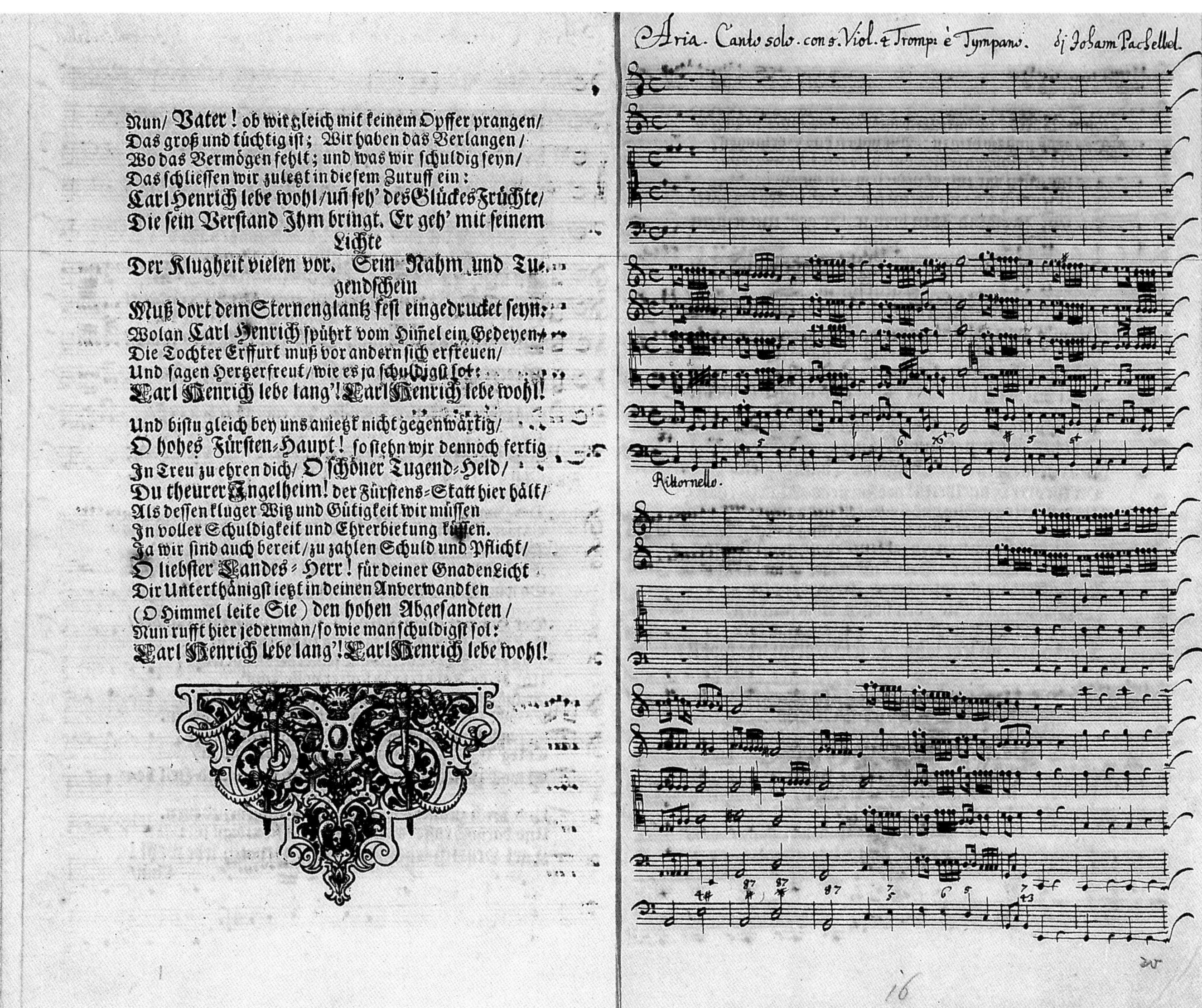

Nun/ Vater! ob wir gleich mit keinem Opffer prangen/
Das groß und tüchtig ist; Wir haben das Verlangen/
Wo das Vermögen fehlt; und was wir schuldig seyn/
Das schliessen wir zuletzt in diesem Zuruff ein:
Carl Henrich lebe wohl/uñ seh' des Glückes Früchte/
Die sein Verstand Ihm bringt. Er geh' mit seinem Lichte
Der Klugheit vielen vor. Sein Nahm und Tugendschein
Muß dort dem Sternenglantz fest eingedrucket seyn:
Wolan Carl Henrich spührt vom Hiṁel ein Gedeyen/
Die Tochter Erffurt muß vor andern sich erfreuen/
Und sagen Hertzerfreut/wie es ja schuldigst sol:
Carl Henrich lebe lang'! Carl Henrich lebe wohl!

Und bistu gleich bey uns anietzt nicht gegenwärtig/
O hohes Fürsten-Haupt! so stehn wir dennoch fertig
In Treu zu ehren dich/ O schöner Tugend-Held/
Du theurer Ingelheim! der Fürstens-Statt hier hält/
Als dessen kluger Witz und Gütigkeit wir müssen
In voller Schuldigkeit und Ehrerbietung küssen.
Ja wir sind auch bereit/zu zahlen Schuld und Pflicht/
O liebster Landes-Herr! für deiner Gnaden Licht
Dir Unterthänigst ietzt in deinen Anverwandten
(O Himmel leite Sie) den hohen Abgesandten/
Nun rufft hier jederman/so wie man schuldigst sol:
Carl Henrich lebe lang'! Carl Henrich lebe wohl!

Kat. Nr. F 19

F 20

Huldigung der Beamten im großen Ratssaal des Erfurter Rathauses für den Kurfürsten Karl Heinrich von Metternich

Handzeichnung von Tobias Jacob Hildebrandt (vgl. Exponat F 19)
Fotovorlage: Bayer. StA. Würzburg

Der Text unten rechts unter dem Familienwappen des Kurfürsten lautet:

1. Die große Rahts Stub
2. Huldigungs Trohn mit dem Churf. Bildnis und Schwanen
3. Regierungs-, Cammer-Räthe und andere vornehme Churfürstl. Beambte und Diener
4. Gerichts Assessores, Syndici und sämbtliche Statt Raths Senioren
5. Der Chorus Musicus
6. Eingang zur Stub der Huldigung und Eidgelobnus
7. Herr Mayor Gabler und Rittmeister Sylvester Schrader als Marschälle, so die Aufführung der Bürgerschafft zur Hulde verrichtet und wieder abgeführet
8. Kayserl., Königliche und Churf. Gemälde
9. Weyland Churfürst Lothary Höchstseel. Gedächtnuß: Gemählde über dem Huldigungs Throhn nebenst sammtlichen Dohm Capitularen Herren

F 21

Huldigung der Erfurter Bürgerschaft für den Kurfürsten Karl Heinrich von Metternich vor dem Rathaus am 30. Januar 1679

Handzeichnung von Tobias Jacob Hildebrandt (vgl. Exponat F 20)
Fotovorlage: Bayer. StA Würzburg

Der Text oben rechts lautet:

1. Rathaus und Churfürstl. Wapen
2. Herren Abgesandten wie sie die Huldigungsansag thun lassen
3. Herr D. Molitor, welcher die Proposition gethan, Item der Legations Secretarius Friedrich Antoni, so die Churfürstliche Vollmacht und Geheisbrief verlesen
4. Die Trompeter und Heer Musicker, wie sie inn dem Rathhaus spielen, Item in der Behausung zum Breiten Herde und der Tafel gestanden und während der Huldigung ihre Spielweis sich hören lassen
5. Die Soldaten, wie sie mit eingeschlagenen Piquen gestellet gewesen und die Bürgerschafft eingeschlossen
6. Die Viertel Johannis u. Viti
7. Die Viertel Mariae und Andrae
8. Die grossen Zünffte
9. Die kleinen Zünffte
10. Die Vormünder und Companen vor den Thoren
11. Der Brunnen
12. Das Gerichtshaus

F 22

Huldigung der Erfurter Bürgerschaft für den Kurfürsten (und ehemaligen Erfurter Statthalter) Anselm Franz von Ingelheim am 15. November 1679 auf dem Domplatz

Papierlibell, 51 Blatt, roter Samteinband, Widmungsexemplar für den Kurfürsten
Würzburg, Bayer. StA, Mz. Urk. Weltl. Schrank 71/83
Fotovorlage: StadtA Mainz

F 23
Huldigung der Erfurter Bürgerschaft für den Kurfürsten Anselm Franz von Ingelheim am 15. November 1679 auf dem Domplatz

Kupferstich mit Domplatz, Graden, Dom und Severi
(vgl. Exponat F 22)
Fotovorlage: StadtA Mainz

»Churfürstl. Maintz. Erbhuldigung wie solche dem Hochwürdigsten Durchlauchtigsten Fürsten und Herrn, Herrn Anselmo Francisco, des Heiligen Stuels zu Maintz Ertzbischoffn, Des Heil. Röm. Reichs durch Germanien Ertz Cantzlarn und Churfürsten Von Dero Rähten, Gerichts Personen, Beambten, Stadt-Rähten, Dienern und gesamter treuesten Bürgerschafft in Erffurd den 5. Nov./ 25. Decbr. des 1679 Jahrs in unterthänigsten gehorsam abgeleget worden«.
Auf der Tafel rechts unten befindet sich folgender Text:

A. Huldigungs Trohn in deßen mitte des Herrn Stadhalters von Bassenheim, Herrn zu Bornheim, Hochw. u. Gn. Zur rechten haben des Herrn von Bubenheims und zu der Lincken des Herrn von Ingelheims Hochw. Hochw. Gn. Gn. gesessen und das Handgelobnuß angenomen
B. Die Churfürstl. Rähte, Gerichte, Beamte und Diener, item 2. Mareschals, Herr Maj(or) Joachim Gabler undt Herr Rittm(eister) Sylvester Schrader
C. Sämbtliche Stadt Räthe
D. Doctores, Patrien und andere vornehme Bürger
E. Die Bürgerschafft von denen Vierteln Johanis et Viti
F. Die Bürgerschafft von denen Vierteln Mariae und Andrae
G. Die Helffte der großen Handwerks-Zunfft
H. Die andere Helffte
I. Die helffte der Kleinen
K. Die andere Helffte
L. Die halbe Bürgerschafft vor den Thoren
M. Die andere Helffte
N. Chorus Musicus und Stadt Mus(icanten)
O. Die Trompeter und Paucker
P. Die andere part der Trompeter und Heerpaucker
Q. Stiffts-Kirche B. Mar. Virg.
R. Stiffts-Kirche S. Severi

Churfürstl. Maintz: Erbhuldigung
wie solche
Von dero
Rähten, Gerichts Personen, Beambten,
Stadt-Rähten, Dienern und gesamter treuesten Bürgerschafft
in
Erffurd.
den 5. Nov. / 25. Decbr. des 1679. Jahrs
in unterthänigsten gehorsam abgeleget
worden
A. Huldigungs Trohn, in dessen mitte des Herrn Stadhalters von Bassenheim Herrn zu Vorntheim Hochw. u. Gn. Zur rechten haben des Hr. von Bübenheims und zu der lincken des Hrn. v. Ingelheims Hochw. Hochw. Gn. Gn. gesessen und das Handgelöbnüß angenomen.
B. Die Churfürstl. Rähte, Gerichte, Beamte und Diener, item 2. Mareschals, Herr Maj. Joachim Gabler und Hr. Rittm. Sylvester Schrader.
C. Sämbtliche Stadt Rähte.
D. Doctores, Patricii und andere vornehme Bürger.
E. Die Bürgerschafft von denen Viertelm Johannis et Viti.
F. Die Bürgerschafft von denen Viertelm Mariæ u. Andreæ.
G. Die helffte der großen Handwercks Zunfft.
H. Die andere helffte.
I. Die helffte der Clemenzen.
K. Die andere helffte.
L. Die halbe Bürgerschafft vor den Thoren.
M. Die andere helffte.
N. Chorus Musicus u. Stadt Mus. [illegible]
O. Die Trompeter u. Paucker.
P. Die andere part der Trompeter und Heerpaucker.
Q. Stiffts Kirche B. Mar. Virg.
R. Stiffts Kirche S. Severi.

F 24
Kurfürst, Domkapitel und Statthalter

Wahlkapitulation des Kurfürsten Damian Hartard von der Leyen (1675–1678)

Mainz 1675 Juli 3
Pergamentlibell, Deutsch, 35 Seiten, Siegel an mehrfarbiger Schnur, 40 x 30 cm
Würzburg, Bayer. StA, Mz. Domkap. Urk. Libell 26

Seit dem Mittelalter beschworen die Erzbischöfe von Mainz ihren Wählern, dem Domkapitel, eine Reihe von Bedingungen, die als Richtlinien für ihre Regierung anzusehen waren. Dadurch sicherte sich das Domkapitel wichtige Mitspracherechte und verpflichtete den Gewählten zur Einhaltung von Versprechungen. In der Neuzeit enthielten die Wahlkapitulationen mehr als 60 einzelne Artikel.
In der Wahlkapitulation des Erzbischofs und Kurfürsten Damian Hartard von 1675 war erstmals, und zwar als Artikel 21, ein Passus aufgenommen, daß der Erzbischof zu »Ambtleuth«, insbesondere in Erfurt und auf dem Eichsfeld, nur Domkapitulare ernennen wird. Durch diese Bestimmung wird die Bedeutung umrissen, die diesen beiden Statthalterstellen zukam. Denn die 24 adeligen Mainzer Domherren bildeten die Spitze der Mainzer Hierarchie.
Der Artikel 21 lautete:
»Item sollen wir auch zu unsern undt unßers Stieffts Ambtleuten nimmermehr setzen oder / machen einen Fürsten, Graffen oder gebohrnen Landherrn noch ihr einigen des Stieffts Schloß, Vest, Stätt, Gutt, Land oder leuthen ambtweiß befehlen oder umgeben wider vorgenante Dechandts / und Capitulus willen, Wissen und Verfengnus. Sondern wahn wir Ambtleuth setzen wollen darzu / sollen wir *unsere Dhombherren, absonderlich nach Erffurt und ins Eichsfeld,* da selbiges Oberambt / verlediget werden sollte oder unsers Stieffts Mann, Burgman undt Dienstman oder die sonsten dem / Stiefft angehören, nehmen. Es wehre dann, das mit dem genanten Dechandt undt Capitels willen, wissen undt / rath wir umb des Stieffts besten Willen einen verdienten frommen man zu uns ziehen mögten.«
Erzbischof Emmerich Josef von Breidbach-Bürresheim (1763–1774) beschwor dann in seiner Wahlkapitulation vom 5. Juli 1763 (Artikel 11), er werde zu Amtleuten nur Stiftsadelige ernennen. *»Zu Erfurth und ins Eichsfeld aber unser Statthalter aus unserm Dom-Capitel jedes mahl erkiesen«.* Kammerdirektor und -räte sowie die Kommandanten in Mainz, Erfurt und Königstein hatten dem Domkapitel einen Eid zu schwören, in den Zeiten der Sedisvakanz das Domkapitel als Erbherren anzuerkennen.

Literatur: Stimming, Wahlkapitulationen.

F 25
Wappenkalender des Mainzer Domkapitels, 1757

Mit den Wappen aller Domherren und Domizellare

Kupferstich von Ostertag/Mayr nach Joseph Appiani, 183 x 94 cm
Mainz, StadtA, BPS VI A 7

F 26
Kurfürst Damian Hartard von der Leyen (1675–1678)

Porträt auf dem Gnadenpfennig des Kurfürsten

Fassung: Vergoldetes Silber mit Email, Gesamtlänge: 11,6 cm
Umschrift: »Damian Hartard . D(ei) G(ratia) Archiep(iscopu)s . Mog(untini)«
Mainz, Landesmuseum

Abbildung: Altertumsmuseum, Nr. 161

F 27
St. Martinsburg, Schloß, Kanzlei und St. Gangolf in der Haupt- und Residenzstadt des Kurfürstentums Mainz

Modell der Gesamtanlage am Mainzer Rheinufer
78 x 152 cm

Mainz, Landesmuseum

Glückwünschender Zuruff/
Als
Der Hochwürdigste/ Durchleuchtigste
Fürst und Herr/
Herr Lotharius
Friderich/
Des Heil. Stuels zu Mayntz Ertz-Bischoff/ des Heil. Röm. Reichs durch Germanien Ertz-Cantzler und Churfürst/ Bischoff zu Wormbs und Speyr/ Probst zu Weissenburg und Odenheim rc.
Unser gnädigster Churfürst und Herr
Den
Hochwohlgebohrnen Herrn
Herrn Johann Heinrich Daniel von Ridder/
Zu Gronestein/ Seiner Churfürstl. Durchl. und Gnd. hochansehnlichen Hoff- und Regierungs Rath/ wie auch Hoffgerichts Praesidenten/
Zum
Vice Dom
der Stadt Erffurt und deren zugehörigen Territorio gnädigst vorstellen ließ/
Aus
Unterthäniger Wohlmeinung abgeleget
von
Sämbtlichen Räthen und Bürgerschafft
hierselbst.
den 24./14. Martii/ Im Jahr 1674.
Erffurt/ druckts Johann Georg Hertz.

F 28
»Glückwünschender Zuruff . . .«

Sämtliche Räte und die Bürgerschaft zu Erfurt gratulieren dem Vizedom Johann Heinrich Daniel Ritter zu Groenestein, Domherrn und Kurmainzischem Regierungsrat und Hofgerichtspräsident, bei dessen Vorstellung in Erfurt am 24. März 1674

Druck (Johann Georg Hertz), 4 Seiten
Magdeburg, LHA Sachsen-Anhalt, Rep. A 37 b I, II, Tit. II, Nr. 3 a, fol. 1 f.
Fotovorlage: LHA Magdeburg

Der »glückwünschende Zuruff« beginnt mit den Versen:
»Was Titan ist der Welt / wann sich das Wetter stillet /
Das bistu unsrer Stadt / nach dem ihr Wunsch erfüllet /
Du tapfrer Ridder Du. Wie Titan wiederbringet
Das helle Tages-Liecht / und Dunkelheit verdringt /
Wenn wir vom Donnerkeil nicht mehr erschrecket werden /«
Und auf Seite 4 heißt es:
»Ist gleichnicht gegenwärtig
Der Landes Vater selbst / so sind wir dennoch fertig
In Treu zu Ehren Dich / Du Hochgebohrner Held /
Du theurer Ridder Du / den Er uns vorgestellt.
O wohl Uns / daß er Dich statt Seiner hier wil haben /
Umb einen neuen Brunn des Glückes aufzugraben /
Und seiner Fürsten-Huld!«

Kat. Nr. F 29

◁ F 29

Statthalter Gottfried Philipp Josef Faust von Stromberg, Kurmainzischer Statthalter in Erfurt (1699–1702)

Wappen mit Erfurter Stadtansicht

Kupferstich von J. G. Gobel, 24 x 17,5 cm
Mainz, StadtA, BPS VI C f

F 30

Geschichtsschreibung aus Kurmainzer Sicht

Joannis Mauritii Gudeni, Historia Erfurtensis ab Urbe condita ad Reductam, Libris IV. Duderstadii (Johannes Westenhoff) 1675. Erfurti apud Joannem Bircknerum, 355 S. mit Index

Mainz, StadtA, Dienstbibliothek 1095

Über der Erfurter Stadtansicht (von links) die Porträts der Mainzer Erzbischöfe Lothar Friedrich von Metternich (1673–1675) und Johann Philipp von Schönborn (1647–1673).
Die 1675 erschienene »Geschichte Erfurts von den Anfängen bis zur Reduktion« des Erfurter Juristen, Universitätsrektors, Stadtschultheißen und Regierungsrates Johann Moritz (von) Gudenus (1639–1688) war das erste grundlegende Geschichtswerk über die Erfurter Stadtgeschichte nach der Reduktion, wichtig wegen der mitgeteilten Quellen und der Zeitzeugenschaft des Verfassers. Tettau, Reduction, S. 2 schrieb über ihn: »Die völlige Aufhebung jeder Selbständigkeit, die Entziehung des Gemeindevermögens und was sonst die Reduction der Stadt brachte, ist also in seinem Sinne: Die Wiederherstellung der ursprünglichen Glückseligkeit«.
Gewidmet ist der Band dem Kurfürsten Lothar Friedrich von Metternich und dem Mainzer Domkapitel als »Erbherr« des Kurstaates (s. auch folgendes Exponat).

F 31

»Gründer« und »Verteidiger« der Mainzer Herrschaft

Titelkupfer aus: Johann Moritz Gudenus, Historia Erfurtensis, 1675
Fotovorlage: StadtA Mainz

Über einer Erfurter Stadtansicht und dem Mainzer Rad mit der Inschrift »Historia Erfurtensis« thronen vier verewigte Persönlichkeiten: Mitte links Kurfürst Johann Philipp von Schönborn (1647–1673), links Kurfürst Lothar Friedrich von Metternich (1673–1675), Mitte rechts: Erzbischof Wilhelm (954–968), rechts der heilige Bonifatius († 754). Metternich und Schönborn sind mit ihren Familienwappen und dem Kurhut abgebildet, Wilhelm (»Wilhelmus Moguntinus«) und Bonifatius (»England«) mit Phantasiewappen. – Hinter Bonifatius und Wilhelm ein Spruchband mit der Aufschrift: »Fundamina ponunt« (»Sie legten den Grund«), hinter Johann Philipp von Schönborn und Metternich das Spruchband: »Parta tuentur« (»Sie verteidigten das Erworbene«).

F 32

»Meinem gnädigsten Chur-Fürsten und Herrn«

Johann Heinrich von Falckenstein, Thüringische Chronicka oder vollständige Alt-, Mittel- und Neue Historie von Thüringen . . ., 2 Bde., Erfurt (Johann Wilhelm Ritschel) 1738

Mainz, Stadtbibliothek 738/8 Bd. 1

Den ersten Band seiner promainzischen thüringischen Chronik widmete der Ansbachische Hofrat und Resident in Erfurt seinem Mainzer Kurfürsten Philipp Karl von Eltz, Band 2,2 dem Statthalter Anselm Franz von Warsberg.

Kat. Nr. F 31

F 33

Die »Verfassung« des Erfurter Staates

Churfürstlich Mayntzische Gnädigste Ordnungen vor dero Stadt Erfurth und zugehörige Lande, Erfurt (Johann Wilhelm Ritschel) 1748, 386 und 12 S.

Mainz, StadtA, LVO

Der Band enthält verschiedene Verordnungen und Instruktionen, Eidesformulare und Patente:

1. Hofgerichtsordnung, in der Fassung von 1747
2. Ordnung des Weltlichen Gerichts der Stadt Erfurt von 1704
3. Instruktion für den Erfurter Stadtrat von 1704
4. Instruktion für das Erfurter Vormundschaftsamt von 1704
5. Instruktion für die Zweiermannkammer zu Erfurt von 1704
6. Verfahren in Erbschaftsangelegenheiten von 1704
7. Verordnung über das Nähergeltungsrecht (»Jus retractus«) von 1702
8. Freizinsordnung von 1718
9. Eidesformulare (1–55)
10. Verschiedene Patente und Verordnungen (Nr. 1 bis 149)
11. Verschiedene Verfügungen und Dekrete (Nr. 1–26)

F 34

»Vollständige Alt-, Mittel- und Neue Historie von Erffurth«

Titelblatt aus: Johann Heinrich von Falckenstein, Civitatis Erfurtensis Historia critica et diplomatica oder vollständige Alt-, Mittel- und Neue Historie von Erfurt, Bd. 1, Erfurt (Johann Wilhelm Ritschel) 1739, Bd. 2, ebd. 1740

Mainz, Stadtbibliothek HE 20

Das insgesamt 1096 Seiten umfassende Werk ist vor allem wegen der zahlreichen abgedruckten Quellen heute noch unentbehrlich. Zu Unrecht nennt es Tettau, Reduction, S. 2 eine »rudis indigestaque moles« (»eine unbearbeitete und ungenügende Masse«); (vgl. Exponat A 1).

F 35

»Chur-Mayntzischer Stands- und Staats-Kalender auf das (Schalt-) Jahr 1740«

Erster überlieferter Jahrgang dieses wichtigen historischen Hilfsmittels. Der letzte Jahrgang erschien 1797

Mainz, StadtA, Dienstbibliothek Z 51

Der Kalender enthält alle geistlichen und weltlichen Behörden des Kurstaates Mainz und hat folgendes Schema: Der geistliche Staat, der weltliche Staat, der geistliche Staat zu Erfurt, der weltliche Staat zu Erfurt, der geistliche Staat auf dem Eichsfeld, der weltliche Staat auf dem Eichsfeld.

F 36

»Das Churfürstlich-Maynzische Staats-Recht«

Johann Jacob Moser, Einleitung in das Churfürstlich Maynzische Staats-Recht, vermittelst kurzer Sätze und Anzeigung vieler derer besten oder neuesten Scribenten, allwo mehrere Nachricht davon anzutreffen ist, Frankfurt/M (Benjamin Andreä) 1755

Mainz, Stadtbibliothek, HBA I 35

Johann Jacob Moser (1701–1785), Professor der Rechte in Tübingen, war der erste Jurist, der das geltende Staatsrecht publizierte. Er gilt als der Vater des deutschen Staatsrechts, sein in den Jahren 1737–1754 erschienenes »Teutsches Staatsrecht« umfaßt 50 Bände.

F 37

Erfurter Behörden und Persönlichkeiten

»Das jetztlebende Erfurt. Oder Beschreibung Derer anjetzo daselbst sich befindenden hohen und niederen Standes-Persohnen, Erfurt (Johann Georg Starck) 1703. (Erfurter Neudrucke, hrsg. von W. Suchier, Nr. 1: für die Mitglieder des Genealogischen Abends, 1927)

Mainz, Stadtbibliothek, 42 m 774

Der Schematismus enthält alle Erfurter Behörden und »Standespersonen«, die am öffentlichen Leben teilhatten. Er spiegelt sehr genau die geltende Hierarchie in der Kurmainzer Stadt wider.

F 38

Konvertiten als Berater und Mitarbeiter der Schönborn-Kurfürsten

Adolf Gottfried Volusius (1616–1679), Weihbischof in partibus Rheni seit 1676, Weihbischof in partibus Thuringiae 1678/79, Vertrauter des Kurfürsten Johann Philipp von Schönborn

Porträt aus dem Jahr der Bischofsweihe 1676, mit Wappen, Mitra und Bischofsstab

Kupferstich von Philipp Kilian, Augsburg, 33 x 26 cm
Mainz, StadtA, BPS V V 70

Volusius war in Hanau geboren, evangelisch, Prediger in seiner Heimatstadt, floh 1638 in das Kurmainzische Steinheim, trat zum katholischen Glauben über, studierte in Rom, promovierte zum Dr. theol., wurde Dompfarrer in Mainz und stieg zu hohen Würden auf: Er wurde apostolischer Protonotar, kaiserlicher Pfalzgraf, kurfürstlicher Rat und oberster Siegler, Dekan an den Stiften Mariagreden und St. Moritz in Mainz, Syndikus des Sekundarklerus, 1676/77 Rektor der Mainzer Universität. Er schuf eine nicht veröffentlichte Bibelübersetzung, einen biblischen Katechismus und wirkte an einem Mainzer Proprium mit. Volusius gehörte zu den engen Vertrauten und Mitarbeitern des Kurfürsten Johann Philipp, der ebenso wie sein Neffe Lothar Franz – man denke nur an den älteren Boineburg oder an die Familie Gudenus – Konvertiten besonders förderte.

Abbildung: Mathy/Arens, Taf. 53.
Literatur: Jürgensmeier, Bistum, S. 222 u. 227 f. Mathy/Arens, S. 215 u. 218.

F 39

Weihehandlungen in Erfurt, 1678

»Liber Ordinationem Rev(erendissi)mi in Christo Patris ac D(omi)ni Adolphi Godefridi Volusii, E(pisco)pi Diocletianopolitana, Suffraganei Moguntini, qui 15. Martii 1679 in Domino defunctus est, R.I.P.«

Papier, Schmalfolio, 480 Seiten
Mainz, DDAMz, Weihebuch Volusius

Weihbischof Adolf Volusius weilte im August 1678 in Erfurt zur Firmung und zur Weihe von Geistlichen und Altären.
Seite 28 enthält die Einträge über die Altarweihe:
Am 22. August 1678 weihte Volusius im Mariendom (auf der rechten Seite vom Eingang) den Altar zur Ehre und zum Gedächtnis des hl. Kreuzes, am 23. August in St. Severi den Altar zu Ehren der Heiligen Cosma und Daminani und den Altar zu Ehren des hl. Abtes Ägidius, am 25. August in der Augustiner-Pfarrkirche die Altäre zu Ehren und zum Gedächtnis der Heiligen Wigbert, Augustinus und Benedikt, den Altar (auf der linken Seite vom Eingang) zur Ehre der Hl. Gottesmutter und der Heiligen Anna und Monika sowie den Altar (auf der rechten Seite vom Eingang) zur Ehre und zum Gedächtnis der Heiligen Sebastian und Thomas von Villanova und des hl. Nikolaus von Tolentino.
Das von Volusius 1676 begonnene Weihebuch wurde von Weihbischof Matthias Stark (1680–1703) weitergeführt. Nachfolger von Volusius als Weihbischof in partibus Thuringiae wurde Johann Daniel Gudenus (1680 bis 1694).

F 40

Jesuitenkolleg Erfurt 1726

Aus dem »Catalogus Primus Provinciae Societatis Jesu ad Rhenum Superiorum de Anno 1726«

Mainz, StadtA, 15/441

Das Kolleg hatte zu diesem Zeitpunkt 16 Mitglieder: acht Priester, drei Magistri und fünf Brüder:

P. Jakob Schütz von Bamberg
P. Kaspar Weismüller von Bamberg
P. Urban Fütterer von Heiligenstadt
P. Leonhard Thim von Geisleden (Eichsfeld)
P. Kaspar Mais von Seßlach bei Bamberg
P. Wendelin Refflingshausen von Mainz
P. Andreas Gumme von Heidingsfeld/Franken
P. Peter Kalenbach von Mainz
M. Josef Geiger von Heidelberg
M. Melchior Vogt von Erfurt
M. Franz Günther von Pfensheim (?) bei Straßburg
Josef Gerich von Krautheim/Unterfranken
Leonhard Trumer (?) von Forchheim
Kaspar Planen (?) von Niederschleider/Hessen
Anton Rosenberger von Mainz
Andreas Neubauer von Nordheim/Franken

1736 konnten die Jesuiten den Grundstein zum Neubau eines Kollegs in der Schlösserstraße legen. Die Schülerzahl des Gymnasiums lag weiterhin bei nur etwa 60. Die Kommunionen betrugen 1769 beispielsweise 22 000, die

Konversionen waren zahlreicher als an anderen Orten (ca. 10–56 jährlich).
Trotz der geringen Schülerzahl spielte man nach Möglichkeit das bekannte Jesuitentheater, bei dessen Aufführung es allerdings auch zu Zusammenstößen mit der Bevölkerung kam, ebenso bei der Bekehrung von zum Tode Verurteilten.

Literatur: Duhr IV, 1, S. 135 ff. Blaha, Kurmainz. absol. Herrsch., S. 171.

F 41
Kirchenordnung des Erzbischofs Johann Philipp von Schönborn

»Ernewerte Kirchen-Ordnung. Wornach sich in denen Ertz- und Stiffter Mayntz, Würtzburg und Wormbs, und so weit sich deren Ordinariaten erstrecken, die Pfarrherrn und Seelsorger, auch weltliche Beambten, Diener und Unterthanen, so viel die einen jeden betrifft, hinführo zu richten«. Würzburg (Hiob Hertz) 1670

Mainz, StadtA, LVO

Die umfassende Ordnung für den Gottesdienst, die Schulen und das Gemeindeleben gehörte zu den wichtigsten Punkten der Kirchenreform Johann Philipps von Schönborn, die auch der endgültigen Durchführung der Beschlüsse des Konzils von Trient galt. Rituale, Missale und Brevier blieben bis 1950 beziehungsweise bis zum 2. Vatikanischen Konzil in Gebrauch.

Literatur: Jürgensmeier, Bistum, S. 223 ff.

F 42
Johann Joachim Hahn, Weihbischof in partibus Thuringiae, Ep. Metellopolitanis, 1719–1725

Medaille, 1724
Silber, 5,5 cm Durchmesser
Graveur: J. H. Werner
Mainz, StadtA, Münzkabinett Lade 267/8/2
Foto: Dipl.-Designer Jürgen Hölzer, Mainz

Die Vorderseite enthält das Porträt Hahns und die Umschrift:
IO . IOACHIM . HAHN . S . S . TH . I . V . D . EP . METELLOP . SVFFR . ERF . PRO . VIC .
GENERAL . &. . AD . GRAD . B . M . V . & S. IOAN . MOGUNT. DEC . SCHOL : CC . NATUS 1660 OCT 28 . CONSECRAT EPIS 1719

Die Rückseite hat unter einer Stadtansicht (mit Hahn, Krummstab und Mitra) den Text und die Umschrift:
LUSTRAT ET CANTAT
SAEPE DIES VENIAT JOACHIMUS HONORE VOCATUS
Das Chronogramm ergibt die Jahreszahl 1724. Hahn war in Fulda geboren, hatte in Bamberg und Erfurt studiert und wurde von Kurfürst Lothar Franz zum Siegler des geistlichen Gerichts berufen. Er war unter anderem an St. Marien in Erfurt und an St. Johannis in Mainz bepfründet.

Literatur: Severus, S. 60 f. Koch.

F 43
Evangelisches Gesangbuch (für den Erfurter Staat). Mit Kurf. Mainz. gnädigstem Privilegio. Erfurt 1797

Mainz, Stadtbibliothek HE 261

Das Gesangbuch enthält auf Seite III und IV das Privileg des Kurfürsten Friedrich Karl Josef von Erthal, Aschaffenburg, 3. Juni 1795, und auf Seite V–XX die Vorrede des Seniors des Evangelischen Ministeriums, M. J. Engelhard.

Die Lieder 591 und 592 sind »Fürbitten für die Obrigkeit«, die Lieder 593 und 594 den »Pflichten der Unterthanen und der Obrigkeit« gewidmet. Der Text des Liedes 591 stammt von J. A. Cramer und war nach der Melodie »Lobt Gott, ihr Christen« zu singen, den Text des Liedes 592 hatte J. S. Diterich geschrieben (Melodie: »Sei Lob und Ehr«). Die Texte der Lieder 593 (»Jesu komm doch selbst«) und 594 (»Je länger hier, je später«) stammten von J. A. Cramer.
Als Anhang sind beigebunden: »Gebete für den öffentlichen Gottesdienst sowohl als für die häusliche Andacht, gesammelt auf Befehl Eines Hochedlen und Hochweisen Stadtraths Evangelischen Theils in Erfurt«, Erfurt 1797.
Das Gebet für den Landesherrn wurde an »Sonntagen nach der Vormittags-Predigt« gesprochen und ist in zwei Versionen abgedruckt.
Constantin Beyer schrieb über das Gesangbuch von 1797: »In diesem Jahr wurde auch ein neues evangelisches Gesangbuch von einer Gesellschaft dazu beauftragter hiesiger Geistlichen unter der obersten Leitung des Senior Engelhardt zusammengetragen und zum Druck befördert, um welches sich besonders der Diakonus Lossius, der als ein guter Dichter sich vorzüglich zu diesem Unternehmen eignete, große Verdienste erwarb.«

F 44
Gebet für die Obrigkeit im Evangelischen Erfurter Gesangbuch von 1797

Reproduktion (vgl. Exponat F 43)

Abgedruckt sind zwei Fassungen, die an Sonntagen nach der Vormittagspredigt gesprochen wurden. Die Fassung auf Seite 7 entspricht noch ganz dem 1664 entwickelten Text:
»Wir bitten auch für alle weltliche Obrigkeit, für Römisch Kaiserliche Majestät, alle christliche Könige, Kurfürsten, Fürsten und Herren, bevorab für Ihro Kurfürstliche Gnaden zu Mainz und Dero Hochlöblichen Erz-Stift, als unsern gnädigsten Landesfürsten, daß Deine göttliche Allmacht Dieselbe mit glücklicher, friedlicher Regierung segnen und Dero Rathschläge zur Erhaltung des gemeinen lieben Friedens und beständiger Wohlfahrt unserer und aller Dero angehörigen Lande und Leute väterlich leiten wolle. Ingleichen bitten wir für E. Hochedlen und Hochweisen Rath allhier, unsere liebe Stadt-Obrigkeit . . .«

F 45
Die Erfurter Garnison: Georg Melchior von Harstall, Kurfürstlich Mainzischer Kommandant der Stadt und Festung Erfurt (1718–1732)

Zeichnung des Grabsteins vom Erdbegräbnis der Harstalls im Erfurter Dom

Reproduktion aus: Epitaphiensammlung des Weihbischofs und Historikers Stephan Alexander Würdtwein
Wiesbaden, HHStA, 1098 II 57, Heft 3: Erfurt, Dom, Bl. 17

Unter den mit militärischen Symbolen umgebenen Familienwappen, eingerahmt von 10 Ahnenwappen, auf dem Sockel der Text:
»Allhier ruhet der in Gott entschlaffene / Hochwohlgebohrne Herr Herr Georg Mel- / chior von Harstall, Erb- und Gerichts- / Herr zu Bertroda, Elsleben an der / langen Witz und Osthaußen etc. / Seiner Churfürstl. Durchlaucht zu / Mayntz Hochbestalter General Wacht- / Mstr., Cämmerer, Obrister über ein / Regiment zu Fuß und Commendant der Stadt und Festung / Erfurth, starb den 27. Xbr. 1739«.
Mitglieder der in der Gegend um Erfurt begüterten Familie von Harstall standen traditionell in Mainzer Diensten; einige waren Erfurter Vizedome gewesen. Georg Melchior von Harstall kaufte 1727 die beiden Häuser zum güldenen Stern in der Allerheiligenstraße und blieb bis zu seinem Tod in Erfurt wohnen. Sein Sohn Ludwig Wilhelm, Mainzischer Kammerherr, Generalfeldmarschall-Lieutenant und Oberst eines Regiments, war ebenfalls Erfurter Stadt- und Festungskommandant. Er starb am 31. März 1773.
Das Militär war im Erfurter Stadtbild sehr präsent. Es gab eine Kurmainzische Garnison und eine Kaiserliche Garnison, insgesamt etwa 1200 bis 1500 Mann. Moser, Einführung, S. 51, schrieb dazu: »Zu Erfurt liegt eine Kayserliche Besatzung von 400 Mann, welche sowohl unter denen Stadt-Thoren als auf dem Petersberg die Wache mit denen Chur-Mayntzischen gemeinschafftlich versiehet.«

Kat. Nr. F 46

F 46

Kurmainzer Soldaten im Erfurter Stadtbild

Flanierend, marschierend, salutierend vor den Graden. Im Hintergrund Dom und Severi, im Vordergrund Minervabrunnen und Erthal-Obelisk

Gouachemalerei von J. J. Ramée, 1795

Erfurt, StadtA, Bildabteilung
Fotovorlage: StadtA Erfurt, Bildabteilung (Aufnahme: Christine Riesterer)

Abbildung (Ausschnitt) und Literatur: Liebe. Schnellenkamp, Uniformen.

F 47

Lothar Franz von Schönborn (1655–1729), Erzbischof und Kurfürst von Mainz (1695–1729), Bischof von Bamberg, Reichserzkanzler

Porträt
Öl auf Leinwand
Kopie (Heinz Windschmitt) nach einem Gemälde auf Schloß Bürresheim/Eifel
274,5 x 137 cm
Mainz, Landesmuseum

Der Kurfürst ist auf dem ganzfigurigen Bildnis als Landesfürst dargestellt. Er trägt den Purpurmantel mit der hermelinverbrämten Cappa magna und das Brustkreuz. Auf dem Tisch links liegt auf einem Kissen der Kurhut.

Lothar Franz war ein Neffe des Kurfürsten Johann Philipp, und wie jener gehört er zu den bedeutendsten Mainzer Kurfürsten der Neuzeit, der das Barockzeitalter geradezu verkörperte. Unerschöpflich widmete er sich seinen Aufgaben, fand aber auch noch Zeit für den Schönbornschen »Bauwurmb«, der sich in zahlreichen berühmten Schloßanlagen niederschlug. Seine besondere Fürsorge galt dem Wohl seiner Familie.

Mit den Erfurter Statthaltern stand Lothar Franz von Schönborn unablässig in Briefwechsel und griff, auch in Kleinigkeiten, in deren Tätigkeit ein. Keiner seiner Vorgänger oder Nachfolger ist mit seinem Wappen im Erfurter Stadtbild so häufig vertreten wie Lothar Franz von Schönborn.

Literatur: Falck, Nachfolger, S. 97 f. Jürgensmeier, Bistum, S. 232 bis 250.

F 48

(Abb. S. 110)

»Wo für Christus Erfurt erstand«

Erfurter Thesenblatt auf Kurfürst Lothar Franz

Kupferstich von Johann Georg Göbel nach einer Zeichnung von Jacob Hildebrandt
Beschnitten, Verfasser des Blattes daher unbekannt
50 x 33,5 cm
Göttweig, Benediktinerstift, Graphisches Kabinett
Fotovorlage: Benediktinerstift Göttweig

Über den Flußsymbolen Gera, Rhein, Main und Pegnitz sowie einer Stadtansicht von Erfurt halten die Heiligen Bonifatius von Mainz, Adelarius von Erfurt und Kaiser Heinrich von Bamberg das mit einem Lorbeerkranz umwundene Porträt des Kurfürsten. Aus den Wolken assistieren 13 iroschottische Heilige: St. Kilianus (Episcopus Herbipolensis), St. Johannes (Episcopus Constianus) St. Harruchus (Episcopus Werdensis), St. Columbanus, Abbas, St. Joannes (Archiepiscopus Magdeburgensis), St. Sebaldus (Patronus Norimbergae), St. Erbanus (Episcopus et Martyr), St. Colomannus (Patronus Austriae), St. Hidulphus (Episcopus Trevirensis), St. Gallus, Abbas, St. Willibaldus (Episcopus Eychstettensis), St. Magnus, Abbas, St. Erhardus (Episcopus Ratisbonensis).

Über den Heiligen tragen Putti die Bestandteile des Schönbornschen Wappens und die Insignien der weltlichen und geistlichen Macht (Kurhut und Mitra). Der Heilige Geist in Gestalt der Taube schwebt über ihnen.

Inschriften:

Um das Porträt: Lotharius Franciscus Sacra Sede Moguntina Archiepiscopus, Romani Imperii per Germaniam Archicancellarius, Princeps et Elector, Episcopus et Princeps Bambergensis.

Unter der Erfurter Stadtansicht: Fons speciosus erat, quo Christo Erfordia nata. / Insula Sanctorum Scotia vexit aguas. / Fons speciosus erat, quo Gera renata Mogunto. / Quo conservetur, Fons speciosus adest. (Die Quelle war reich, wo für Christus Erfurt entstand. Schottland, die Insel der Heiligen, fuhr auf dem Wasser. Die Quelle war reich, wo die Gera für Mainz wiedererstand. Wo man bewahrt, gibt es eine reiche Quelle.)

Spruchbänder der drei Heiligen:

Bonifatius: Tu mihi Moguntiam (Du verdankst mir Mainz), Adelarius: mihi Erfurtum (mir Erfurt), Heinrich: mihi Bambergam (mir Bamberg).

Auf dem Blatt über den 13 Heiligen: Hi sunt Scoti Benedi- / ctini, qui Duce Bonifa- / cio Christianam Fi- / dem in Germania Plan- / taverunt, Eamque suo / Sanguine / irrigarunt, in / quorum Memoriam Plu- / rima Monasteria / Scotis per Germa- / niam Fuere / erecta. (Dies sind die schottischen Benediktiner, die unter Führung des Bonifatius den christlichen Glauben nach Deutschland verpflanzten und es mit ihrem Blut tränkten, zu deren Gedanken zahlreiche Schottenklöster in Deutschland errichtet wurden.)

Das Thesenblatt weist auf die Gebiete hin, über die Lothar Franz herrschte, als dessen Mittelpunkt Erfurt dargestellt ist. Aus der einzigen erhaltenen Textzeile unter der bildlichen Darstellung geht hervor, daß es sich um ein theologisches Thesenblatt handelt. Man darf voraussetzen, daß der Verfasser mit dem Erfurter Schottenkloster verbunden war.

Abbildung und Literatur: Maué/Brink, S. 220.

HI SVNT SCOTI BENEDI
CTINI QVI DVCE BONIFA
CIO CHRISTIANAM FI
DEM IN GERMANIA PLAN
TAVERVNT EAMQVE SVO
SANGVINE IRRIGARVNT IN
QVORVM MEMORIAM PLV
RIMA MONA STERIA
SCOTIS PER EPISC. GERMA
NIAM FVE RE
ERECTAS
S. Henricus Imperator fund. Bamberg.
Erfurtt

Kat. Nr. F 48

F 49
Der Codex Aureus

Ein Evangeliar aus der Erfurter Kartause im Besitz des Kurfürsten Lothar Franz von Schönborn

Erfurt, um 1200
Pergament, 169 Blatt, 30 x 22 cm
Graf von Schönborn-Wiesentheid, Schloßbibliothek, Hs. 249 (2896)

Um 1724 dehnte Kurfürst Lothar Franz seine Sammelleidenschaft auch auf kostbare Handschriften und Drucke aus. Insbesondere in den Klöstern seiner Bistümer Mainz und Bamberg gelang ihm der Erwerb von 464 Manuskriptseiten in 262 Bänden. Viele Handschriften kamen aus Erfurt, allein 20 aus dem Collegium Amplonianum, weitere aus dem Peterskloster, aus der Universitätsbibliothek und der Kartause. Aus der letzteren stammt auch der kostbare Codex Aureus, von dem man annimmt, daß er um 1200 in Thüringen geschrieben wurde. Vermittler beim Erwerb der Handschriften waren der Mainzer Kanzleidirektor Winkopp und der Erfurter Kammerrat Bocklet.

Abbildungen und Literatur: Clausberg. Maué/Brink, S. 464–468.

F 50
Philipp Wilhelm Reichsgraf zu Boineburg (1656–1717), Kurmainzischer Statthalter zu Erfurt, 1702–1717

Porträt in der Erfurter Universitätsmatrikel
Malerei auf Pergament
27 x 20 cm
Erfurt, StadtA, 1 – 1/X B XIII/46, Bd. 4
Fotovorlage: StadtA Erfurt, Bildabteilung (Aufnahme: Christine Riesterer)

Boineburg war der Sohn jenes für Kurfürst Johann Philipp von Schönborn tätigen Großhofmeisters Johann Christian von Boineburg, der möglicherweise im Zusammenhang mit der Einleitung der Erfurter Reduktion verhaftet worden war. Nach seinem Studium in Köln und Würzburg wurde der junge Boineburg in Mainz, Trier und Würzburg präbendiert. Später war er auch Kanoniker an St. Alban in Mainz und Chorbischof in Trier. Bildungsreisen führten ihn auch nach Frankreich und Italien, die Erziehung durch den Philosophen Leibniz verlief nicht ohne Konflikte. 1691 wurde er Reichshofrat und bekam dann diplomatische Aufträge durch Kurmainz. Seine Ernennung zum Reichsvizekanzler akzeptierte der Wiener Hof nicht, statt dessen wurde er Kaiserlicher Geheimer Rat und in den Reichsgrafenstand erhoben.

Boineburg hatte offenbar eine Ernennung zum Statthalter in Erfurt angestrebt. 1702 berief ihn Kurfürst Lothar Franz, und am 9. März 1703 zog er in Erfurt ein. Unter ihm fanden 1704 bis 1706 Verwaltungsreformen statt, die Gründung einer Kommerzienkommission und eine Neuordnung der Finanzen. 1705 ließ er den Neubau des Packhofs am Anger beginnen, 1713 die Statthalterei. 1705 bis zu seinem Tod 1717 war er Rektor der Universität, der er 1716 eine Professur stiftete und mit seinem Vertrauten (und natürlichen Sohn) Johann Philipp von Bellmont besetzte. Der Stadt Erfurt vermachte er die berühmte Boineburgische Bibliothek. Das Boineburgufer in Erfurt erinnert an ihn.

Nach Biereye war er der bedeutendste der zwölf Statthalter, Dalberg der beliebteste. Ohne Boineburgs Verdienste um Erfurt schmälern zu wollen, sei die Frage erlaubt, ob die Erfurter Reformen allein sein Werk waren. Mit Sicherheit hatte Lothar Franz einen gewichtigen Anteil daran. Es war ein Glücksfall, daß sich Kurfürst und Statthalter in ihren Bestrebungen trafen. Mit Boineburgs Nachfolger Bicken hätte der Kurfürst die Reformen nicht durchführen können. Manchmal, wie im Streit um das evangelische Gesangbuch, reagierte Lothar Franz viel gelassener und weiser als Boineburg und forderte ihn zu mehr Toleranz auf.

Das Verhältnis beider zueinander, Boineburgs Schwester war mit dem Bruder von Lothar Franz, dem Stammvater aller späteren Schönborns, verheiratet, war bei weitem nicht so gut, wie es Brodbeck darstellt. Boineburg arbeitete gelegentlich gegen die Absichten der Familie Schönborn. 1710 war Lothar Franz bestrebt, etwas von den »gottlosen Ausstreuungen« gegen seine Regierung in die Hand zu bekommen. Boineburgs Sohn hielt er für einen Spion. 1714 schrieb er, Boine-

burg und Bicken (der Nachfolger Boineburgs als Statthalter) seien »blutschlechte Leut«. Der reibungslosen Zusammenarbeit in Regierung und Verwaltung tat dies offenbar keinen Abbruch, in diesem Bereich verstanden sich Lothar Franz und Boineburg.

Literatur: Brodbeck. Biereye, S. 11. Kleineidam, Universitas IV. Overmann, Erfurt, S. 288–291. Schröcker, S. 59 f.

F 51
»Instruction für Herrn Stadthaltern zu Erffurth, Graffen von Boineburg«

1703 (Mainz 1717 Juli 29)
Konzept, 30 Blatt

Magdeburg, LHA Sachsen-Anhalt, Rep. A 37 b IV, Tit. II i I Nr. 4, Bl. 5r–34r
Fotovorlage: LHA Magdeburg

Der Entwurf von 1703 diente als Grundlage für die Instruktion von Boineburgs Nachfolger Friedrich Wilhelm Freiherr von Bicken, die dieser in Mainz am 29. Juli 1717 beschwor. Die angebrachten Abänderungen sind nur gelegentlich von grundsätzlicher Bedeutung.

Die Instruktion, unter dem Namen des Kurfürsten erlassen, besteht aus 50 teilweise sehr ausführlichen Artikeln und regelt das gesamte dienstliche Verhalten der Statthalter.

In der Präambel heißt es, der Statthalter beschwöre die Instruktion, damit durch ihn und die Erfurter Regierungsräte nicht nur die landesfürstliche Macht erhalten werde, sondern auch das Wohlergehen der Bürger.

Artikel 1 und 2 lauten:

»1mo Daß obgedachter unser / Stadthalter mit undt neben / unßern Erffur- / tischen Räthen unßere / Landesfürstlichen Regalia / pottmäßig undt / Herrlichkeiten in / unßerer Stadt Erffurth / und zugehöriger Landschafft denen uns / geleisteten Pflichten /
nach beobachten undt / verwalten, darwider / in keine Weege handlen / laßen, sondern, da der- / gleichen unternohmen werden wolte, jedes- / mahlen die Bewandt- / nus der Sachen mit / allen umbständen ahn / uns berichten. In- / sonderheit aber
2do alles in pleno et commu- / nicato consilio thueen, / zu solchem Ende alle / ahn uns abgehende underthänigste Berichte / oder sonsten ablaßende / Schreiben entweder in / pleno ableßen oder die / gefertigte concepten / bey allen unßern / Räthen herumbgehen / undt waß von einem / oder anderen darinnen / erinnert, geendert, / oder verbessert undt /
per majora / approbiret worden / dergestalt außfer- / tigen undt siegeln laßen. Bey abwe- / senheit unßers Stadt- / halters aber das Sigillum von zweyen / vorsitzenden Räthen durch absonderliche / Schlüssel verwahret / undt zu solcher Zeit / alles in pleno ge- / sieglet werden solle«.

F 52

(Abb. S. 114)

»Nova Territoria Erfordiensis«

Karte des Kurmainzischen Erfurter Staates und seine Einteilung in Ämter

Kupferstich, farbig, von J. B. Homann, Nürnberg, 1717
Revidiert von Friedrich Zollmann, 1717

53 x 63,5 cm
Erfurt, StadtA, 7 – 300/5[1]
Fotovorlage: StadtA Erfurt, Bildabteilung (Aufnahme: Christine Riesterer)

Die Karte zeigt den Erfurter Staat mit den durch die Verwaltungsreform von 1706 geschaffenen Ämtern: Stadtamt, Tonndorf, Gisperleben, Alach, Atzmannsdorf, Vargula, Mühlberg, Vippach und Sömmerda.
Unter gesonderter Verwaltung standen das Gut Isserode und das Hospitaldorf Hain. Die Einkünfte des Jagdschlosses Willroda im Stadtamt waren dem Statthalter persönlich zugewiesen.

Literatur: Brodbeck. Oergel, Gebiet.

F 53

Einweihung des neuen Schießhauses in Erfurt

Medaille von 1713

Klippe, Zink, quadratisch
Seitenlänge 3 cm
Mainz, StadtA, Münzkabinett Lade 375
Foto: Dipl.-Designer Jürgen Hölzer, Mainz

Die Vorderseite zeigt das Porträt des Kurfürsten Lothar Franz und die Umschrift:
GAUDIA FECIT / PRINCEPS / ELECTOR / NOBIS HAEC. (Freude bereitet uns der Kurfürst hier.)
Die Rückseite enthält eine Schießszene und die Umschrift:
SACRA SUOSQUE TIBI CO- / MENDAT TROIA PENATES / VIRG. AENEID. L 2, 5. (Troja vermacht sein Heiligstes Dir: Seine Penaten.)

F 54

Friedrich Wilhelm Freiherr von Bicken (1661 – 1732)

Anwartschaft auf die Erfurter Statthalterei
Bicken an Kurfürst Lothar Franz

Mainz 1717 Februar

Behändigte Ausfertigung
Magdeburg, LHA Sachsen-Anhalt, Rep. A 37 b IV, Tit. II i I, Nr. 4, fol. 2
Fotovorlage: LHA Magdeburg

Bicken kondoliert Kurfürst Lothar Franz zum Tod Boineburgs und bittet um die vakante Statthalterschaft in Erfurt gemäß der vor wenigen Jahren erteilten Anwartschaft. Seine »wenigen Cräfften und von dem allmächtigen Gott erhaltene mittelmäßiges Talentum« werde er einsetzen, das neue Amt ebenso treu im Namen des Kurfürsten zu verwalten wie das »mühselig-schwehre« Generalvikariat, das er fast 14 Jahre lang geleitet habe. Noch ein weiterer Fall ist bekannt, daß Lothar Franz eine Exspektanz auf die Statthalterschaft erteilte: am 16. Dezember 1723 versprach er sie Anselm Franz Ernst von Warsberg (LHA Magdeburg, ebd., fol. 81). Dieser wurde 1732, drei Jahre nach dem Tod des Lothar Franz, Nachfolger Bickens.
Die Familie von Bicken hatte von 1601 bis 1604 mit Johann Adam von Bicken einen Mainzer Kurfürsten

Kat. Nr. F 52

gestellt. Der Vater des zukünftigen Statthalters, Philipp Kaspar von Bicken, war Oberamtmann und Landrichter des Eichsfeldes gewesen. Friedrich Wilhelm von Bicken war Kapitular am Ritterstift St. Ferrutius in Bleidenstadt bei Wiesbaden, Kanoniker an St. Viktor bei Mainz und Propst zu Klingenmünster bei Bergzabern. Kurfürst Lothar Franz ernannte ihn 1704 zum Generalvikar, verschiedentlich wurde er auch mit diplomatischen Missionen betraut und schließlich zum Reichshofrat ernannt.

Da Bicken der letzte seines Geschlechts war, trug er sich immer wieder mit Heiratsplänen, die sich aber alle zerschlugen. Lothar Franz war ihm zunächst günstig gesonnen und nannte ihn einen »fort honneste homme«.

Als sich Bicken aber gegen die Wahl eines Schönborn-Neffen zum Koadjutor in Mainz wendete, begann sich die Meinung des Kurfürsten zu ändern. 1713 nannte er ihn seinen »bekanten boshaften Vicario generali«; 1714 fiel das bekannte Wort von den »blutschlechten Leut« (vgl. Exponat F 50). Zu diesem Zeitpunkt bemühte sich Bicken bereits um eine Verbesserung des Verhältnisses, die auch eintrat, als Bicken dem Kurfürsten privat 11 000 Gulden lieh.

Literatur: Schröcker, S. 75 ff.

F 55
Ernennung des Domkapitulars Friedrich Wilhelm Freiherrn von Bicken zum Statthalter in Erfurt

Mitteilung des Kurfürsten Lothar Franz an das Mainzer Domkapitel

Mainz 1717 September 28

Konzept
Magdeburg, LHA Sachsen-Anhalt, Rep. A 37 b IV, Tit. II i I, Nr. 4, fol. 41
Fotovorlage: LHA Magdeburg

Kurfürst Lothar Franz teilt dem Domkapitel mit, daß er das Amt des verstorbenen Grafen Boineburg dem dazu bereits nominierten Domkapitular und Geheimen Rat Friedrich Wilhelm von Bicken übertragen und zu dessen Präsentation in Erfurt den Domkapitular Anselm Franz Ernst von Warsberg ausersehen habe und bittet um dessen Beurlaubung für die Zeit der Reise.
Bereits am 29. Juli 1717 hatte Bicken seine Instruktion beschworen und am 31. Juli seinen Eid geleistet. Am 28. September schrieb Lothar Franz auch an die Herzöge von Sachsen-Gotha und Sachsen-Eisenach, informierte sie über die Ernennung Bickens und bat um Audienz für diesen und Warsberg, den er am selben Tag von seiner Gesandtschaft in Kenntnis setzte. Am 30. Oktober brachen Bicken und Warsberg von Mainz auf. In Eisenach und Gotha überreichte Warsberg die Creditive Bickens und wurde von beiden Herzögen mit dem entsprechenden Zeremoniell empfangen. Am 5. November traf er in Erfurt ein, wo er in den folgenden Tagen den neuen Statthalter präsentierte. Am 27. November reiste er zurück nach Würzburg, kam am 30. November dort an, folgte am selben Tag dem Kurfürsten nach Aschaffenburg, gelangte dort am 1. Dezember an und reiste am 9. Dezember nach Mainz weiter. Am 10. Dezember war er in der Residenz. Für die Reise nach Erfurt hatte Warsberg 15 1/2 Posten, für die Rückreise nach Würzburg 11 Posten benötigt.

F 56
Wahrzeichen des Kurmainzischen Erfurt: Die Statthalterei

Federzeichnung, um 1800

Erfurt, Angermuseum
Fotovorlage: StadtA Erfurt, Bildabteilung

Mittelbau und Westflügel entstanden ab 1711 unter Statthalter von Boineburg nach Plänen des Kurmainzer Architekten Maximilian von Welsch in den Formen des süddeutschen Barock, unter Einbeziehung der Häuser zum stolzen Knecht und zur güldenen Flechte, die den Ostflügel (mit dem runden Erker) des Komplexes bilden.
Von 1664 bis 1699 residierte die Kurmainzer Regierung in der sogenannten alten Hofstatt, Marktstraße 6, in dem Haus zur Himmelspforte. 1694/95 erwarb Statthalter Johann Jakob Waldbott von Bassenheim das 1540 erbaute Renaissancehaus zum stolzen Knecht, das mit dem Haus zur güldenen Flechte einen stattlichen Komplex bildete. Am 15. Juli 1699 konnte Statthalter Gottlieb Philipp Josef Faust von Stromberg die neue Residenz in Besitz nehmen. Mit dem Neubau wurde 1711 begonnen, aber der große Saal zum Beispiel wurde erst in den zwanziger Jahren unter Statthalter von Bicken vollendet.
Die Zeichnung zeigt im Hintergrund den Turm der Wigbertikirche und den Eingang zum Anger. Vor dem Giebel des ehrwürdigen gotischen Milwitzschen Hauses eins der beiden Wachhäuschen. Rechts die Bäume des 1733/40 von Statthalter von Warsberg angelegten Hirschgartens.

Literatur: Blaha, Statthalterei. Overmann, Regierungsgebäude. Overmann, Erfurt, S. 292–295.

◁ F 57
Die Statthalterei heute
Domizil für den Ministerpräsidenten von Thüringen
Farbaufnahme: Dieter Demme, Erfurt, 1990

F 58
Plafond im Großen Saal der Statthalterei
Fertiggestellt um 1725
Farbaufnahme: Dieter Demme, Erfurt, 1990
Literatur: Blaha, Statthalterei. Overmann, Regierungsgebäude.

F 59

»einige plaisir und ergötzlichkeit«

Der Statthalterei-Garten und der Große Saal

Kurfürst Lothar Franz an den Statthalter von Bicken: Kritik an der Anlage des Statthalterei-Gartens

Bamberg 1718 Dezember 9

Ausfertigung (Post Scriptum)
Magdeburg, LHA Sachsen-Anhalt, Rep. A 37 b I, Abt. II, Tit. II, Nr. 9, Bl 10
Fotovorlage: LHA Magdeburg

»P.S. Auch besonders lieber Herr Statthalter / und Vetter. Mag ich demselben hiermit nicht / verhalten, waßmaßen mir von meiner Maintzischen / Cammer die anzeig beschehen, das der Herr / Statthalter im werck begriffen, einen sehr / kostbaren Garthen zu Erfurth ahnzulegen, / auch darmit zimblich weith avanciret seye, / und dem sichern Vernehmen nach zu sothanem / Gartenbaw ein- und andere Gelder, so zu / daßigem Militar- und Civil-Baw-Weßen gehörig und destiniret gewesen, verwendet / und verrechnet worden seyen, ohne daß mir / oder (der) Maintzischen Kammer davon einige be- / hörige Anzeige beschehen. Nun mag Ich dem Herrn Statthalter zwar einige plaisir / und ergötzlichkeit gern gönnen, weilen demselben aber auch bekant, das die Intraden / Meines Erfurtischen Estats zu bestreitung / deren Ordinarii und höchst nötigen auslagen / kaum erklecklich oder doch wenig davon / übrig pleibet, der Garten-baw hingegen / sich auff ein zimliches Capital belauffen dörffte, / So will ich hoffen, es werde der Herr Statthalter hierdurch die ohne deme wenig übrige einkünffte / zu schwechen nicht gemeint seyn Und / verpleibe anmit ut in Lit. den 9ten xbris 1718 Lothar Franz Churfürst«.
Wenige Tage später, am 19. Dezember 1718, schrieb der Kurfürst aus Bamberg (LHA Magdeburg, ebd., fol. 11 f.): »Drittens / undt letztlichen habe Ich zwar mir von dem Haubt- / mann und baumeister Haunold die mitgebrachte / Riss und Projecte von dem plafond in dem Statt- / halterey-baw und Saal vorzeigen laßen, auch über / Ein so anderes dessen raisonnement und Vorstellen / angehöret. Imgleichen auch des Herrn Statt- / haltern dießfalls sowohl als wegen einrichtung des ange / fangenen Garthens führendes Sentiment mit an- / führung dessen, was mein voriger daßiger / Statthalter, sein Antecessor, ahn Civilbau-weeßen / verwendet, des mehreren vernohmen. Wie nun aber / die von dem Graffen von Boineburg seel. ge- / führte gebäu pro publico auff- und eingerichtet /
und zum besten des gemeinen Statt-weeßen nötig be- / funden worden, so wird der Herr Vetter diesfals / von selbsten bey sich den unterscheid zu machen / und sich zu begreiffen wissen, das, obwohlen Ich demselben / zu seiner Diversion einen Garthen anzulegen wohl gern gönnen / mag, es dannoch bey mir nicht stehe, weder Ich verandwor- / then könne, auß dasigen Intraden hierzu die erforder- / liche große Spesen fourniren und hergeben zu laßen. / Dannoch will Ich für diesmahlen geschehen laßen, das das- / Jenige, was biß hiehin hierzu vom Herrschafftlichen verwen- / det worden und etwan sich ohngefehr auff ein Tausendt / Thaler belauffet, in der Rechnung passiret, fürs künftige / aber desswegen weiter nichts angerechnet noch zahlt / werden solle. Der Plafond auf dem Saal der Statt- / halterey, wie auch dessen Boden oder pflaster von / weisund rothen Steinen kann auch künftigen Früh- / ling nach ausweis des mir vorgezeigten abriss ge- / fertiget und zur Rechnung gestelt werden«.

F 60

Die neue Statthalterei: Zu »Deroselben unsterblichem Ruhm«

Bericht des Statthalters von Bicken an den Kurfürsten Lothar Franz: Notwendige Arbeiten

Erfurt 1722 (zwischen August 11 und Oktober 8)

Eigenhändig korrigiertes Konzept
Koblenz, LHA, 54/2829, S. 165–167
Fotovorlage: LHA Koblenz

Die Berichte Bickens an den Mainzer Kurfürsten haben sich zusammen mit anderen Papieren der Familie Bicken im rheinland-pfälzischen Landeshauptarchiv in Koblenz erhalten.
Über den Fortgang des Bauwesens in der neuen Statthalterei schrieb er im Sommer 1722:
»Ew. Churfürstl. Gnaden an mich er- / laßenen Gnädigsten Befehl zu befolgen, habe / unterthänigst nicht unterlassen sollen und / beykommende umbständlichere Speci- / ficationes (unter aigenhändiger / Zeichnuß dero verpflichten / hiesigen baumeisters) desjenigen, waß zu auß- / bawung und ausführung dahiesigen /

newen Statthalterey-Baws ohnumbgängig- / lich annoch erfordert wirdt, auch wie hoch / ein solches sich ohngefehr belaufe / (habe selbst) einzuschicken anbey unter- / thängist zu erinnern, daß, falls der / new-angelegte Saal gnädigst resolvirter / maßen bey nunmehro starck hinzunahme / der Saison befördert undt also / zum Standt gebracht werden wolte, / Ew. Churfürstl. Gnaden gnädigst / belieben mögten, des Stocatours (welchem / sothane arbeith gnädigst anvertrauet / werden soll) schleunige an hero reiß (gnädigst anbefehlen) zu lassen. Von formblicher auß- /
Bawung des annoch stehenden ruinosen / alten flügels an der Statthalterey / Bahaußung kan keine Designation / der anzuwendenden Kösten dermahlen / formiert werden, es seye dan, daß man / dahier des bey(dero) Churfürstl. / Hoff-Cammer verwahrlich aufbehaltenen / proiecten wieder hab- / hafft worden seye. Bey extradirung dessen jedoch glaube, daß Herr Obrist-Lieutenant Welsch in antecession / eine Detail deren außgaben ohngefehr / werden machen können. Meines orths / dörffte Ew. Churfürstl. Gnaden / (höflichst) versichern, daß Es / zu Deroselben unsterblichem ruhm / bey dieser orths benachbahrten Höffen undt sonsten gereichen würde, wan / angefangener maßen sothanes / Statthalterey Bauwesen voll- / zogen werden solte, welches alles /
Ew. Churfürstl. Gnaden /
weltgepriesen hohen Generosität /
unterthänigst anheimb stellen undt / mit all erfindlicher devotion ohn- / veränderlich verpleibe, etc.«.

F 61
Stukkateur der Statthalterei: Gottfried Gröninger

Statthalter von Bicken an Kurfürst Lothar Franz: Beurlaubung des Werkmeisters Gottfried Gröninger

Erfurt 1723 November 23

Behändigte Ausfertigung
Magdeburg, LHA Sachsen-Anhalt, Rep. A 37 b I, Tit. II i I, Nr. 3, fol. 31r u. v, 34r
Fotovorlage: LHA Magdeburg

Am 9. November hatte Herzog Johann Ernst von Sachsen-Saalfeld an Kurfürst Lothar Franz die Bitte gerichtet, den in Erfurt tätigen Werkmeister Gröninger (den Stukkateur der Statthalterei) zu beurlauben, weil er ihn »für einen gewissen Bau« benötige. Lothar Franz erkundigte sich am 19. November bei Bicken nach Gröninger, der ihm unbekannt war. Der Statthalter berichtete am 23. November: »daß sich Godfrid Gröninger, gebürtig auß / Münster in Westfalen zwahr ohngefehr 18 jahr / in Ew. Churfürstl. Gnaden hiesigen statt Erffurth / aufgehalten und in seiner Bildthauerprofessi- / on ein veritabler Künstler sey, der seinen / Statuen, auch wenn er sonsten den Fleiß an- / wenden will, einen solchen geist zu geben weiß, / daß sie von jedermann geachtet werden. Allhier / hatt derselbe durchgehendts die an Ew. Chur- / fürstl. Gnaden neu-erbauten Statthalterey / befindliche Bildthauer-arbeith sehr wohl auf- / geführet, daß also zu wünschen wäre, es könte / ein mittell erfunden werden, diesen Künstler / obligat zu machen. Ich hab ihm zwar, alß

Ew. Churfürstl. Gnaden mir der Cameral- / praesidium annoch gnädigst anvertrauet, mit / genehmhaltung hiesiger Cammerräthen Ein / Malter Korn ad interim jährlich reichen zu / lassen – auf sein inständiges anhalten. Des bloßen Tituls alß hiesiger herrschaftlicher Wreck- / meister sich zu gebrauchen, conniviret, sonsten / aber weder Bürger noch in Ew. Churfürstl. / Gnaden Diensten engagiret ist, es scheinet aber / nicht, daß Er alß ein beweibter und mit / vielen Kindern beschwehrter bedürftiger Mann / mit diesem wenigen seine miserie consoliren / werde. Dahero zu praesumiren ist, daß, wan / Er bey diesen umbständen bey einem von / ankräntzendten Höfen (ohnerachtet Er / Catholischer religion ist) sein convenient

und Subsistentz findten kann, Er solche gelegenheit / nicht verschlagen werde, wie er dan würcklich ohne / mein Vorwissen nacher Saalfeldt abgegangen / und zurückgelaßen, innerhalb 14 Tägen dahier / wieder einzutreffen. Ich hab Ew. Churfürstl. Gnaden / solches gehorsambst hinterbringen mich zu beständig / dero Hohen Gnaden empfehlen und in tiefestem / respect verharren sollen.
Ew. Churfürstl. Gnad.
unterthänig treu gehorsambster
F. W. v. Bicken«
Am 26. November 1723 entsprach der Kurfürst der Bitte des Herzogs und teilte dies am selben Tag auch Bicken mit.

F 62

St. Wigberti in der Regierungsstraße: Hofkirche und Grablege der Mainzer Statthalter

Aufnahme von Ed. Bissinger, Erfurt, um 1925
Fotovorlage: StadtA Erfurt, Bildabteilung (Aufnahme: Christine Riesterer)

Die aus dem Mittelalter stammende Pfarrkirche war in der Reformationszeit mehrfach in protestantischem Besitz, wurde erst nach dem Prager Frieden von 1635 wieder katholisch, 1668 dem Augustinerorden überlassen und im 18. Jahrhundert barockisiert. Bis 1822 war sie Pfarr- und Klosterkirche. Außerdem diente sie den Statthaltern als Hofkirche und Grablege. Der erste von ihnen, der dort bestattet wurde, war der 1697 verstorbene Johann Jakob Waldbott von Bassenheim. Fünf weitere Statthalter folgten.

Literatur: Zieschang, S. 78–83. Brodbeck.

F 63

Grabstein des Statthalters von Boineburg in St. Wigbert

Photographie
Mainz, DDAMz, Nachlaß Hermann Kardinal Volk (Geschenk des Erfurter Bischofs Hugo Aufderbeck)

Am Morgen des 24. Februar 1717 starb Boineburg im Alter von 60 Jahren. Am 25. Februar erfolgte die Beisetzung in der Wigbertikirche, in aller Stille, wie er es gewünscht hatte. Den Grabstein ließen seine beiden Schwestern Gräfin Sophia von Schönborn und Gräfin Charlotte von Orsbeck setzen.

Literatur: Brodbeck, S. 165 f.

F 64

»ein regierender und absoluter Landesfürst«

Bericht des Erfurter Regierungsrats und Stadtschultheißen Daniel Moritz von Gudenus (1681–1749) an den Erfurter Weihbischof Johann Joachim Hahn über das selbstherrliche Regiment und die Mißwirtschaft des Statthalters Bicken

Undatiert (1721)

Ausfertigung
Magdeburg, LHA Sachsen-Anhalt, Rep. A 37 b I, Abt. II, Tit. II, Nr. 12 b, fol. 47r–53r
Fotovorlage: LHA Magdeburg

Gudenus zeichnet ein düsteres Bild von der Regierungsweise und dem Charakter Bickens: Dieser habe sich gleich zu Beginn seines Amtes mit unumschränkter Gewalt ein ganz »arbitrarisches imperium« eingerichtet, ohne Zuziehung der Regierungsräte Dekrete erlassen, den Reskripten des Mainzer Hofrates und den Befehlen des Kurfürsten entgegengehandelt, in alle Instanzen eingegriffen, sich Privilegien angemaßt, den Bürgern an Leib und Leben geschadet, sich für die Vergabe von Ämtern bezahlen lassen und sich den Beamten gegenüber benommen wie es ein regierender und absoluter Landesfürst nicht wagen würde.
Bei seiner Ankunft habe er die Bevölkerung gezwungen, ihm mehr als die üblichen 600 Gulden zu verehren. Er habe die Zahl der Biereigen zu deren Nachteil vermehrt und ungeeignete Menschen in den Stadtrat geholt. Man erzähle auch, daß der Stadthalter in einem Jahr 17 000 Gulden eingenommen habe, dafür werde ein Bürger nach dem anderen ausgesogen.

Schon kurz nach Bickens Amtsantritt erhoben die Erfurter Beamten Vorwürfe gegen seine Selbstherrlichkeit und Mißwirtschaft. 1718 mußte ihn der Kurfürst bereits an die beschworene Instruktion erinnern. 1720 wurden massive Beschwerden der Bevölkerung laut. Insbesondere sein rücksichtsloses Betragen bei der Ausübung der Jagd, die Schädigung der Grundstücksbesitzer, führte zu lauten Klagen. Lothar Franz, der die Sache »im guten« regeln wollte, beauftragte am 21. April 1721 den Erfurter Weihbischof Hahn mit der Untersuchung und der Anhörung der Regierungsräte. In einer Unterredung ermahnte Hahn den Statthalter zum Gehorsam gegen den Kurfürsten und dessen Regierung in Mainz, zur Achtung der Unabhängigkeit der Gerichte, zur Beteiligung der Räte an der Regierung und zur Mäßigung gegenüber der Bevölkerung. Bicken wies alle Vorwürfe zurück, verteidigte sich und bat um Entsendung einer Untersuchungskommission, was der Kurfürst wegen der hohen Kosten ablehnte. Die Sache kam nicht zur Ruhe, 1724 berichtete der Kanzler Lasser, keine der Behörden und keiner der Räte wollte mit diesem Herrn etwas zu tun haben.

Literatur: Brodbeck, S. 171 f.

F 65
»Francisco Lothar Dvlci Bicken Favente«

Dem Kurfürsten Lothar Franz gewidmete Medaille des Statthalters von Bicken

1724 August 28

Silber, 3,5 cm Durchmesser
Graveur: Werner
Mainz, StadtA, Münzkabinett Lade 375
Foto: Dipl.-Designer Jürgen Hölzer, Mainz

Vorderseite: Vor einer Palme zwei Medaillons mit den Bildnissen des Kurfürsten (vom Betrachter aus links) und des Statthalters.
Umschrift:
FRANCISCO LOTHAR DVLCI BICKEN FAVENTE
Unter der Darstellung:
DIE XXVIII AVGVSTI / WERNER F(ecit)
Rückseite: Gebäudeansicht und Stange mit Vogel
Umschrift:
VRBS ALTE GAVDET LACVLANDI PRAESIDIS AVRA
Unter der Darstellung:
IN INAVGVRATIONEM NOVAE / DOMVS STIEGLIZIO / .DVCE.
Anlaß zur Prägung der Medaille war offenbar ein Vogelschießen zur Einweihung des neuen von Stieglitz geleiteten Hauses. 1724 ging die 1718 gegründete Erfurter Fayencefabrik in der Rosengasse an Johann Paul Stieglitz über, die in der Folgezeit einen großen Aufschwung nahm und bis 1792 bestand. Ihre Erzeugnisse standen in hohem Ansehen.

Literatur: Biereye, S. 106 f. Overmann, Erfurt, S. 316 f. Blaha, Kurmainz. absol. Herrsch. S. 158.

F 66
Die Besoldung der Statthalter

»Specification, worinnen eines zeitlichen Statthalters zu Erffurth jährliche Besoldung und Revenüen bestehen«

Undatiert, um 1720

Magdeburg, LHA Sachsen-Anhalt, Rep. A 37 b IV, Tit. II i I, Nr. 4, fol. 51r
Fotovorlage: LHA Magdeburg

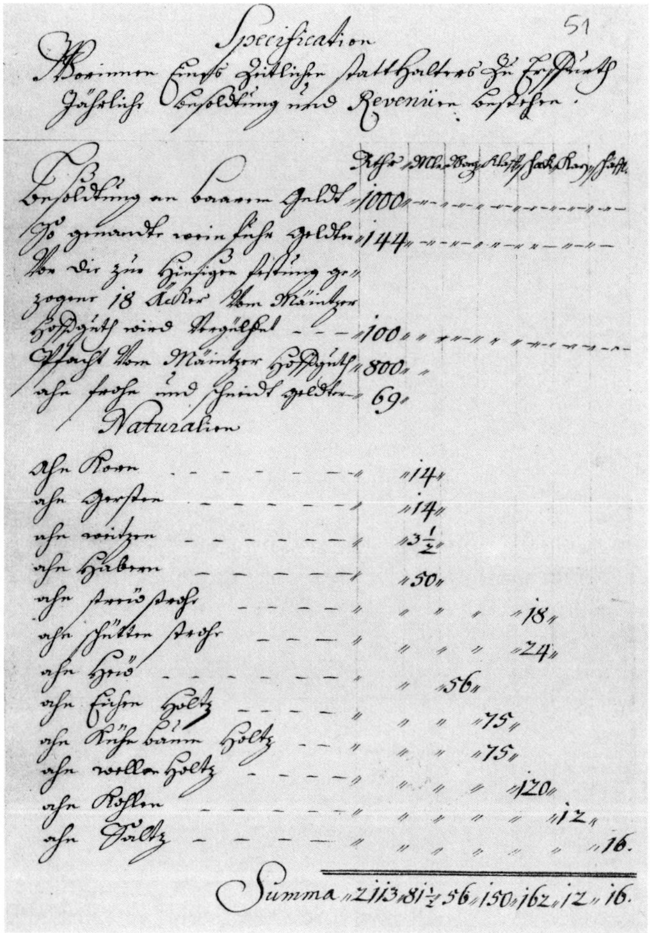

Nach der Aufstellung erhielt Bicken eine jährliche Besoldung von 1000 Reichstalern sowie weitere Barzahlungen. Auf diese Weise kamen jährliche Einnahmen in Höhe von 2113 Reichstalern zusammen. Außerdem erhielt er 81 1/2 Malter Getreide, 56 Wagen Heu, 150 Klafter Holz, 162 Schock Stroh und »Wellenholz«, 12 Karren Kohlen und 16 Scheffel Salz.
In der Aufstellung nicht enthalten sind die »Diäten« in Höhe von 1460 Reichstalern jährlich, die erstmals 1708 an Boineburg gezahlt worden waren. Nicht enthalten sind auch die zahlreichen verschiedenen Einnahmen aus Pachten und Abgaben der Bevölkerung. Die Einnahmen von Bickens Nachfolger Warsberg bestanden aus 30 einzelnen Posten (LHA Magdeburg, Rep. A 37 b I, Abt. II, Tit. II, Nr. 15, fol. 1–5). An Bareinnahmen hatte Warsberg 5350 Reichstaler. Die Statthalter wurden also wie die Mainzer »Spitzenbeamten« bezahlt, die ähnliche Gehälter hatten.

Literatur: Goldschmidt.

F 67
Die Besoldung der Regierungsmitglieder

Aufstellung der jährlichen Besoldung der Kurmainzer Bediensteten in Erfurt

Undatiert, vor 1717

Erfurt, StadtA, 2 – 210/7, fol. 32 ff.
Fotovorlage: StadtA Erfurt, Bildabteilung (Aufnahme: Christine Riesterer)

Das Regierungspersonal zur Zeit des Statthalters Boineburg – denn aus dessen Zeit stammt die Aufstellung – bestand aus den Regierungsräten Bilstein, Molitoris, Schütz, Streit, dem Sekretär Meinong, dem Kanzlist Apfelstädt, den »Einspännigen« Ürbich, Blum und Schreiber sowie dem Pedell Hebestreidt.
Obwohl einige der Räte stets evangelisch sein sollten, waren zu dieser Zeit alle katholisch. Lediglich der Sekretär Meinong kam aus Erfurt, Bilstein aus Köln, Molitoris und Streit vom Eichsfeld, Schütz aus Würzburg. Zwischen der Besoldung der Räte – Stadtschultheiß Bilstein erhielt 430 Reichstaler Barbesoldung – und des Statthalters bestand ein enormer Unterschied.
An Barbesoldungen insgesamt mußten zur Zeit des Statthalters Boineburg 32 323 Reichstaler aufgewendet werden, wovon 1805 Reichstaler auf das Militär entfielen.

F 68
Einnahmen und Ausgaben des Erfurter Staates

Berechnet für die Zeit des Regierungsantritts des Kurfürsten Lothar Franz 1695 bis 1716 einschließlich

Undatiert (1717), 4 Blatt

Magdeburg, LHA Sachsen-Anhalt, Rep. A 37 b I, Abt. II, Tit. II, Nr. 7, fol. 74 r – 77 r
Fotovorlage: LHA Magdeburg

Auf Lit. B ist die jährliche Schuldenabtragung aufgelistet; für die Zeit von 1695 bis 1716 ergibt sich die Summe von 128 192 Reichstaler.

Auf Lit. C ist aufgezählt, was in den Jahren 1704 bis 1716 an Extraausgaben für das Zivil- und für das Militär-Bauwesen aufgewendet wurde. Die Summe beläuft sich auf 149 402 Reichstaler.
Auf Lit. D ist zusammengestellt, welche Summen jährlich vom Zivilamt und vom Militäramt nach Mainz geliefert wurden. Die Gesamtsumme beläuft sich auf 371 771 Reichstaler.
Lit. E enthält die Angaben der vorigen Listen für das Jahr 1716 und rekapituliert die drei Listen und kommt für die Jahre 1695 bis 1716 auf eine Gesamtsumme aller Gelder in Höhe von 649 365 Reichstaler.

F 69
»Formula eines zeitlichen Statthalters-Aydt zu Erfurth«

Eid des Statthalters Anselm Franz Ernst von Warsberg, abgelegt vor Kurfürst Philipp Karl v. Eltz (1732–1743), in Gegenwart des Obermarschalls von Bettendorf, des Kanzlers von Lasser und des Hofmarschalls Graf von Stadion

Mainz 1732 August 21

Ausfertigung, nicht unterzeichnet, mit Kanzleivermerk über die Ablegung des Eides
Magdeburg, LHA Sachsen-Anhalt, Rep. A 37 b IV, Tit. II i I, Nr. 9, fol. 58
Fotovorlage: LHA Magdeburg

Der Statthalter schwor, als bestellter Statthalter zu Erfurt dem Kurfürsten und dem Erzstift Mainz gehorsam zu sein, Schaden zu wehren, den Nutzen zu fördern, Instruktionen, Befehle und Verordnungen genau zu beachten und zu vollziehen, Armen und Reichen, insbesondere den Witwen, Waisen und Unterdrückten Recht und Justiz angedeihen zu lassen, das Interesse des Erzstifts genau zu beachten und dagegen nichts zu unternehmen und im übrigen alles getreu zu verrichten, was einem kurfürstlichen Statthalter obliegt.
Anselm Franz Ernst von Warsberg wurde 1680 geboren. Er war Domherr in Speyer, Trier und Mainz. 1730 wurde er in Speyer Dompropst. In Mainz stieg er zum Präsidenten der Hofkammer auf, also zum Leiter der obersten Finanzbehörde.
Kurfürst Lothar Franz von Schönborn förderte Warsberg gelegentlich und versprach ihm 1723 sogar die Erfurter Statthalterschaft. Lothar Franz starb 1729, sein Nachfolger Franz Ludwig von Pfalz-Neuburg bereits am 18. Mai 1732. Vor der Wahl seines Nachfolgers erklärte die Partei um den Domkantor Philipp Karl von Eltz ihrem Kollegen Warsberg, wenn er zu ihr stoße, werde er zum Statthalter in Erfurt ernannt. Denn am 21. Mai 1732 war in Erfurt Bicken gestorben, und Warsberg hatte sich als einziger sofort um die Nachfolge beworben. Am 29. Mai, einen Tag nach der Wahl des Philipp Karl von Eltz zum Kurfürsten von Mainz, ernannte ihn das Domkapitel in seiner Eigenschaft als Erbherr zum Statthalter in Erfurt.
Schon von den Zeitgenossen wurde Warsberg als besonders befähigt in Regierungs- und Verwaltungsangelegenheiten angesehen. Er galt als schroff, aber gerecht. In seiner Reformfreude knüpfte er an Boineburg an. Vieles kam jedoch wegen des Siebenjährigen Krieges, der Erfurt stark erschütterte, nicht zustande oder ging unter. Der Statthalterei schuf er den repräsentativen Freiraum, den sie so sehr benötigte (er wie Bicken hatten zunächst unter der steten »Kontrolle« der Nachbarn gelitten), kaufte auf der gegenüberliegenden Straßenseite einige Häuser auf und ließ sie niederreißen. Der Hirschgarten wurde errichtet.

Literatur: Blaha, Statthalterei. Blaha, Kurmainz. absol. Herrsch. Duchhardt, Eltz. Michels. Schmücker. Schröcker, S. 79. Overmann, Regierungsgebäude. Overmann, Erfurt, S. 300.

F 70
Erbhuldigung für den Kurfürsten Philipp von Eltz (1732–1743) und Präsentation des Statthalters Anselm Franz von Warsberg am 23. September 1732

Aufforderung des Statthalters zur Huldigung

Erfurt 1732 September 17

Druck, 1 Blatt, 29,5 x 42 cm
Magdeburg, LHA Sachsen-Anhalt, Rep. A 37 b IV, Tit. II i I, Nr. 9, fol. 2v–3r
Fotovorlage: LHA Magdeburg

Der Statthalter fordert die Bürgerschaft bei Vermeidung von Strafe auf, sich am besagten Tag auf dem Markt vor den Graden, vormittags acht Uhr, zu versammeln, um vor dem Gesandten des Mainzer Domkapitels, Karl Philipp Heinrich von Greiffenclau zu Vollrats, dem neuen Kurfürsten zu huldigen.
Zur Bürgerschaft rechneten die Bürger der Viertel, die großen und kleinen Zünfte sowie die Beisassen und

Nachdemahlen der Hochwürdigste, Durchlauchtigste Fürst und Herr, Herr PHILIPPUS CAROLUS, des Heil. Stuhls zu Mäyntz Ertz-Bischoff / des Heil. Röm. Reichs durch Germanien Ertz-Cantzler und Churfürst rc. rc. Mir Anselm Frantz Ernst Freyherrn von Warsberg / derer Hohen Ertz- und Domb-Stiffter Mäyntz / Trier und Speyer / respective Domb-Probsten / Chor-Bischoffen und Capitular-Herren / Dero Geheimten Rath und Statthaltern gnädigst committiret / in Höchst-besagter Ihrer Churfürstl. Durchl. und Gnaden Nahmen / die gewöhnliche Erb- und Landes-Fürstl. Huldigung von hiesiger Dero Stadt / Lande / und angehörigen Aemtern einzunehmen; Zu dem Ende dann auch ein Hochwürdiges Domb-CAPITUL zu Mäyntz seinen gewöhnlichen Geheiß-Brieff auf den Hochwürdig-Hoch-Wohlgebohrnen Herrn / Herrn Carl Philipp Heinrich, Freyherrn von Greiffenclau zu Vollraths / derer Hohen Ertz- und Domb-Stiffter Mäyntz / Würtzburg und Speyer Capitular-Herrn / Probsten zu unsern Lieben Frauen ad Gradus zu Mäyntz rc. rc. gestellet; Und dann Ich hierzu den Dienstag nach Matthäi / wird seyn der 23ste hujus, bestimmet und anberahmet: Als wird hierauf gesamter Bürgerschafft von Vierteln / groß und kleinen Zünfften / wie nicht weniger denen Beysassen und Schutz-Verwandten angedeutet / daß Sie / bey Vermeidung ohnausbleiblicher ernsten Bestraffung / besagten Tages / zum längsten Frühe vor 8. Uhr auf dem Marckte vor den Graden / und zwar jedweder unter seinem Vormunde und Corpore, unausbleiblich erscheinen / und sich daselbsten nach hergebrachter Ordnung derer Viertel und Zünffte / stellen / auch bis solcher Huldigungs-Actus völlig geendiget / daselbsten verharren sollen. Damit aber diejenigen Persohnen / so zwar im Bürgerlichen Stande und Nahrung begriffen / aber sonst in solcher Condition seynd / um derentwillen ihnen vor andern geringen billig einen Vorzug zu gönnen / als Doctores, Professores, Patritii, Licentiati, Magistri, Gerichts-Schöpffen / und Litterati, desgleichen Stadt-Officiers und Actuarii, Stiffts-Clöster und Schulbediente sich nicht zu beschweren haben mögen: So werden dieselbe dahin angewiesen / daß Sie in vorgemeldter Zeit / ohne weitere Erforderung / sich auf oberwehntem Marckt vor den Graden absonderlich versammlen / und daselbst / wessen Sie sich bey der Huldigung zu verhalten / gebührend erwarten sollen. So viel aber Krahmer / Apothecker / Buchführer / und was sonsten einigen Gewerb führet / so weder unter denen Biereigen noch Zünfften Begriffen anlanget / sollen selbige sich unter jeden Viertels Vormunderen / worunter sie wohnen / stellen / und die Huldigung neben denselbigen gehorsamst mit verrichten; Wornach sich ein Jeder zu achten / und vor Schaden zu hüten wissen wird. Signatum Erffurth / den 17. Septempr. 1732.

Churfürstl. Mäyntzischer zur Landes-Fürstl. Huldigung verordneter Gevollmächtigter / Geheimter Rath und Statthalter hierselbst.

Kat. Nr. F 70

Schutzverwandten. Diejenigen, die in solcher Kondition standen, »um derentwillen ihnen vor andern geringen billig einen Vorzug zu gönnen / als Doctores, Professores, Patritii, Licentiati, Gerichts-Schöpffen und Litterati, desgleichen Stadt-Officiers und Actuarii, Stiffts-Clöster- und Schulbediente«, hatten sich gesondert aufzustellen. »Krahmer, Apothecker, Buchführer«, die weder unter den Biereigen noch Zünften begriffen waren, stellten sich bei den Viertelsvormündern auf, unter denen sie wohnten.

F 71
»Beschreibung des Erzstiftlichen Mainzer Staates in Thüringen«

Nach 1730

Zwei Bände
Würzburg, Bayer. StA, Mzr. Güterbeschreibung 1 und 2

Die ausführliche Beschreibung besteht aus zwei

umfangreichen Bänden und wurde wahrscheinlich zu Beginn der Statthalterschaft Warsbergs angelegt.
Band 1: »Erster Theil. Natürliche Beschaffenheit des Ertzstifftischen Mayntzischen Etats in Thüringen. Zweyter Theil. Von der Stadt Erffurth, der darinn etablirten Ertz-Stifftischen Landes-Regierung, Finançe-Cammer, Gerichten, Stadt-Polizey, Universität und was den abhängig, dann von der Stadt und Landes-Defension p. p.«, Folio, 738 Seiten.
Band 2: »III. Theil. Von den einzelnen Aemtern und Dorfschaften«, Folio, 420 Seiten.

F 72
Kurfürstlich Mainzische Wald-, Forst- und Fischereiordnung

1744

Druck, 107 Seiten
Buchdruckerei des St. Rochusspitals, Mainz (Leonhard Ockel)

Mainz, StadtA, 25/23

F 73
Kurmainzer Grenzstein aus dem Jahr 1776

Farbaufnahme: Joachim Peege, Mainz

Die Buchstaben W und L bedeuten Walschleben. Auf der 2. Seite befinden sich die Buchstaben SCG (= Sachsen–Coburg–Gotha) und GST (= Gierstädt), die dritte Seite weist auf die Ortschaft Kleinfahrner hin.
Der Grenzstein befindet sich heute im Dorfmuseum Dachwig.

Abbildung und Literatur: Peege.

F 74
Kurfürstlich Mainzische Hofgerichtsordnung

1747

Druck, 59 Seiten
Buchdruckerei des St. Rochusspitals, Mainz (Leonhard Ockel)
Mainz, StadtA, LVO

Das Titelblatt ist geschmückt mit dem farbig gestalteten Wappen des Kurfürsten Johann Friedrich Karl von Ostein.

F 75 ▷
Eine Kurmainzer Familie: Die »Partei Gudenus«

Fünf Stammtafeln Gudenus

Die aus Hessen-Kassel stammende Familie Geude, Geudenus, Gudenus war zu Beginn des 17. Jahrhunderts protestantisch. Nach der Konversion des Christoph Gudenus 1630 stieg sie rasch zu hohen und höchsten geistlichen und weltlichen Würden auf, wobei sie ihr Weg vom Eichsfeld über Erfurt und Mainz nach Wien führte, wo die Linie der Grafen von Gudenus noch heute blüht.
Mit Johann Moritz (1639–1688) und Valentin Ferdinand von Gudenus (1679–1756) stellte die Familie auch zwei namhafte Historiker. Der Einfluß, den die Gudenus besaßen, ließ im 18. Jahrhundert das Wort von der »Partei« Gudenus entstehen (Brodbeck, S. 57 Anm. 5). Eheschließungen verknüpften die Gudenus mit den meisten Kurmainzer Beamtenfamilien, vor allem mit den Lasser, Bentzel, Berninger, Molitoris, Meinong, Strecker, Heiland, Streit.

Literatur: Brodbeck, S. 57. Gudenus. Kleineidam, Universitas IV, S. 76 ff.

Stammtafel Gudenus (Auszug)

Christoph Gudenus, ev., dann kath.
1596–1680
1617 Magister artium Marburg
1626 Pfarrer zu Abterode/Meissner
1630 Übertritt z. kath. Glauben
Lehrer in Heiligenstadt
ca. 1640 Kurmainz. Amtmann zu Treffurt

Johann Daniel	*Johann Christoph*	*Urban Ferdinand*	*Georg Friedrich*	*Johann Moritz*
1624–1694	1632–1705	1634–1699	1636–1681	1639–1688
Dr. theol. Weihbischof zu Erfurt, Dekan u. Propst an St. Severi, Theologieprof. u. Rektor der Universität Erfurt, 1668 rittermäßiger Adelsstand	Dr. iur. utr. Kurmainz. Hofgerichtsassessor, Geheimer Rat, Ministerresident in Wien, Reichshofratstaxator, Prorektor der Universität Mainz, 1668 rittermäßiger Adelsstand, 1696 Reichsfreiherrenstand	Dr. med. Kurf. Mainz. Leibarzt, Hofrat, Prof. u. Rektor der Universität Mainz, 1668 rittermäß. Adelsstand	stud. med. Kurmainz. Amtmann zu Treffurt	Dr. iur. utr. Prof. u. Rektor der Universität Erfurt, Kurmainz. Stadtschultheiß, Regierungsrat, oberster Assessor des Zivil- u. Kriminalgerichts, 1675: Historia Erfordensis, 1668: rittermäß. Adelsstand
	Gründer der I. sog. österr. Linie	Gründer der II. sog. Mainzer Linie	Gründer der III. sog. Treffurter Linie	Gründer der IV. sog. Erfurter Linie

F 76

Johann Christoph Freiherr von Gudenus (1676 – 1712)

Wappen

Malerei auf Pergament
Mainz, StadtA, BPS VI C g

Johann Christoph von Gudenus war Dr. med., Leibarzt des Mainzer Kurfürsten, Professor und Rektor der Universität Mainz, Kurmainzer Hof- und Regierungsrat. Das Wappen zeigt im blauen Schild eine Frauengestalt (Pallas?) mit Helm und Panzer, die in der Rechten einen Palmzweig, in der Linken einen gekrönten Doppelkreuzstab hält. Helm mit Decke sind gold-blau, Kleinod: die Frauengestalt wie auf dem Schild.
Text: obijt 14 Augst. 1712. Johannes Christophorus de Gudenus. Immed. ord. Equestr. / Imper. circul. Rhenan. Super Emi. princ. Elector. Mogunt. Consil. aul. / & Regim. Eiusdemque Electis. personae medicus, Almae universit. mog. Rector.
Das Wappen war ursprünglich eingeklebt in eine Ausgabe des Codex Diplomaticus II, 1747, von Valentin Ferdinand Gudenus.

F 77 *(Abb. S. 128)*

»Ein recht exemplarischer Geistlicher«

Christoph Ignaz von Gudenus (1674 – 1747), Episcopus Anemoriensis, Weihbischof in Erfurt (1726 – 1747)

Kupferstich
Mainz, StadtA, BPS V G 72

Christoph Ignaz von Gudenus war der Sohn des Erfurter Stadtschultheißen Johann Moritz Gudenus (s. Stammtafel Gudenus, Tafel 1 u. 5), Dr. iur., Rektor der Universität Erfurt, Geistlicher Rat und Siegler, Vetter des Kurmainzer Historikers Valentin Ferdinand von Gudenus (1679 – 1756).
Christoph Ignaz von Gudenus war nicht der erste Erfurter Weihbischof aus dem Geschlecht der Gudenus. Sein Oheim Johann Daniel von Gudenus war nach langen Jahren der Vakanz von 1680 bis 1694 Weihbischof in partibus Thuringiae. Ein Bruder des Christoph Ignaz war Stadtschultheiß in Erfurt, dessen Söhne Regierungsräte und Gerichtsassessoren daselbst. Das Zitat von dem »recht exemplarischen Geistlichen« stammt von Motschmann, Erfordia literata I, S. 109 und ist bei Koch, S. 123, abgedruckt.

Literatur: Koch, S. 109 – 113, 119 – 123.

Kat. Nr. F 77

F 78
Ein Kurmainzer Historiker

Valentin Ferdinand von Gudenus, Codex Diplomaticus exhibens Anectoda, Bd. I–V, Göttingen/Frankfurt/Leipzig 1743–1768

Mainz, Stadtbibliothek, Mog: 4°/22 d

Durch seinen vierbändigen »Codex« wurde der Jurist, Reichskammergerichtsassessor und Kurmainzer Hofrat Valentin Ferdinand von Gudenus (1679–1756) zu einem bedeutenden Historiker des 18. Jahrhunderts und bis heute zum bekanntesten Mitglied seiner Familie.

F 79
Eine Kurmainzer Beamtendynastie: die Lasser

Johann Georg von Lasser (1670–1740)

Porträt, 28,2 x 16,8 cm

Schabkunstblatt von Bernhard Vogel, Augsburg
Mainz, StadtA, BPS V L 15

Brustbild in ovalem Rahmen mit Familienwappen und dem Text auf dem Sockel: »Perillustris Praenobilis gratiosus ac excellentissimus Dominus Dominus Joannes Georgius de Lasser, Sac. Caesar. Majest. Consiliarius aulicis actualis, Em. El. Mog. consiliarius intimus nec non cancellarius dignissimus«.
Johann Georg von Lasser war ein Neffe des Geheimen Rates, Kanzlers und Vertrauten des Kurfürsten Johann Philipp von Schönborn, Dr. Johann Jakob von Lasser (1651–1656), der für den Kurfürsten auch die Rückgewinnung Erfurts vorbereitete.
Johann Georg von Lasser wurde von Kurfürst Lothar Franz von Schönborn 1712 zum Kanzler berufen und blieb es auch unter dessen Nachfolger bis zu seinem Tod 1740. Er war nicht nur der oberste und, zumindest unter Lothar Franz, der einflußreichste Regierungsbeamte, er hatte auch über seine Tätigkeit hinaus Einfluß: Er selbst war in erster Ehe mit einer Tochter seines Vorgängers Berninger verheiratet, in zweiter Ehe mit Wilhelmine von Gudenus, einer Tochter des Mainzer Amtmanns in Treffurt, Georg Friedrich von Gudenus. Einer seiner Patensöhne, der Kurmainzische Hofrat Johann Georg Friedrich von Gudenus, war mit Karoline Reichsfreiin von Gudenus, einer Tochter des Mainzer Rates und Ministerresidenten am Kaiserlichen Hof in Wien, Anton Franz von Gudenus, verheiratet. Ein

weiterer Verwandter, Johann Friedrich von Lasser, war von 1748 bis 1769 Weihbischof in Erfurt, Nachfolger des Christoph Ignaz von Gudenus.

F 80
Christian Ernst Freiherr von Bentzel-Sternau (1767–1849)

Porträt

Stahlstich, 24,2 x 16,7 cm
Mainz, StadtA, BPS V BB 4

Christian Ernst von Bentzel war der Sohn des Anselm Franz von Bentzel (1738–1786), dem maßgeblichen Vertreter der Mainzer Aufklärung und Kurator der Universitäten Mainz und Erfurt, und Enkel von Johann Jakob (von) Bentzel, Mainzer Hofkanzler, der in erster Ehe mit Elisabeth von Lasser verheiratet war.
Christian Ernst von Bentzel war von 1791 bis 1802 Regierungsrat in Erfurt. 1806 wurde er badischer Geheimer Rat in Karlsruhe, 1808 Staatsminister des Fürstprimas Karl Theodor von Dalberg. Seiner schriftstellerischen Tätigkeit verdankte er die 1790 erfolgte Aufnahme in die Erfurter Kurfürstlich Mainzische Akademie der Wissenschaften. Der als humoristischer Wissenschaftler bekannt gewordene Bentzel-Sternau starb 1849 in Mariahalden bei Zürich.

Literatur: Oergel, Akademie, S. 183. Schröcker, Patronage, S. 131.

F 81
»Ein fähiger Beamter«

Kurfürst Emmerich Josef von Breidbach-Bürresheim (1763–1774) an den Hof-, Regierungs- und Revisionsrat Franz Wilhelm Loskant in Erfurt

Mainz 1763 November 21

Ausfertigung
Mainz, StadtA, Briefsammlung Nr. 561

Loskant hatte den Kurfürsten um Entlassung aus Kurmainzer Diensten gebeten, da er zum Assessor am Reichskammergericht in Wetzlar berufen worden war. Emmerich Josef bittet Loskant, noch einige Monate in Erfurt zu bleiben, wenigstens so lange, bis sich sein Nachfolger eingearbeitet habe.
»Ob wir nun zwar Dir alles gnädigst gern gönnen, waß zu Mehrung Deiner Ehren und Verdiensten gereichen kann, so bedauern wir gleichwohlen, daß Du eben zu der Zeit von Erfurth und aus Unsern Diensten abberuffen werden wollest, wo wir Deiner Person am mehresten benöthigest seynd. Dann nachdem nicht alle unsere Räthe zu Besorgung dergleichen Geschäfften, wie solche Dir aufgetragen seynd, sich schicklich befinden, so haben wir jene, so hierzu allenfalls gebraucht werden könten, dermahlen hier ohnentbehrlich notwendig.«
Loskant soll in dem angefangenen »Untersuchungsgeschäfft« mit dem gewöhnlichen Diensteifer fortfahren.

Literatur: Duchhardt, Reichskammergerichtsassessoren

F 82 ▷
Nikolaus Staudinger aus Witterda wird Bürger in Mainz

Geburtsbrief

Erfurt 1744 April 21

Pergament, 39,5 x 57,5 cm
Siegel des Erfurter Stadtamtes ab
Mainz, StadtA, Geburtsbriefe

Vor dem Erfurter Stadtamtmann Philipp Wilhelm Meinong erscheint Oswald Staudinger aus Witterda und bittet um einen Geburtsbrief für seinen Sohn Nikolaus, der in Erfurt das Glaserhandwerk erlernt hat und sich in Mainz als zünftiger Meister niederlassen will.
Zwei Einwohner aus Witterda beschwören als Zeugen, daß Oswald Staudinger, katholisch, am 9. Oktober 1716 mit der Witwe Martha Meinung geb. Breyer, Tochter des Hans Gottfried Breyer, die Ehe schloß und daß als vierter Sohn aus dieser Ehe am 20. Januar 1720 Nikolaus Staudinger geboren wurde.
Nikolaus Staudinger heiratete am 3. Mai 1745 in der Pfarrkirche St. Emmeran in Mainz Charitas Müntzenberger aus Zornheim bei Mainz und erwarb am 30. Juni 1745 das Mainzer Bürgerrecht. 1747 besaß er

Des Hochwürdigsten Fürsten und Herrn, Herrn
JOHANNIS FRIDERICI CAROLI des Heil. Stuhls zu Maynß Ertz Bischoffens, des
Heil. Römischen Reichs durch Germanien Ertz Canzlars und Churfürstens, anhero verordneter Stadt Amtmann
Ich Philipp Wilhelm Meinong,

Kat. Nr. F 82

das Haus Lotharstraße 1, 1785/86 und 1794/97 das Haus Rosengasse 11. Zwei Töchter gingen aus der Ehe hervor.

F 83
Johann Friedrich Karl Graf von Ostein (geb. 1689), Erzbischof und Kurfürst von Mainz (1743–1763), Bischof von Worms

Porträt

Schabkunstblatt von Jakob Haid, Augsburg, nach einem Gemälde von H. Karl von Brandt, 27 x 18,5 cm

Mainz, StadtA, BPS V O 70 C

Das ovale Brustbildnis zeigt den Kurfürsten mit den Attributen des geistlichen und weltlichen Landesfürsten. Hinter dem Rahmen oben: die geistlichen und weltlichen Herrschaftsinsignien; unter dem Rahmen das Wappen des Kurfürsten, umgeben von vier Ahnenwappen: v. Ostein, v. Schönborn, v. Dalberg, v. Boineburg. Darunter die Inschrift:
Eminentissimvs ac celsissimvs princeps et dominvs dominvs IOANNES FRIDERICVS CAROLVS dei gratia S. S. Mogvntinae Archi-Episcopvs, S. R. I. per Germaniam Archi-Cancellarivs, Princeps Elector, Coadivtor Wormat(iensis).
Am 10. Juni 1743 wurden Regierung, Stadtrat und Beamte in Erfurt auf den Kurfürsten vereidigt, am 20. Juni huldigte das Evangelische Ministerium.
1754 wurde auf Anregung einiger Erfurter Persönlichkeiten, an der Spitze der Regierungsrat von Lincker, die Gründung einer Churfürstlich Mainzischen Akademie

EMINENTISSIMVS AC CELSISSIMVS PRINCEPS ET DOMINVS DOMINVS
IOANNES FRIDERICVS CAROLVS
DEI GRATIA S. S. MOGVNTINÆ ARCHI-EPISCOPVS S.R.I. PER GERMANIAM
ARCHI-CANCELLARIVS PRINCEPS ELECTOR COADIVTOR WORMAT:
H. Carolus de Brandt pinx. Ioh. Jacob Haid sculps. Aug. Vindel.

nützlicher Wissenschaften durch Erzbischof Johann Friedrich Karl genehmigt.
1756 wurde auf Anordnung des Kurfürsten in Erfurt eine Merkantil-Deputation zur Anhebung der Wirtschaft errichtet.

Literatur: Falck, Nachfolger, S. 99. Jürgensmeier, Bistum, S. 240 bis 250. Thiele.

F 84
Die Kurmainzische Akademie nützlicher Wissenschaften

Erlaß des Kurfürsten Johann Friedrich Karl von Ostein über die Gründung und Genehmigung der Statuten

Mainz 1754 Juli 19

Erfurt, Wiss. Allgemeinbibliothek, Akten der Erfurter Akademien II a 1–4, Aa Bl. 2–4
Fotovorlage: StadtA Erfurt, Bildabteilung (Aufnahme: Christine Riesterer)

Die Kurfürstlich Mainzische Akademie nützlicher Wissenschaften ist eine der frühen Gründungen solcher gelehrter und außeruniversitärer Forschungsinstitute. Vorbild war die Göttinger Gesellschaft der Wissenschaften.
Regierungsrat Johann Daniel Christoph Freiherr von Lincker und Lützenwick konkretisierte die erörterten Pläne und reichte 1754 bei Statthalter von Warsberg eine Denkschrift ein, in der der Sinn einer solchen Gründung dargelegt wurde. Nachdem Warsberg zugestimmt hatte, schrieb Lincker an den Kurfürsten nach Mainz und bat, unter Beifügung eines Entwurfs der Statuten, um Genehmigung der Gesellschaft.
Mit Erlaß vom 19. Juli 1754 genehmigte der Kurfürst die Akademie. Protektor war der Landesherr, Spezialprotektor der Dekan des Mainzer Domkapitels, Johann Franz Jakob Anton Freiherr von Hoheneck. Erster Präsident wurde Lincker. Nach einer ersten Blütezeit stagnierte die Akademie, bis sie unter Statthalter Karl Theodor von Dalberg einen neuen Aufschwung nahm.

Druck: Thiele, S. 29–33.
Literatur: Oergel, Akademie. Thiele.

F 85
Brand in Ilmenau

Verordnung der Kurfürstlich Mainzischen Regierung über eine landesweite Kollekte für die Feuergeschädigten in Ilmenau

Mainz 1753 Januar 30

Druck, 1 Blatt, doppelseitig
Mainz, StadtA, LVO

Die Sachsen-Weimarische Regierung hatte mitgeteilt, daß am 3. November 1752 eine heftige Feuersbrunst die Stadt Ilmenau eingeäschert hat, und um eine Kollekte nachgesucht. Angesichts der Tatsache, daß Sachsen-Weimar den Geschädigten des großen Brandes von Erfurt (1736) mit »Victualien, Holz und sonsten« geholfen hatte, mahnte Kurfürst Johann Friedrich Karl zu einer »milden Beysteuer« aller Untertanen. Die Beamten vor Ort hatten sie zu erheben.

F 86
Abbruch der Pfarrkirche St. Martin extra in Erfurt

Verordnung der Kurfürstlich Mainzischen Regierung über den Abbruch der Pfarrkirche St. Martin extra (muros) und ihren Wiederaufbau mit Hilfe einer Kollekte

Mainz 1755 September 25

Druck, 1 Blatt, doppelseitig
Mainz, StadtA, LVO

Die bereits 1066 erwähnte Kirche war 1472 abgebrannt und wenige Jahre später neu aufgebaut worden. Von 1755 bis 1758 wurde der größte Teil zeitgemäß verändert.

Literatur: Zieschang, S. 64.

F 87
»Unverantwortliche Anhäufung«

Ableben des Statthalters von Warsberg am 26. April 1760: Kosten der Totenmesse im Dom zu Erfurt

»Specification deren Geldt Ausgaben bey denen solennnen Exequien in der Stiffts Kirch B. M. V. vor weiland Herrn Stadthalter Reichsfreyherr von Warsberg, p. m. den 5ten May 1760«

Undatiert, Mainz 1760
Magdeburg, LHA Sachsen-Anhalt, Rep. A 37 b IV, Tit II i I, Nr. 6, fol. 33r–35v
Fotovorlage: LHA Magdeburg

Die Zusammenstellung umfaßt 42 Positionen und kommt auf eine Gesamtsumme von 1545 Reichstalern, 22 Gulden und 8 Pfennigen.
Die Mainzer Kammer schrieb dazu an Regierung und Kammer in Erfurt, die Kosten habe man »unverantwortlich angehäuft«, und tadelte die Verschwendung.

Die
höchsterwünschte Ankunft
des
Hochwürdigen und Hochwohlgebornen Herrn,
Herrn
Carl Wilhelm Joseph Adam
Freyherrn
von Breidbach
zu Bürresheim,
des hohen Erz- und Domstifts zu Maynz, wie auch des Ritterstifts
S. Albani und des Collegiatstifts ad S. Victorem Capitularherrn,
Ihro churfürstlichen Gnaden zu Maynz und Ihro hochfürstlichen Gnaden
zu Würzburg wirklichen geheimden Raths, auch
Statthalters zu Erfurt,
Ihres gnädigen Herrn,
welche
den 29ten Julii 1766.
zur ausnehmenden Freude des ganzen erfurtischen Landes
höchstbeglückt erfolgete,
segnen in tiefster Ehrfurcht
und unter den Empfindungen des reinesten Vergnügens
die sämtliche Biereigenschaft allhier.

Erfurt, gedruckt bey Johann Friedrich Hartung.

Kat. Nr. F 88

F 88
»...und uns heut unsern Breidbach schenket«

1766

Druck, Johann Friedrich Hartung, 4 Seiten
Magdeburg, LHA Sachsen-Anhalt, Rep. A 37 b I, Abt. II, Nr. 19, Bl. 27r–28v
Fotovorlage: LHA Magdeburg

Verse der Erfurter Biereigen bei der Vorstellung des Statthalters Carl Wilhelm Joseph Adam von Breidbach zu Bürresheim durch den Domkapitular und Geheimen Rat Franz Philipp von Frankenstein zu Ockstadt am 29. Juli 1766:

»Die höchsterwünschte Ankunft des Hochwürdigen und Hochwohlgebornen Herrn, Herrn Carl Wilhelm Joseph Adam Freyherrn von Breidbach zu Bürresheim, des hohen Erz- und Domstifts zu Maynz, wie auch des Ritterstifts S. Albani und des Collegiatstifts ad S. Victorem Capitularherrn, Ihro churfürstlichen Gnaden zu Maynz und Ihro hochfürstlichen Gnaden zu Würzburg wirklichen geheimden Raths, auch Statthalters zu Erfurt, Ihres gnädigen Herrn . . . die sämtliche Biereigenschaft allhier.«

Der Schluß des langen Gedichts lautete:

»Und wir, wir treten auch zum Throne,
Vor welchem sich der Seraph neigt,
Und bringen GOTT im Jubeltone
Den Wunsch, der zu den Wolken steigt.
Er, der so liebreich an uns denket,
Und uns heut unsern Breidbach schenket,
und mit Ihm Glück und Wohlergehn.
Er wird ihn bis auf späte Zeiten
Mit seiner Rechten zärtlich leiten,
Urenkel sollen ihn noch sehn!«

Die Jesuiten hatten eine lateinische Glückwunschadresse herausgegeben, eine »Eloga Dramatica« und drei lateinische Oden. Außerdem erschienen vier deutschsprachige Oden (»Dank und Freuden Lieder«).

Nach dem Tod Warsbergs 1760 blieb die Erfurter Statthalterei drei Jahre lang unbesetzt, bis 1763 Karl Josef Adolf Lukas Freiherr Schenk von Schmidtburg berufen worden war. Sein Einzug am 17. August 1763 verlief besonders prunkvoll. Aber diesem Statthalter war kein langes Wirken in Erfurt beschieden; er starb bereits am 20. Januar 1766 an den Folgen eines Jagdunfalls.

Overmann, Regierungsgebäude, S. 75 hält den Statthalter Breidbach-Bürresheim für den unbedeutendsten der Erfurter Proprincipes. Er bezeichnet ihn als »gutmütig, schwach«, als einen jovialen »Biedermann, den Freuden der Tafel bis zum Übermaß ergeben, ein(en) Freund derber Späße«, der sich durch Staatsgeschäfte nicht den Lebensgenuß verderben ließ. Overmann druckt eine köstliche zeitgenössische Schilderung über die Universitätsabende des Statthalters ab, bei denen der Rheinwein reichlich floß und die Professoren Mühe hatten, sich im Gleichgewicht zu halten. Die Freude an den Genüssen von Tafel und Keller hatte Breidbach-Bürresheim mit seinem Vetter, dem Kurfürsten Emmerich Josef von Breidbach-Bürresheim (1763–1774), gemeinsam.

Carl Wilhelm Joseph Adam von Breidbach-Bürresheim, der 1714 geboren wurde, war seit 1756 Vizedom in Bingen gewesen, bevor er Statthalter in Erfurt wurde. Er starb am 20. Dezember 1770.

Literatur: Blaha, Kurmainz. absol. Herrsch., S. 155. Beyer, Neue Chronik. Overmann, Regierungsgebäude, S. 75 ff.

F 89

»Recapitulatio Summarum aller Ausgabe«

Reisekosten und Ausgaben bei der Vorstellung des Statthalters Breidbach-Bürresheim 1766

Undatiert, 1766, insgesamt 136 Blatt

Magdeburg, LHA Sachsen-Anhalt, Rep. A 37 b I, Abt. II, Tit. II, Nr. 19a, fol. 136r ff.
Fotovorlage: LHA Magdeburg

In der Zusammenfassung ergeben sich acht Posten:

»A.	An Reisekösten beyder gnädiger Herren	1315 Reichstaler
B.	Diaeten etc. denen zum Empfang entgegen geschickten Herren Räthen	–
C.	Schußpulver	34 Reichstaler
D.	Zur Bewirthung auf der Statthalterey	1658 Reichstaler
E.	für Wein	951 Reichstaler
F.	für Bier	115 Reichstaler
G.	für Fourages	112 Reichstaler
H.	an Verehrungen	984 Reichstaler«

F 90

Porträtkalender des Mainzer Domkapitels

1767
(Stand von 1765)
Kupferstich von Wilhelm Christian Rücker, Mainz

195 x 90 cm
Zusammengesetzt aus drei Platten
Mainz, StadtA, BPS VI A 8

Die sonst üblichen Wappenschilde der Kapitulare auf den Kalendern des Mainzer Domkapitels wurden 1765 erstmals durch (allerdings nicht sehr lebensnahe) Porträts ersetzt. 1768 erschien wieder ein Wappenkalender. Die einzige erhaltene »Porträtausgabe« ist die von 1767.

Das außerordentlich seltene Exemplar zeigt in der Mitte unter dem Bildnis des Kurfürsten Emmerich Joseph von Breidbach-Bürresheim die Porträts der fünf Dignitäre: Propst, Dekan, Kustos, Scholaster, Kantor. Links und rechts sind die Porträts von je neun Kapitularen angebracht. Rechts unten ist ein Porträt ausgelassen, da eine Kapitularstelle (insgesamt 24) vakant war. Unter den Porträts befinden sich die Wappen der 20 Domizellare (Anwärter auf eine Kapitularstelle).

Die beiden obersten Porträts auf der linken Seite (vom Betrachter) zeigen den Erfurter Statthalter Karl Wilhelm Joseph Adam Freiherrn von Breidbach zu Bürresheim und seinen Vorgänger Karl Joseph Adam Lukas Freiherr Schenk von Schmidtburg.

Abbildung: Schrohe, Taf. 3 Abbildung 2.
Literatur: Schrohe, S. 54–57.

F 91

Emmerich Josef von Breidbach-Bürresheim (geb. 1707), Erzbischof und Kurfürst von Mainz (1763–1774)

Porträtmedaillon, Porzellan
Länge 14,2 cm, Breite 12,2 cm
Nach einem Modell von Johann Peter Melchior

Um 1770

Mainz, Landesmuseum, Inv. Nr. 17/2

Das farbige Medaillon ist eine Arbeit der Kurmainzer Porzellanmanufaktur Höchst.

Mit Emmerich Josef von Breidbach-Bürresheim begann die Aufklärung im Kurstaat Mainz, die in vielen, zum Teil unpopulären Reformen ihren Ausdruck fand. Emmerich Josef rationalisierte die Verwaltung, verbesserte die Finanzen, förderte die Wirtschaft und sorgte für die Erholung des Landes nach den langen Kriegsjahren. Manche Reform blieb allerdings in den Anfängen stecken, so auch die der Universitäten Erfurt und Mainz und die Bemühungen um den Aufschwung der Akademie in Erfurt. Durchgreifender waren die Maßnahmen zur Anhebung des Schulwesens, die Einführung der Realschule und einer Lehrerakademie. In der Bevölkerung war der einfache, leutselige Landesherr sehr beliebt, auch wegen seiner Liebe zu einem guten Tropfen Wein.

Literatur: Falck, Nachfolger, S. 99 f. Jürgensmeier, Bistum, S. 244 bis 252. Raab. Weidenbach. Esser/Reber, Nr. 153.

F 92

Plan der lateinischen Mittelschulen für Erfurt, Heiligenstadt und Aschaffenburg

Undatiert, Ende des 18. Jahrhunderts
2 Blatt

Würzburg, Bayer. StA, Mz. Schulsachen 308, fol. 25 f.
Fotovorlage: Bayer. StA Würzburg

Lehrordnung für die erste Klasse, Montag bis Sonnabend, einschließlich der Bücherliste.

Zu Beginn des 18. Jahrhunderts wurden aus den Parochialschulen Volksschulen gebildet sowie eine Freischule, zwei Stadt- und Oberschulen als Vorschulen für die konfessionellen Gymnasien. Neben das 1561 gegründete evangelische Gymnasium trat 1773 (nach Aufhebung des Jesuitenordens) das katholische Gymnasium.

Literatur: Blaha, Kurmainz. absol. Herrsch., S. 171.

F 93

Eintritt in den Kurmainzer Justizdienst

Der Eintritt in den Kurmainzer Justizdienst setzt ein Studium an den Universitäten Mainz oder Erfurt voraus

Kurfürstliche Verordnung

Aschaffenburg 1768 September 27

Druck, 1 Blatt

Mainz, StadtA, LVO

Kurfürst Emmerich Josef verordnet, daß jeder, der in den Kurmainzer Justizdienst eintreten will, wenigstens zwei Jahre lang Jurisprudenz an den Kurfürstlichen Universitäten Mainz oder Erfurt studiert haben muß. Absolventen dieser beiden Universitäten ist eine weitere

1768 September 27

No 216

Wir Emmerich Joseph von Gottes Gnaden des Heiligen Stuhls zu Maynz Erz-Bischoff, des Heiligen Römischen Reichs durch Germanien Erz-Canzlar und Churfürst, Bischoff zu Worms rc. rc.

Unter denen vielfältigen Gegenständen Unserer Landes-Fürstlichen Sorgfalt, wormit Wir das Wohl Unserer gesammten Staaten umfassen, kennen Wir kaum einen so wichtigen, und Unserer Landes Vätterlichen Aufmercksamkeit insbesonders so würdig, als jenen, welcher sich auf die Erweiterung deren Wissenschaften in Unseren Chur-Landen beziehet. Der so wesentliche Einfluß, den eben diese Wissenschaften und ihre ohnabfällige Blüthe in die allgemeine Wohlfahrt eines Staats haben, hat bey Uns dahero die Entschließung erwecket, alle Maaßregulen anzugehen, wodurch künftighin die Freye Künsten in Unserem Churthum belebet, in eine gedeyliche Aufnahm gebracht, und auf eine eben so dauerhafte Art bevestiget werden mögen.

In dieser auf das Beste Unserer getreuen Unterthanen gegründeten Absicht werden Wir seiner Zeit annoch die vorzüglichste dahin geeignete Vorkehren bekannt machen lassen; Dermahlen aber verordnen Wir nur andurch einsweilen gnädigst,

1mò. Daß, so viel die mit dem Justitz-Wesen verknüpfte Land-Bedienungen in Unserem Churthum, auch die Procuraturen in denen Städten angehet, niemand hinführo, wann er auch schon in denen Examinibus tüchtig befunden werde, zu diesen Diensten gelangen solle, es seye dann, daß er ein glaubhaftes Zeugnuß beybringen könne, seine Jura wenigstens auch auf einer Unserer Churfürstlichen Universitäten es seye zu Maynz oder zu Erfurt, zwey Jahren hindurch erlernet zu haben.

2dò. Solle von nun an bey Unseren Gerichts-Stellen in all-Unseren Landen niemanden eine Advocatur mehr zu theil werden, welcher nicht auf einer Unserer zwey Universitäten Gradum Academicum vorhero genommen hat.

3tiò. Wird zur Erlangung einer Raths- oder Assessorats-Stelle bey einem Unserer Civil-Gerichten, und auf deren Gelehrten Bäncken niemand in Zukunft, als denen, welche auf Unseren Universitäten vorhero graduiret worden, leichtlich der Weg offen stehen, und diesen allemal vor anderen in der Concurrenz der Vorzug gestattet werden. Eben diesen Vorzug sind Wir

4tò. Ferners entschlossen, auch bey Begebung Unserer Landes-Bedienungen denen Graduatis gnädigst angedeyen zu lassen, und diese annebens auf den Fall, wo sie einen dergleichen Dienst auf dem Land erhalten, von der ansonst üblich gewesenen nochmahligen Prüffung auf Unserer nachgesetzten Landes-Regierung in so weit zu erledigen, daß sie, ausser so viel die Praxin, die Gegenstände der Policey, und Landes-Oeconomie anbelanget, ein weiteres Examen daselbsten nicht zu erstehen haben sollen.

5tò. Haben Wir den vesten Entschluß gefasset, keinem, welcher sich würcklich noch denen Studiis widmet, eine Stelle auf Unseren Churfürstlichen Regierungen, es seye zu Maynz, zu Erfurt, oder in dem Eichsfelder Staat, künftighin zu conferiren, es seye dann, daß er glaubhaft bescheinigen könne, nicht nur auf einer Unserer Churfürstlichen Universitäten in denen Privat-Collegiis dem allda angeordneten besonderen Studio des Staats-Rechts obgelegen, sondern auch zugleich einige deren nützlichen Wissenschaften, besonders die Historie, Statistic, Geographie, Diplomatic, das Münzweesen, und dergleichen, mit gehörigem Eyfer allda erlernet zu haben.

Alle demnach, welche auf eine- oder die andere Weiß künftighin ihre Versorgung in Unseren Churfürstlichen Landen zu finden, die Hofnung sich machen wollen, haben nach dieser vorstehenden Unserer Verordnung, in welcher Wir jedoch nach Gestalt deren Umständen, jezuweil zu dispensiren Uns vorbehalten, auf das genaueste ihre Richtmaaß zu nehmen, und durch die Anwendung des gehörigen Fleißes sowohl, als die Erweiterung ihrer Kanntnußen in denen Wissenschaften jene Landesherrliche Absicht zu erfüllen, von der Wir Uns die Ihr gleichförmige gedeyliche Früchten billig versprechen können. Zu jedermanns Nachricht ist mithin diese Unsere Landes-Vätterliche Verordnung nicht nur ad Valvas Universitatum offentlich anzuschlagen, sondern auch in allen Privat-Häuseren deren Professorum zu affigiren, und von diesen allemal bey dem Anfang ihrer jährlichen Vorlesungen denen sich einfindenden Candidatis vorlesen zu lassen. Signatum unter hiebey gedrucktem Unserem Geheimen Cantzley-Insiegel. Aschaffenburg den 27ten Septembris 1768.

Emmerich Joseph Churfürst mppr.

Kat. Nr. F 93

Prüfung durch die Landesregierung erlassen. Jeder, der eine Stelle bei den Regierungen in Mainz, Erfurt oder auf dem Eichsfeld antritt, soll außer Staatsrecht auch einige der »nützlichen Wissenschaften«, wie »Historie, Statistic, Geographie, Diplomatic, das Münzwesen« und dergleichen, studiert haben.
Kurfürst Friedrich Karl Josef von Erthal erließ am 18. März 1776 eine gleichlautende Verordnung.

Literatur: Goldschmidt.

F 94
Carl Theodor Kämmerer von Worms genannt von Dalberg (1744–1817), Statthalter in Erfurt (1772–1802)

Porträt
Brustbild
Kupferstich von F. Müller nach einem Gemälde von F. Tischbein, 25 x 19 cm

Mainz, StadtA, BPS, V D 11 f.

Karl Theodor Anton Maria Kämmerer von Worms genannt Freiherr von Dalberg wurde 1744 geboren, 1768 Domkapitular in Mainz, 1787 Koadjutor daselbst, 1799 Bischof von Konstanz, 1802 Erzbischof und Kurfürst von (Rest-)Mainz, Bischof von Worms, 1804 Bischof von Regensburg, 1806 Fürstprimas, 1810 bis 1813 Großherzog von Frankfurt. Er starb 1817 als Diözesanbischof von Regensburg.
Am 5. April 1771 ernannte Kurfürst Emmerich Josef den jungen Geheimrat und Generalvikar, dessen Aufstieg im Staatsdienst er aufmerksam gefördert hatte, zum Statthalter in Erfurt. Aber erst Anfang Oktober 1772 traf dieser in der Stadt an der Gera ein. Schon die Nominierung hatten die Erfurter enthusiastisch begrüßt. Die Hoffnungen, die sie in den neuen Statthalter setzten, nach den kurzen Amtszeiten der wenig bedeutenden Vorgänger, waren groß, und sie sollten sich erfüllen.

Wenn man bedenkt, daß die Mainzer Politik, die ihren Ausdruck in den Instruktionen fand, die Entfaltungsmöglichkeiten der Statthalter eng begrenzte, dann hat Dalberg seine Möglichkeiten bis über die Grenzen hinaus genutzt. In bezug auf sein eigenständiges Handeln hob er sich in der Tat von allen seinen Vorgängern ab. Seine volle Aufmerksamkeit richtete Dalberg zunächst auf das Bildungswesen. 1773 gründete er eine Lateinschule, ein Jahr später das katholische Gymnasium. Aber auch unabhängig von der vorübergehenden Trendwende, die sich mit dem Regierungsantritt des von der konservativen Mehrheit des Mainzer Domkapitels gewählten Kurfürsten Friedrich Karl Josef von Erthal 1774 anbahnte, kam das Schulwesen nicht so recht in Schwung. Ähnliches gilt für die Universität. Wieland, auf dem die Hoffnungen ruhten und der 1769 berufen worden war, ging bereits im Sommer 1772 als Prinzenerzieher nach Weimar und war nicht zur Rückkehr zu bewegen.

Dagegen war der Aufmerksamkeit, die Dalberg dem kümmerlichen Leben der Akademie zuwandte, Erfolg beschieden. 1776 legte er ein neues Organisationspatent vor. Regelmäßige Sitzungen, die Vergabe von Preisfragen, der interdisziplinäre Charakter der Akademie machten sie zum Anziehungspunkt für Gelehrte von internationalem Rang. Der Statthalter selbst legte einige Arbeiten vor, darunter auch eine über den im Aufblühen begriffenen Erfurter Gartenbau. Wilhelm von Humboldt, Schiller, Herder und später Goethe verliehen der Akademie Glanz.

Dalbergs eigenste Schöpfung aber waren die Assembleen, zu denen er seit dem Winter 1785/86 dienstags die Erfurter Gesellschaft – Handwerker, Kaufleute, Beamte, Gelehrte und Künstler – und auswärtige Gäste in der Statthalterei versammelte. Zu den regelmäßigen Teilnehmern gehörten der Regierungsrat und Präsident der Akademie, von Dacheröden, Wieland, Herder, Schiller, Goethe und der Herzog Karl August. Wilhelm von Humboldt lernte hier seine spätere Frau, Karoline von Dacheröden, kennen. Sie war eine glühende Verehrerin Dalbergs. Ihre Freundin war Charlotte von Lengefeld, die spätere Frau Schillers.

Nicht gering anzuschlagen sind Dalbergs sozialpolitische Maßnahmen, die Hebung des Lebensstandards und der Lebensqualität, die Gründung eines Leihhauses, eines Obdachlosenasyls, einer Armenkommission oder der Aufbau von Manufakturen. Viele dieser Maßnahmen waren allerdings keine Schöpfungen Dalbergs für Erfurt, sondern wurden von Mainz aus für den gesamten Kurstaat erlassen, wie die Gründung des Hebammeninstituts oder die Feuerassekuranz.
Die Regierungsräte von Dacheröden und Bellmont waren Mitarbeiter, auf die sich Dalberg verlassen konnte. Bellmont war sein Stellvertreter, der für Kontinuität sorgte, wenn Dalberg wegen der sich mehrenden Aufgaben, insbesondere nach seiner Wahl zum Koadjutor Erthals, von Erfurt abwesend war.
Erthal verstand sich mit seinem Erfurter Statthalter denkbar schlecht. Er hielt ihn von der großen Politik fern und behinderte seine Arbeit.

Niemand konnte ahnen, daß Dalberg der letzte Kurmainzer Statthalter sein würde, als er 1772 in Erfurt ankam. Mit der Französischen Revolution zogen indessen dunkle Wolken am Horizont auf. Im Herbst 1792 besetzten französische Revolutionstruppen die linksrheinischen Teile des Kurstaates mit der Residenzstadt Mainz. Die Mainzer Republik etablierte sich. Erthal floh nach Erfurt, das zeitweise Kurmainzer Residenz war. Im Mai 1802 war Dalberg letztmals in Erfurt, im August 1802 zogen die Preußen ein. Ein Jahr später gab es den Kurstaat Mainz nicht mehr.
Dalbergs weiteres politisches Schicksal, sein tragisches Scheitern als Anhänger Napoleons, sind nicht mehr Gegenstand dieser Beschreibung. Seine Persönlichkeit ist schwer zu fixieren. Er gewann die Menschen durch den Zauber seiner Persönlichkeit, wenn ihn einige auch für sehr katholisch hielten. Dort, wo ihm freie Hand gelassen war, als Statthalter in Erfurt, als Fürstprimas

und als Großherzog von Frankfurt, hat er Reformen in Gang gesetzt und manches Gute für die Menschen bewirkt. Erfolg hatte er mit seiner Verwaltungsarbeit. Gescheitert ist er in der großen Politik. Der ältere Dalberg wollte dem Zeitgeist gerecht werden, aber mit Mitteln, die diesem nicht mehr entsprachen. Seine idealistische, von Dilettantismus nicht freie Auffassung verstellte ihm gelegentlich den freien Blick.
Aber dies trifft im wesentlichen auf die späteren Jahre zu. In Erfurt hat Dalberg mit Tatkraft regiert. Und er hat die Erfurter geliebt. Sein vielgebrauchter Satz »In Erfurt ist gut wohnen« waren keine leeren Worte. Die Erfurter haben ihm seine Haltung durch große Anhänglichkeit vergolten und sein Andenken bis heute in hohen Ehren gehalten. Der Dalbergsweg erinnert an den letzten Kurmainzer Statthalter in Erfurt. Die Assembleen sollen wieder eingeführt, die Akademie neu gegründet werden.

Literatur: Beaulieu-Marconnay. Beyer, Neue Chronik. Blaha, Kurmainz. absol. Herrsch. Falck, Nachfolger, S. 99 f. Griebel, Schiller. Griebel, Goethe. Gutsche, Begründer. Jürgensmeier, Bistum, S. 244–259. Kiefer. Kleineidam, Universitas IV. Kundler. Oergel, Akademie. Overmann, Erfurt. Overmann, Dalberg. Rob. Patze, Erfurt. Schwarz. Tümmler, Kurmainz. Thüringen. Tümmler, Zeit Carl Augusts. Tümmler, Carl August.

F 95

»Mein Zweck ist, das Wohl des Erfurter Stats zu beförderen«

Denkschrift Dalbergs für den Kurfürsten Emmerich Josef vor seinem Amtsantritt als Statthalter in Erfurt: »Nota: Die anzutrettende Erfurter Statthalter-Stelle betreffendt«, mit Reskript des Kurfürsten.

Undatiert, 1772. Reskript des Kurfürsten vom 12. September 1772

7 Seiten

Magdeburg, LHA Sachsen-Anhalt, Rep. A 37 b I, Abt. II, Tit. II, Nr. 20, fol. 12–15
Fotovorlage: LHA Magdeburg

Dalbergs Gedanken über sein »Regierungsprogramm« sind recht allgemein gehalten: Den Zweck seiner Tätigkeit sieht er im Wohl des Erfurter Staates, in der Mehrung des kurfürstlichen Vertrauens. Er möchte zunächst Kenntnisse über die Erfurter Verhältnisse und die Beamtenschaft erwerben, wo nötig erhalten oder verbessern. Sein hauptsächliches Bemühen möchte er dahin verwenden, den »Nahrungs-Standt« der Untertanen zu verbessern, in die Justiz Ordnung und Beschleunigung zu bringen, die Universität auf einen bleibenden Stand zu bringen, den »Gährungen und elenden Schwätzereyen« ein Ende zu bereiten, in dem Kammerwesen Sparsamkeit und Ordnung einführen. Konkreter wird er in Einzelfragen: Er wird dem Kurfürsten praktische Vorschläge machen und unerschrocken Hindernisse aus dem Weg räumen. In einzelne Gegenstände des Alltags wird er sich nicht einmischen, er wird aber ein wachsames Auge haben, daß jeder seinen Instruktionen gemäß arbeitet. Sollte die Abänderung von Gesetzen neue Verordnungen erfordern, wird er seine Meinung vortragen. Wenn er den Schutz des Kurfürsten genießt und die genannten Grundsätze ohne Leidenschaft, Vorurteile und Nachgiebigkeit ausüben kann, wird die »Machine« von selbst den gewünschten Zweck erzielen.
Da ihm vor allem das Vertrauen des Kurfürsten wichtig ist, bittet er ihn, ihm alle Beschwerden mitzuteilen. Wo er fehlen wird, übernimmt er die Strafe. Wenn, wie bisher, angesehene, aber unbefugte Personen in Mainz Erfurter Einrichtungen verleumden, wird er öffentliche Genugtuung verlangen. Er bittet, immer nach Mainz kommen zu dürfen, wenn eine mündliche Aufklärung erforderlich ist.
Wird ihm der Kurfürst alle diese Bitten gestatten, werden alle »Gährungen und Schwätzereien« in Kürze aufhören, zumal er ohne Rücksicht nur das Wohl der Sache im Auge hat.
Dalberg bittet schließlich um die Anstellung des ihm vertrauten Thomas Fischer als Regierungsrat in Erfurt. In seinem Reskript ließ der Kurfürst mitteilen, er sei mit den Ausführungen Dalbergs gänzlich einverstanden und wolle, daß sich künftig danach gerichtet werde. Die Bittschrift Fischers solle allerdings vorerst auf sich beruhen.

Druck: Beaulieu-Marconnay I, S. 13–16.

F 96

Friedrich Karl Josef von Erthal (geb. 1719), Kurfürst und Erzbischof von Mainz (1774–1802), Fürstbischof von Worms

Porträt

Kupferstich von Georg Joseph Cöntgen, 50,5 x 37,5 cm

Mainz, StadtA, BPS V E 70 b

Der mit dem Hermelinmantel bekleidete und mit dem Mainzer Domherrenkreuz geschmückte Kurfürst sitzt in einem Sessel und hält mit der Linken den Kurhut. Auf dem Tisch dahinter befinden sich zwei Mitren (Mainz und Worms) mit dem Pallium. Unter dem Rahmen ein sechszeiliger lateinischer, durch das Wappen Erthals geteilter Widmungsspruch Cöntgens.

Nach Johann Philipp von Schönborn war Erthal nach mehr als einem Jahrhundert der erste regierende Mainzer Kurfürst, der Erfurt besuchte. Erstmals weilte er vom 17. Mai bis Ende Juni 1777 dort. Zum Dank wurde der Obelisk auf dem Domplatz errichtet. Während der ersten Besetzung von Mainz weilte Erthal 1793 vom 19. März bis zum 2. April und vom 13. April bis zum 25. April in Erfurt, ebenso vom 27. September bis zum 2. Dezember 1795. Zur Kurmainzer Residenz wurde Erfurt während Erthals letztem Besuch, der vom 2. September 1800 bis zum 18. Mai 1801 dauerte. Am 25. Juli 1802 starb der Kurfürst im 83. Lebensjahr in Aschaffenburg.

Beyer hebt in seiner Neuen Chronik die Anhänglichkeit und Verehrung der Erfurter für ihren Landesherrn hervor; der Republikaner Rebmann äußert sich aus der Sicht des Jakobiners kritisch über das Auftreten Erthals in Erfurt und beschreibt die abweisende Haltung der Bevölkerung.

Literatur: Beyer, Neue Chronik, S. 179–184, 253–262, 282 f., 293–299. Falck, Nachfolger, S. 100 f. Jürgensmeier, Bistum, S. 249 bis 259. Rebmann, Verfolgung (vgl. Exponat 116).

F 97

»Die Sonne vertreibt die Finsternis«

Medaille auf den Besuch des Kurfürsten Friedrich Karl Josef von Erthal in Erfurt, 1777

Kupfer, 4,7 cm Durchmesser
Mainz, StadtA, Münzkabinett Lade 261/4/3
Foto: Dipl.-Designer Jürgen Hölzer, Mainz

Vorderseite: Brustbild des Kurfürsten nach rechts.
Umschrift:
FRIDERICVS CAROLVS IOSEPHUS D(ei) G(ratia) A(rchi) E(piscopus) M(oguntini) S(acri) R(omani) I(mperii) P(er) G(ermaniam) A(rchi) C(ancellarius), P(rinceps) E(lector), E(piscopus) W(ormatiensis).
Rückseite: Stadtansicht von Erfurt mit aufgehender Sonne.
Umschrift:
ORIENTES DISSIPAT VMBRAS (Die Sonne vertreibt die Finsternis).
Unter der Stadtansicht: PRAESENTIA ELECT(oris) MOG(untini) FRID(erici) CAROL(i) IOSEPHI / ERFORDIAE / MDCCLXXVII (Anwesenheit des Mainzer Kurfürsten Friedrich Karl Joseph in Erfurt, 1777)

Literatur: Beyer, Neue Chronik, S. 180–184. Overmann, Erfurt, S. 304.

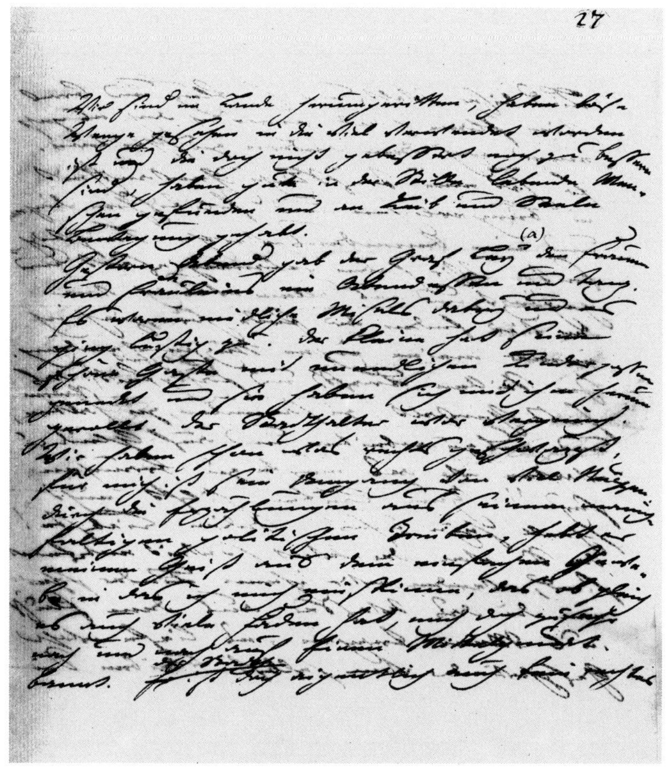

F 98

Goethe und Dalberg

Johann Wolfgang von Goethe an Charlotte von Stein: Charakterisierung Dalbergs

Erfurt 1780 Mai 5

Ausfertigung

3 Blatt

Weimar, Goethe- und SchillerA
Fotovorlage: Goethe- und SchillerA Weimar

Zu Goethes Aufgaben als Regierungsbeamter in Weimar gehörte auch die Aufsicht über die Straßen und Wege. Nach einem Tagebucheintrag vom 2. Mai 1780 galt seine Fahrt nach Erfurt der Inspektion der Straßen. Goethe nimmt in seinem Brief Bezug darauf, schildert eine Abendgesellschaft, die Graf Philipp von der Leyen, Dalbergs junger Neffe, in der Statthalterei gegeben hatte. Goethe fährt dann fort:
»Der Stadthalter war vergnügt. Wir haben schon was rechts geschwäzzt, für mich ist sein Umgang von viel Nuzzen. Durch die Erzählungen aus seinem mannigfaltigen politischen Treiben hebt er meinen Geist aus dem einfachen Gewebe in das ich mich einspinne, das obgleich es auch viele Fäden hat, mich doch zu sehr nach und nach auf Einen Mittelpunkt bannt. Der Stadth(alter) ist doch eigentlich auch kein rechtes Kind dieser Welt, und so ruhig und brav seine Plane sind, fürcht ich doch es geht einer nach dem andren zu scheitern. Er hat eine treffliche Gewandtheit in bürgerlichen und Politischen Dingen«.
Rückschauend beeindruckt vor allem Goethes hellsichtige Charakterisierung Dalbergs und seiner Zukunftspläne, die bei aller freundschaftlichen Zuneigung und Bewunderung die Schatten und Gefahren nicht übersah.
In seinen Schriften zur Botanik äußerte Goethe später über den Statthalter: ». . . wenn man sich auch seine Vorstellungsart im ganzen nicht zueignen konnte, so fand man ihn doch im einzelnen jederzeit geistreich überhelfend. Bei aller wissenschaftlichen Arbeit bin ich ihm schuldig geworden«.

Druck: Goethe, Hamburger Ausgabe, Briefe Bd. 1 Nr. 229.
Literatur: Beaulieu-Marconnay I, S. 51 f. Griebel, Goethe. Overmann, Erfurt, S. 322. Overmann, Dalberg.

F 99

Ernst Ludwig Wilhelm von Dacheröden (1764–1806)

Porträt, Halle 1788

Kupferstich von Berol nach J. B. Siegling, Erfurt
17 x 11 cm
Mainz, StadtA, vorl. BPS 2440

Dacheröden war Jurist und Verfasser eines Werkes über die Reichsdörfer, Hof- und Regierungsrat in Erfurt, Kurmainzischer Kammerherr, Domherr zu

Naumburg, Mitglied der Kurmainzischen Akademie der Wissenschaften zu Erfurt.
Ernst Ludwig Wilhelm von Dacheröden, Sohn des Akademiedirektors und Vertrauten Dalbergs, Karl Friedrich von Dacheröden, war der Bruder der Karoline von Dacheröden und damit Schwager Wilhelm von Humboldts. Durch Karoline lernte Schiller Charlotte von Lengefeld kennen, mit der er sich im Dacherödeschen Haus verlobte.

Literatur: Blaha, Kurmainz. absol. Herrsch., S. 174–177. Oergel, Akademie, S. 174. Griebel, Goethe. Griebel, Schiller. Kiefer.

F 100
Der Erthal-Obelisk auf dem Erfurter Domplatz

Farbaufnahme: Dr. Franz Dumont, Mainz, 1990

Der Obelisk wurde zur Erinnerung an den Besuch des Kurfürsten in Erfurt 1777 errichtet.
Die Inschrift lautet:
»Dem. Besten. Vater. Des. Landes.
Friedrich, Karl, Joseph
des heil. Stuhls zu Mainz Erzbischof
des heil. röm. Reichs durch Germanien Erzkanzler und Kurfürst
Auch Fürst und Bischof Worms etc. etc.
geboren den 3ten Jänner 1719, erwählet den 18ten Jul. 1774
In höchst eigener Person gegenwärtig in Erfurt
den 17ten Mai 1777.
Dieses Denkmal haben zu ewigen Gedächtniss aus tiefst. gebührender Dankbarkeit der höchst gnädigen huldreichsten Gegenwart Seiner Kurfürstlichen Gnaden errichtet die treuen Unterthanen hiesiger Stadt Erfurt«.
Für den Bau des Denkmals wurde eine Kollekte erhoben. Dabei kamen 858 Taler zusammen, während die Ausgaben 1120 Taler betrugen.

Literatur: Herrmann, Bibliotheca, S. 411 Nr. 64. Beyer, Neue Chronik, S. 183.

F 101
Kurfürstlich Mainzische Verordnung über die Anlage und Unterhaltung von Wegen und Straßen

Mainz 1770 Januar 3
Druck, 12 Seiten, 22 x 15 cm

Mainz, StadtA, LVO

F 102
Kurfürstlich Mainzische Feuerassekuranz-Ordnung

(Mainz) 1780 Juli 15
Druck, 24 Seiten, 29,5 x 21 cm

Mainz, StadtA, LVO

F 103

(Abb. S. 142)

»Wahre Tonkunst in Erfurt«

Joseph Martin Kraus (1756–1792)

Porträt, Öl auf Leinwand, 82 x 68 cm
Düsseldorf, Privatbesitz
Fotovorlage: Prof. Dr. Friedrich W. Riedel, Mainz (Aufnahme: Helmut Brosch, Buchen)

Joseph Martin Kraus stammte aus dem Kurmainzischen Odenwald, war lange Jahre Kapellmeister am Hof König Gustavs III. in Stockholm. Als Komponist und Musikästhet nimmt er einen anerkannten Rang ein. Seine Kompositionen umfassen die Gattungen der Kirchenmusik, der Kammermusik und der Theatermusik. Die Joseph-Martin-Kraus-Gesellschaft pflegt das Andenken an den Künstler, neue Schallplatten machen mit seinem Werk bekannt.
1773/75 studierte Kraus in Erfurt Jura. Gefördert von Dalberg, lernte er das reiche Musikleben der Stadt kennen. Als Organist an der Predigerkirche wirkte der Bachschüler Johann Christian Kittel, als Kantor an der Kaufmannskirche Georg Peter Weimar, ein Schüler von Carl Philipp Emmanuel Bach.
In einem Brief erklärte Kraus, erst in Erfurt habe er recht gelernt, was wahre Tonkunst sei. In Erfurt entstanden 1773 sein Miserere, sein Requiem und die ersten Sinfonien.

Literatur: Riedel.

F 104

Joseph Martin Kraus: Miserere

Beginn der Partitur mit der Notiz: »Ist von Herrn Joseph Kraus in Erfurt Anno 1773 componiret worden«

2 Blatt

Uppsala, Universitätsbibliothek
Fotovorlage: Prof. Dr. Friedrich W. Riedel, Mainz

F 105

Pedellenstelle am neuen Erfurter Pfandhaus

Karl Theodor von Dalberg an den Hofpfalzgrafen, Stadtgerichts-Assessor und Pfandamts-Deputatus Albert Raßkopf in Mainz

Mannheim 1785 März 12
Ausfertigung, eigenhändig

Mainz, StadtA, Briefsammlung Nr. 7

»Ew. Wohlgeb(oren)
können versichert seyn daß ich mit / Vergnügen mich vor einen so rechtschaffenen Mann wie Sie / sind verwende. Bereits vor 4 Wochen habe ich an / Weikard in ihrem Betref geschrieben. Am liebsten diene / ich meinen Freunden, wenn sie nichts davon wissen. / Ich bitte Friedrichen zu sagen daß ich wegen seiner / Anstellung bey dem Erfurter Pfandthauß sogleich / nach Erfurt geschrieben habe. Ich bin mit vie- / ler Hochachtung
Ew. Wohlgeb(oren)
M(annheim) den 12. Merz
1785

ergebenster Diener
C. Dalberg«

»Friedrichen« war Johann Friedrich, Pedell, Kleider- und Weißzeugtaxierer im Mainzer Pfandhaus. Er erhielt die Erfurter Stelle. Der Hof- und Staatskalender für das Jahr 1788 nennt ihn als Pedell, Kleider- und Weißzeugtaxator im Erfurter Pfandhaus.

F 106

(Abb. S. 143)

Carl Theodor von Dalberg (1744–1817)

Porträt in der Erfurter Universitätsmatrikel, 1784

Malerei auf Pergament, 27 x 20 cm

Erfurt, StadtA, 1 – 1/X B XIII/46, Bd. 5
Fotovorlage: StadtA Erfurt, Bildabteilung (Aufnahme: Christine Riesterer)

Das Brustbild zeigt den Statthalter zu Beginn seines Universitätsrektorats mit Bischofskreuz und Abzeichen des Mainzer Domkapitels. Im Hintergrund Mitra und Krummstab.

◁ Kat. Nr. F 103

Kat. Nr. F 106

F 107
»gut ists in Erfurt wohnen«

Verse aus dem Gedicht »An Erfurt« des Statthalters Carl Theodor von Dalberg, 1786
Erfurt, StadtA, 5/100 – 59

Der berühmte Chor dieses Gedichtes lautet:
»Wir lieben unsre Vaterstadt,
gut ist's in Erfurt wohnen.
Was allzeit uns erfreuet hat
sind weder Stolz noch Kronen.
Treues Herz, munt'rer Scherz,
Tugend, Liebe, sanfte Triebe,
schöne Flur und Natur
sind besser doch als Stolz und Kronen.
Wir lieben unsre Vaterstadt,
in Erfurt, in Erfurt ist gut wohnen.«
Das Gedicht wurde zum 8. Februar 1788 von dem gebürtigen Erfurter Organisten und Kapellmeister Häßler vertont.

Druck (des gesamten Gedichtes): Beyer, Neue Chronik, S. 199 bis 202.
Literaur: Brück, Häßler. Orth, Häßler. Overmann, Erfurt, S. 320 u. 334.

F 108
Ein Erfurter in Mainz: Ernst Xaver Turin (1738–1810)

Porträt

Kupferstich von K. M. Ernst nach Philipp Kiefer, 28 x 21,5 cm
Mainz, StadtA, BPS V T 92 a

Der Großvater Turins war 1694 von Como nach Erfurt gekommen, der Vater Dr. iur. Ignaz Turin war Advokat und Mitglied des Stadtrates. Der Bruder Adam Ignaz war Professor des Staatsrechtes und Rektor der Universität Erfurt.
Ernst Xaver Turin besuchte das Priesterseminar in Mainz (Priesterweihe vermutlich 1762), war Hofmeister und erhielt 1772 die Pfarrei St. Ignaz in Mainz. 1784 wurde er kurfürstlicher Schulinspektor und 1788 Fiskal am Geistlichen Gericht. 1803 bis 1806 war er Generalvikar.
Bekannt wurde Turin durch das von ihm verfaßte neue Gesangbuch, daß 1787 in der Erzdiözese eingeführt wurde und gegen das sich vor allem in Gemeinden mit langer Tradition Entrüstung erhob.

Literatur: Gottron.

F 109
Ein akademisches Ereignis

Promotion des Mathematikers Mathias Metternich aus Mainz am 24. April 1786 in Erfurt

Die Dissertation hatte das Thema: »De Frictione«

Erfurt, Wiss. Allgemeinbibliothek, Ei 290, 1786

Das Exemplar stammt aus der Privatbibliothek Dalbergs, die er den Erfurter Gymnasien vermachte. Wie der Eintrag im Einband besagt, wurde dieser Band dem Evangelischen Gymnasium zugesprochen.
Beyer, Neue Chronik, S. 198 schrieb über die Promotion Metternichs:

»Den 24. dieses Monats (April) war im sogenannten großen oder Anselmischen Collegio zu S. Michael eine philosophische Doktorpromotion. Seit 30 Jahren war keine gewesen. Der Promotus hieß Metternich, Professor der Philosophie und Mathematik auf der Akademie zu Mainz; der nämliche, der sich nachher zur Zeit der französischen Revolution als Clubbist durch seinen Feuereifer für das Freiheits- und Gleichheitssystem bekannt machte. Seine Dissertation handelte ›de Frictione‹. Promoviert wurde Metternich durch Ildephonsus Dunkelberg, OSB.«
Mathias Metternich (1747–1825) stammte aus dem Westerwald, kam als junger Mann nach Mainz und war seit 1776 Lehrer an Mainzer Schulen, studierte in Mainz und Göttingen und war seit 1785 Professor für Mathematik und Experimentalphysik an der Mainzer Universität. Er gehörte 1792 zu den Mitbegründern und führenden Mitgliedern des Mainzer Jakobinerklubs und war zeitweise dessen Präsident sowie Abgeordneter und Vizepräsident des Rheinisch-Deutschen Nationalkonvents. Das Schicksal wollte es, daß Metternich am 12. Februar 1794 als einer der 33 gefangenen Mainzer Jakobiner auf dem Petersberg in Erfurt inhaftiert und erst im Februar 1795 entlassen wurde.

Literatur: Beyer, Neue Chronik, S. 198 u. 265 f. Dumont, Nationalkonvent, S. 170 f. Kleineidam, Universitas IV, S. 216 u. 318.

F 110

Dalberg und Georg Forster

Carl Theodor von Dalberg an Georg Forster in Mainz

Erfurt 1789 Dezember 18

Ausfertigung, eigenhändig

Mainz, StadtA, Briefsammlung, Nr. 396

»Ihro Wohlgeb(oren)
Herrn Professor und Bibliotekar
H(err)n Forster
In Maynz

Wohlgebohrener Herr!
Die Briefe aus dem Italianischen lese ich mit großem Vergnügen: noch größere Freude gaben mir Ihre Kleine Schrifften: besonders der Aufsatz von Leckereyen wohrin Witz, Laune, Scharfsin und philosophie so glücklich vereinigt sind. Ich bin mit besonderer Hochachtung
Ew(er) Wohlgeb(oren)
Erfurt, den 18. Dec.
1789 ergebenster Dalberg«.

Druck: Briefe an Forster (Georg Forsters Werke, Bd. 18), Berlin (Ost) 1982, S. 377.

F 111

»Seit tausend Jahren ist Mainz die Schwester der Stadt Erfurt«

»Merkwürdige Schrift, welche die Mainzer Bürgerschaft Sr. Kurfürstlichen Gnaden von Mainz am 10ten August 1793 durch eine eigends abgeschickte Deputation zu Aschaffenburg hat überreichen lassen, nebst der von Ihro Kurfürstlichen Gnaden hierauf erfolgten höchstgnädigsten Antwort. Sodann die höchstmerkwürdige Schrift des Hochwürdigen Herrn Coadjutors von Dalberg, Statthalter zu Erfurt, welche Hochderselbe gleich nach der Einnahme von Mainz an die Erfurter erlassen hat«

(Mainz 1793), 4 Seiten

Mainz, Stadtbibliothek, Mog m : 4 °/24

Am 21. Oktober 1792 hatten französische Revolutionstruppen die Stadt Mainz eingenommen. Zwei Tage später wurde der Jakobinerklub gegründet und am 19. November eine Zivilverwaltung für das besetzte Gebiet eingerichtet. Am 18. März 1793 hatte sich der Rheinisch-Deutsche Nationalkonvent konstituiert, der die Rheinisch-Deutsche Republik am selben Tag für unabhängig erklärte und am 21. März 1793 um den Anschluß der Republik an Frankreich ersuchte. Zu den führenden Vertretern der Mainzer Republik gehörten Georg Forster, dem Dalberg 1789 noch so freundlich für ihm übersandte Bücher gedankt hatte, und Mathias Metternich, der 1786 in Erfurt promoviert worden war.

Am 14. März begann die Belagerung der Stadt Mainz durch die deutschen Koalitionstruppen. Die Beschießung der Stadt schilderte Goethe in der Belagerung von Mainz (»unglückselig brennende Hauptstadt des Reiches«). Am 22. Juli kapitulierte die französische Besatzung. Zahlreiche Klubisten wurden inhaftiert.

In der Adresse an den Kurfürsten verurteilen die Mainzer Deputierten die revolutionären Ereignisse, versichern die Anhänglichkeit der Mainzer Bürgerschaft und bitten den Kurfürsten um Rückkehr in seine Residenzstadt. Erthal versicherte sie seiner Geneigtheit und versprach, bald nach Mainz zurückzukehren.

In seiner Adresse an die Erfurter beschwört Dalberg den historischen Zusammenhang zwischen Mainz und Erfurt, ermuntert die Erfurter zur Hilfe für die Residenz und fordert sie zum Dank für die Befreiung von den Franzosen auf.

Literatur: Dumont, Mainzer Republik.

F 112

Erfurt als Kurmainzer Residenz, 1793

Minister und Hofkanzler von Albini an die mit dem Kurfürsten in Erfurt weilende Kurfürstliche Regierung: Vorlage der Regierungsprotokolle an den Kurfürsten

Erfurt 1793 März 26

Ausfertigung
Mainz, StadtA, Briefsammlung Nr. 608

»Um die jetz wieder einzuschickende Regierungsprotokolle im Zusammenhange beßer beurtheilen zu können, so hat Kurf. Regierung dahier sämtliche Ihre bisher nicht eingeschickte Protokolle E(minentissimo) ehestens zur Einsicht vorzulegen.
Erfurt, d. 26ten Merz 1793
Frhr. v. Albini«

F 113

Franz Joseph Freiherr von Albini (1748–1816)

Kurmainzischer Minister und Hofkanzler seit 1790, Direktorialgesandter beim Reichstag, 1806 Statthalter von Regensburg, 1810 leitender Minister des Großherzogtums Frankfurt, 1815 in österreichischen Diensten

Porträt

Kupferstich, 16 x 11 cm

Mainz, StadtA, BPS V A 45 b

Nach der ersten Besetzung von Mainz begleitete Albini Erthal bei dessen Aufenthalten in Erfurt und hielt sich längere Zeit auf dem Eichsfeld auf. Mütterlicherseits stammte er von der Erfurter Juristenfamilie von Ludolf ab. Normalerweise fähig und energisch, verhielt er sich als Kurmainzer Delegierter auf dem Rastatter Kongreß von 1797 bis 1799 eher nachgiebig gegenüber Frankreich. Erfolglos protestierte er gegen die längst beschlossene Abtretung des linksrheinischen Mainzer Gebiets. Ebenfalls erfolglos blieb sein Einspruch bei der Reichsdeputation gegen die Okkupation Erfurts und des Eichsfeldes durch Preußen am 22. August 1802.

Literatur: NDB 1, S. 149. Gerlich II Nr. 92.

F 114

Kameo-Brosche mit Porträt des Statthalters Karl Theodor von Dalberg

Mainz, Landesmuseum, Inv. Nr. 77/29

F 115

Gefangenschaft Mainzer Jakobiner in der Zitadelle auf dem Erfurter Petersberg

Schreiben des Gefangenen Mathias Metternich an die Kurfürstliche Regierung in Mainz

Undatiert

4 Seiten

Würzburg, Bayer. StA, MRA Abt. 5, Mainzer Klubisten, Fasz. 175, fol. 11r–12v
Fotovorlage: StA Würzburg

Als Gegengeiseln der nach Frankreich verbrachten Geiseln wurden 1794 33 führende Mainzer Jakobiner nach Erfurt verbracht. Klagen über die schlechte Behandlung und Unterbringung waren häufig zu hören.
Zu den Gefangenen gehörte auch der Mathematiker Mathias Metternich, der 1786 in Erfurt zum Magister Artium promoviert worden war und sich nun in einem Schreiben an die Mainzer Regierung über seine Kerkerhaft beschwert. Wegen ungebührlichen Verhaltens erhielt er drei Tage verschärfte Haft bei Wasser und Brot.

Literatur: Beyer, Neue Chronik, S. 265 f. Dumont, Mainzer Republik.

F 116

Georg Friedrich Rebmann, die Französische Revolution und Erfurt

Georg Friedrich Rebmann, Vollständige Geschichte meiner Verfolgungen und meiner Leiden. Ein Beitrag zur Geschichte des deutschen Aristokratism. Nebst Tatsachen zur Regierung des jetzigen Kurfürsten von Mainz und politischen Wahrheiten, Amsterdam (= Altona) 1796. Faksimile-Ausgabe, Meisenheim/Glan o.J., 222 Seiten
Mainz, StadtA, Dienstbibliothek, 6267

Von 1794 bis 1796 hielt sich der Jurist und Journalist Georg Friedrich Rebmann (1768–1824) in Erfurt auf, wo er die ersten Nummern seiner Zeitschrift »Neues graues Ungeheuer« herausgab, nachdem er aus Dessau ausgewiesen worden war. Es war klar, daß die jakobinischen Schriften Aufsehen und Argwohn erregten und zur polizeilichen Untersuchung führten, der sich Rebmann durch die Flucht nach Paris entzog. Noch 1796 veröffentlichte er die »Geschichte meiner Verfolgungen«. Darin rechnet er scharf mit den Mainzer Zuständen, aber vor allem mit der Person und der Regierung des Kurfürsten Friedrich Karl Joseph von Erthal ab, den er mit beißendem Spott übergießt.
Dalberg, dem er seine Anerkennung nicht versagen kann und dessen Regierung er lobt, tadelt er, weil dieser nichts gegen die Klubistenverfolgungen getan und die »vollkommene Freiheit« von jeglicher Geistes-Inquisition nicht geschützt habe.
Nach 1798 wurde aus dem Jakobiner Rebmann der französische Justizbeamte, ausgerechnet in Mainz, wo er 1803 im Kurfürstlichen Schloß den Prozeß gegen den berüchtigten Schinderhannes Johannes Bückler führte.

Literatur: Blaha, Franz. Rev., S. 133 ff. Kawa, S. 215–313.

F 117

Dalberg über die Zukunft Erfurts

Carl Theodor von Dalberg an den Kurmainzer Minister und Hofkanzler Franz Josef von Albini

Erfurt 1802 Mai 1

Eigenhändig, 1 Blatt

Frankfurt/M., Bundesarchiv, Außenstelle, FN 1/11
Fotovorlage: Bundesarchiv Frankfurt

Der mit wechselnder Intensität von 1787 bis 1816 zwischen Dalberg und Albini geführte Briefwechsel verdichtete sich 1802 in besonderem Maß. Wahrscheinlich wollte Dalberg, der von Kurfürst Erthal über den Kriegsverlauf nicht informiert wurde, über Albini Kenntnisse gewinnen. In diesem Sinn sind auch die dem Brief beigefügten »Bemerkungen über die Kurmainzische Provinz Erfurt« zu verstehen. (Vgl. folgendes Exponat.)
». . . mit vollem Vertrauen empfehl ich meinen *herzlichsten Wunsch:* das *Wohl* der *Erfurter.* 30 Jahre, meine beste Lebenszeit bracht ich hier zu, kenne und liebe dies gute Völckchen und wünsche, daß es ihm auch dann gut gehe, wenn es dem Erzstift Maynz gegen andre Entschädigungen entrissen werden sollte. Aus

diesem Gedanken entstunden anliegende Bemerkungen«.

Druck: Gerlich I Nr. 83.

F 118
»Ohnmaßgebliche Bemerkungen über die Kurmainzische Provinz Erfurt in Beziehung auf gegenwärtige politische Verhältniße«

Gedanken Dalbergs über die Zukunft Erfurts. Beilage zu seinem Schreiben an den Kurmainzer Minister von Albini (s. voriges Exponat)

Erfurt 1802 Mai 1

Eigenhändig

Frankfurt/M., Bundesarchiv, Außenstelle, FN 1/11
Fotovorlage: Bundesarchiv Frankfurt

In neun Paragraphen nennt Dalberg Bedingungen für den Übergang Erfurts an einen anderen Staat:
Die Erfurter wollen keinem anderen Staat zugeteilt werden. Näher am Rhein-Main-Gebiet gelegene Besitzungen brächten dem Kurstaat manche Vorteile, andererseits ist das Erfurter Gebiet fruchtbar, »der National-Caracter der Inwohner bieder, geistvoll und thätig«, so daß der Verbleib Erfurts beim Kurstaat zu wünschen ist. Ein Nachfolgestaat muß in alle Pflichten und Rechte des Vorgängers eintreten, geschlossene Verträge einhalten, die Institutionen der katholischen Kirche anerkennen.
Paragraph 6 lautet: »Das Erfurtische Gebiet enthaltet 12 Quadrat-Meilen, die Stadt Erfurt, die Klein-Stadt Sömmerda mit 72 Dörfern. Die Bevölkerung in der Stadt ist 17 000 Seelen stark, auf dem Land rechnet man 23 000, im Ganzen Vierzig Tausend Seelen. Der Boden ist fruchtbar, der Geist der Bewohner betriebsam, ihre Gesinnungen bieder und freymüthig, der Feldbau trefflich, die Fabriquen blühend, die Lage angenehm; von 180 000 Morgen Feld sind nur 8000 Morgen Wald, das übrige dem Garten-, Gewürz- und Getreidbau gewidmet. Der Staats-Ertrag ist im ganzen jährlich ungefehr 130 000 Thaler. Sollte Kur-Mainz diese schöne Provinz verlieren, so könnte sie wenigstens mit recht auf einen Ersatz von Land und Leute von verhältnißmäßigem Werth machen« (d. h. hoffen).
Anfang Mai 1802 reiste Dalberg nach Meersburg. Als Statthalter sollte er Erfurt nicht mehr wiedersehen. Allerdings weilte er noch einmal als Gast dort: als Teilnehmer am Fürstenkongreß von 1808.

Druck (inhaltliche Wiedergabe): Gerlich I Nr. 84.

F 119
»Die guten Erfurter liegen mir sehr am Herzen«

Carl Theodor von Dalberg an den Kurmainzer Minister Franz Josef von Albini

Meersburg 1802 Juni 26

Eigenhändig, Ausfertigung, 1 Blatt

Frankfurt/M., Bundesarchiv, Außenstelle, FN 1/11
Fotovorlage: Bundesarchiv Frankfurt

Wehmütig und offensichtlich nicht gut informiert über den Stand der Dinge bringt Dalberg Albini gegenüber noch einmal Erfurt zur Sprache:
»In Erfüllung meiner Pflichten bin ich ruhig in meinem Gemüth und folge dem standhaften Vorbild des Kurfürsten. Die guten Erfurter liegen mir sehr am Herzen, doch liegen meine Wünsche in guten Händen«.

Druck (Inhaltsangabe mit teilweisem Textabdruck): Gerlich I Nr. 82.

F 120
Erfurt beim Übergang von der Mainzer an die preußische Herrschaft

»Allgemeine Beschreibung des Gebiets der Stadt Erfurt in Hinsicht seiner Lage, seiner Eintheilung usw.«

Undatiert, 1802

3 Blatt

Erfurt, StadtA, 1 – 1/XVIII a 53, fol. 13–16

Bei der Eingliederung in den preußischen Staat umfaßte die Stadt Erfurt und das Landgebiet 595 Quadratkilometer mit der Stadt Sömmerda, 72 Dörfer mit vier Schlössern, drei Marktflecken mit insgesamt 42 208 Einwohnern, davon rund 75 Prozent protestantisch. Die ehemaligen Mainzer Küchendörfer Witterda, Neufriedrichsdorf, Hochheim, Melchendorf, Dittelstedt und Daberstedt waren nach wie vor fast ausschließlich katholisch.

Literatur: Blaha, Franz. Rev., S. 188.

F 121
Preußen ergreift Besitz von Erfurt

»Königlich-Preußisches Patent an die sämmtlichen geistlichen und weltlichen Stände und Einwohner der Stadt und des Gebiets Erfurt nebst Unter-Gleichen«

Königsberg 1802 Juni 6

Druck, 3 Blatt

Erfurt, StadtA, 3/011 – 0, Bl. 2 f.
Fotovorlage: StadtA Erfurt, Bildabteilung (Aufnahme: Christine Riesterer)

Mit dem Frieden von Lunéville 1801 hatte Frankreich das bereits besetzte linke Rheinufer annektiert. Der preußisch-französische Vertrag vom 23. Mai 1802 sicherte Preußen Entschädigung zu. So erhielt es das Kurmainzische Erfurt und das Kurmainzische Eichsfeld sowie die freien Reichsstädte Mühlhausen und Nordhausen.
Als Preußen den Erfurtern am 6. Juni 1802 das Besitzergreifungs-Patent ausstellte, hatten diese vom Ende der Kurmainzer Herrschaft nur gerüchteweise gehört. Wahrscheinlich waren die Mainzer Behörden selbst nicht genau über den bevorstehenden Besitzwechsel informiert. Noch Mitte Juli forderten sie die Bürger auf, Schwätzereien darüber zu vermeiden. Da die Mainzer und die Kaiserliche Garnison noch nicht abgezogen waren, verzögerte sich der Einmarsch der Preußen. Erst am 20. August 1802 ließen die Behörden ein Patent anschlagen, das den Einzug der preußischen Truppen für den folgenden Tag ankündigte. Die kurmainzischen Beamten blieben in preußischen Diensten.

Literatur: Blaha, Franz. Rev., S. 185 f.

F 122
Das Mainzer Rad an der Gera: Standarte des Kurfürsten und ehemaligen Erfurter Statthalters Anselm Franz von Ingelheim

Das mit den Insignien der weltlichen und geistlichen Macht bestickte Wappen des Kurfürsten auf beigefarbener Seide. Die Aufschrift lautet: »Dextra Domini exalta me« (»Zur Rechten des Herrn richte mich auf«).

70 x 60 cm

Erfurt, Stadthistorisches Museum

Die Jahreszahl 1688 erinnert an den Aufenthalt des Kurfürsten in Erfurt, als er im Pfälzischen Erbfolgekrieg vor den Franzosen aus seiner Residenzstadt Mainz weichen mußte.

Literatur: Falck, Nachfolger, S. 96 f. Orth, Wappen, S. 198.

Gedruckte Quellen

Beyer, Constantin: Neue Chronik von Erfurt oder Erzählung alles dessen, was sich vom Jahr 1736 bis zum Jahr 1815 in Erfurt Denkwürdiges ereignete, Erfurt 1821.

Beyer, Constantin: Nachträge zu der neuen Chronik von Erfurt vom Jahr 1736 bis 1815, Erfurt 1823.

Dominikus, M. Jacob: Erfurt und das Erfurtische Gebiet. Nach geographischen, physischen, statistischen, politischen und geschichtlichen Verhältnissen, 2 Teile, Gotha 1793.

Das jetztlebende Erfurt. Oder Beschreibung Derer anjetzo daselbst sich befindenden hohen und niederen Standes-Persohnen, Erfurt 1703 (Erfurter Neudrucke 1, 1927).

Falckenstein, Johann Heinrich von: Thüringische Chronica. Oder vollständige Alt-, Mittel- und Neue Historie von Thüringen, 2 Teile, Erfurt 1738.

Falckenstein, Johann Heinrich von: Historia critica. Oder vollständige Alt-, Mittel- und Neue Historie von Erffurth, 2 Teile, Erfurt 1739.

Gudenus, Johann Moritz: Historia Erfurtensis. Ab urbe condita ad reductam, Libri IV, Duderstadt 1675.

Gudenus, Valentin Ferdinand von: Codex Diplomaticus, Bd. 1 und 2 Göttingen 1743 und 1747, Bd. 3–5 Frankfurt/M. und Leipzig 1751, 1758 und 1768.

Joannis, Georg Christian: Rerum Moguntiacarum, 3 Bände, Frankfurt/M. 1722–1727.

Moser, Johann Jacob: Einleitung in das Kurfürstlich Maynzische Staats-Recht, Frankfurt/M. 1755.

Chur-Mayntzischer Stands- (Hof-) und Staats-Kalender, 1740 bis 1792.

(Severus, Johann Sebastian), Memoria Propontificum Moguntinorum, Wertheim/M. 1763.

Würdtwein, Stephan Alexander: Nova Subsidia Diplomatica Juris Ecclesiastici Germaniae et Historiarum Capita Elucidanda, Bd. 1–14, Heidelberg 1781–1792.

Abgekürzt zitierte Literatur

Zeitschriften und Reihen:

AHG: Archiv für Hessische Geschichte
AmrhKG: Archiv für mittelrheinische Kirchengeschichte
GL: Geschichtliche Landeskunde
KDM Prov. Sachsen: Kunstdenkmale der Provinz Sachsen
Mitt.: Mitteilungen des Vereins für die Geschichte und Altertumskunde von Erfurt
MGH: Monumenta Germaniae Historica
NDB: Neue Deutsche Biographie
Mz. Zts.: Mainzer Zeitschrift
QAmrhKG: Quellen und Abhandlungen zur mittelrheinischen Kirchengeschichte
ZRG, G.A.: Zeitschrift der Savigny-Stiftung für Rechtsgeschichte, Germanische Abteilung

Altertumsmuseum: Aus Altertumsmuseum und Gemäldegalerie der Stadt Mainz, Mainz 1962.

Architekturführer: Architekturführer DDR, Bezirk Erfurt, Berlin (Ost) 1979.

Arens, Inschriften: Arens, Fritz Viktor: Die Inschriften der Stadt Mainz von frühmittelalterlicher Zeit bis 1650, Teil 1: Der Mainzer Dom (Die deutschen Inschriften 2), Stuttgart 1958.

Arens, Dom: Arens, Fritz: Der Dom zu Mainz, Darmstadt 1982.

Arens, Welsch: Arens, Fritz: Maximilian von Welsch (1671–1745). Ein Architekt der Schönbornbischöfe. Unter Verwendung eines Vortragstextes von Wolfgang Einsingbach (Schnell & Steiner Künstlerbibliothek), München/Zürich 1986.

Arndt: Arndt, G.: Die Kirchliche Baulast in dem ehemaligen Erfurtischen Gebiete, in: Mitt. 37 (1916), S. 1–84.

Beaulieu-Marconnay: Beaulieu-Marconnay, Karl Frh. v.: Karl v. Dalberg und seine Zeit. Zur Biographie und Charakteristik des Fürsten Primas. Weimar 1879.

Behr, Münzgeschichte I: Behr, Gerd: Kleine Erfurter Münzgeschichte des 11. und 12. Jahrhunderts, in: II. Bezirks-Münzausstellung zu Ehren des 25. Jahrestages der Gründung der SED. Erfurt vom 5.–13. Juni 1971, S. 3–16.

Behr, Münzgeschichte II: Behr, Gerd: Kleine Erfurter Münzgeschichte, Teil II: Vom Freizins und den Freipfennigen, in:

III. Bezirks-Münzausstellung zu Ehren der 1000-Jahr-Feier Heiligenstadts. Heilbad Heiligenstadt vom 26. Mai bis 3. Juni 1973 im Eichsfelder Hof, S. 38–54.

Benary, Vorgeschichte: Benary, Friedrich: Die Vorgeschichte der Erfurter Revolution von 1509. Ein Versuch. I: Bis zu den Friedensschlüssen vom Amorbach und Weimar, in: Mitt. 32 (1911), S. 1–129.

Benary, Erfurter Revolution: Benary, Friedrich: Über die Erfurter Revolution von 1509 und ihren Einfluß auf die Erfurter Geschichtsschreibung, in: Mitt. 33 (1912), S. 125–161.

Beyer: Urkundenbuch der Stadt Erfurt, bearb. v. Carl Beyer (Geschichtsquellen der Provinz Sachsen und angrenzender Gebiete 23 u. 24), 1. Teil: Halle 1889, 2. Teil: Ebd. 1897.

Beyer/Biereye: Geschichte der Stadt Erfurt von der ältesten bis auf die neueste Zeit. Von Carl Beyer und Johannes Biereye. Mit einem Eingangs-Kapitel: Das vorgeschichtliche Erfurt und seine Umgebung, Erfurt 1935.

Biereye: Biereye, Johannes: Erfurt in seinen berühmten Persönlichkeiten. Den Teilnehmern des 19. Deutschen Historikertags in Erfurt überreicht von der Akademie gemeinnütziger Wissenschaften zu Erfurt (Sonderschriften der Akademie gemeinnütziger Wissenschaften zu Erfurt 11), Erfurt 1937.

Blaha, Schönborn: Blaha, Walter: Erzbischof Johann Philipp von Schönborn (1605–1673), in: Straubel/Weiß, S. 180–187.

Blaha, Französische Revolution: Blaha, Walter: Erfurt unter dem Einfluß der Französischen Bürgerlichen Revolution (1788 bis 1814), in: Geschichte der Stadt Erfurt, hrsg. von Willibald Gutsche, Weimar 1986, S. 181–214.

Blaha, Kurmainz. absol. Herrsch.: Blaha, Walter: Kurmainzische absolutistische Herrschaft von 1664 bis 1789, in: Geschichte der Stadt Erfurt, hrsg. von Willibald Gutsche, Weimar 1986, S. 145–180.

Blaha, Statthalterei: Blaha, Walter: Haus der Kultur Erfurt, Barocksaal. Ehemalige Kurmainzische Statthalterei, Erfurt 1989.

Böhmer/Will: Regesten z. Gesch. d. Mainzer Erzbischöfe 1: (762 bis 1160), 2: (1161–1288), bearb. von Johann Friedrich Böhmer und Cornelius Will, Innsbruck 1877 u. 1886.

Brodbeck: Brodbeck, Christian: Philipp Wilhelm Reichsgraf zu Boineburg, Kurmainzischer Statthalter zu Erfurt (1656–1717), in: Mitt. 44 (1927), S. 1–175.

Brück, Huldigungsreise: Brück, Anton Ph.: Die Huldigungsreise des Mainzer Kurfürsten Johann II. von Nassau, in: Hess. Jb. für Landesgesch. 2 (1952), S. 39–57.

Brück, Häßler: Brück, Helga: Lebensstationen des Erfurter Musikers Johann Wilhelm Häßler (1747–1822). Ein Beitrag zu seiner Biographie, in: Aus der Vergangenheit der Stadt Erfurt N.F. 3 (1987), S. 24–48.

Clausberg: Clausberg, Karl: Der Erfurter Codex Aureus in Pommersfelden (MS 249/2869). Biblische Historie im politischen Gewand? Wiesbaden 1986.

Dertsch: Dertsch, Richard: Die Urkunden des Stadtarchivs Mainz bis 1400. Regesten, bearb. von Richard Dertsch (Beitr. z. Gesch. d. Stadt Mainz 10, 1–4), 4 Bd., Mainz 1962–1967.

Diepenbach, Siegel und Wappen: Diepenbach, Wilhelm: Siegel und Wappen der Stadt Mainz, in: Wegweiser durch Mainz, Mainz 1948.

Drehmann: Drehmann, Lorenz: Der Weihbischof Nikolaus Elgard. Eine Gestalt der Gegenreformation. Mit besonderer Berücksichtigung seiner Tätigkeit in Erfurt und auf dem Eichsfeld (1578–1587) auf Grund seiner unveröffentlichten Briefe (1572–1585) (Erfurter Theologische Schriften 3), Leipzig 1958.

Duchhardt, Eltz: Duchhardt, Heinz: Philipp Karl von Eltz. Kurfürst von Mainz, Erzkanzler des Reiches (1732–1743). Studien zur Kurmainzischen Reichs- und Innenpolitik (Quellen und Abhandlungen zur mittelrheinischen Kirchengeschichte 10), Mainz 1969.

Duchhardt, Reichskammergerichtsassessoren: Duchhardt, Heinz: Die kurmainzischen Reichskammergerichtsassessoren, in: ZRG, G.A., 94 (1977), S. 89–128.

Duhr: Duhr, Bernhard: Geschichte der Jesuiten in den Ländern deutscher Zunge, Bd. 1–4: Freiburg/Br. 1907, Bd. 2: ebd. 1913, Bd. 3: München–Regensburg 1921, Bd. 4: ebd. 1928.

Dumont, Mainzer Republik: Dumont, Franz: Die Mainzer Republik von 1792/93, Mainz 1978.

Dumont, Nationalkonvent: Dumont, Franz: Die Mitglieder des Rheinisch-Deutschen Nationalkonvents zu Mainz, in: AHG N.F. 40 (1982), S. 143–183.

Dumont, Mutter Mainz: Dumont, Franz: Mutter Mainz und Tochter Erfurt. Historische Grundlagen einer deutschen Städtepartnerschaft, in: Mainz. Vierteljahreshefte für Kultur, Politik, Wirtschaft, Geschichte, Jg. 10 (1990), H. 4, S. 4–19.

Egert, Ilonka: Erzbischof Albrecht von Mainz (1490–1545), in: Straubel/Weiß, S. 64–73.

Erhard: Erhard, H. A.: Erzbischöfliche Mainzische Hebe-Rolle aus dem 13. Jahrhundert, in: Zts. f. vaterländische Gesch.- u. Altertumskunde Westfalens 3 (1840), S. 1–57.

Esser/Reber: (Karl Heinz Esser und Horst Reber): Höchster Fayencen und Porzellane, Mainz 1964.

Falck, Klosterfreiheit: Falck, Ludwig: Klosterfreiheit und Klosterschutz. Die Klosterpolitik der Mainzer Erzbischöfe von Adalbert I. bis Heinrich I. (1100–1153), in: AmrkKG 8 (1956), S. 21–75.

Falck, Wappen: Falck, Ludwig: Die Wappen des Kurfürstentums Mainz (Bemerkungen zu der Farbtafel), in: Mz. Zts. 65 (1970), S. 189–195.

Falck, Nachfolger: Falck, Ludwig: Die Nachfolger des Willigis auf dem Mainzer Stuhl, in: 1000 Jahre Mainzer Dom (975–1975). Werden und Wandel. Ausstellungskatalog und Handbuch, hrsg. von Wilhelm Jung, Mainz 1975, S. 71–113.

Feldkamm: Feldkamm, J.: Über das Bischöfliche Geistliche Gericht zu Erfurt, in: Mitt. 30/31 (1909/10), S. 17–44.

Frank: Frank, Isnard W.: Sancta Sedes Maguntina. Willigis und der »Heilige Stuhl von Mainz«, in: Hinkel, S. 47–58.

Fuchs: Fuchs, Peter: Valentin Ferdinand Frhr. von Gudenus, in: NDB 7, S. 250 f.

Gerlich, St. Stephan: Gerlich, Alois: Das Stift St. Stephan zu

Mainz. Beiträge zur Verfassungs-, Wirtschafts- und Territorialgeschichte des Erzbistums Mainz (Ergänzungsbände zum Jb. f. d. Bistum Mainz, 4), Mainz 1954.

Gerlich I: Gerlich, Alois: Briefe des Mainzer Koadjutors Karl Theodor von Dalberg an den Staatsminister Franz Joseph von Albini, in: GL 2 (1965), S. 150–201.

Gerlich II: Gerlich, Alois: Briefe Karl Theodors von Dalberg an Franz Joseph von Albini, in: GL 7 (1972), S. 108–139.

Gerlich, Willigis: Gerlich, Alois (Unter Mitarbeit von Gabriele Felder, Marlit Kaschta, Karl-Heinz Spieß und Helmut Steube): Willigis und seine Zeit. Der Staatsmann, der Erzbischof und der Stadtherr, in: Jung, S. 23–43.

Göldner, Bauernaufstand: Göldner, Kurt: Der Thüringer Bauernaufstand vom Jahre 1123, in: Aus der Vergangenheit der Stadt Erfurt, Bd. 1, H. 4, 1955, S. 78–81.

Göldner, Hermann von Bibera: Göldner, Kurt: Hermann von Bibera. Ein Thüringer während schwerer Zeiten in Kurmainzischen Diensten, in: Aus der Vergangenheit der Stadt Erfurt, Bd. 3, H. 5, 1963, S. 201–215.

Goez: Goez, Werner: Leben und Werk des heiligen Willigis, in: Hinkel (Hrsg.), St. Stephan, S. 15–32.

Goldschmidt: Goldschmidt, Hans: Zentralbehörden und Beamtentum im Kurfürstentum Mainz vom 16. bis zum 18. Jahrhundert (Abhandlungen zur Mittleren und Neueren Geschichte 7), Berlin und Leipzig 1908.

Gollwitzer: Gollwitzer, Heinz: Franz Josef Martin v. Albini, in: NDB I, S. 149.

Gottron: Gottron, Adam: Tagebuch des Pfarrers Turin von St. Ignaz, in: Mainzer Almanach 1958, S. 152–182.

Griebel, Schiller: Griebel, August: Friedrich Schiller und Erfurt, in: Aus der Vergangenheit der Stadt Erfurt, Bd. 1, H. 2, 1955.

Griebel, Goethe: Griebel, August: Johann Wolfgang Goethe und Erfurt, in: Aus der Vergangenheit der Stadt Erfurt, Bd. 4, H. 4, 1967, S. 151–178.

Gudenus: (Gudenus, Philipp Georg Graf): Art. »Gudenus«, in: Österreichisches Familienarchiv, Bd. 1. Neustadt/Aisch 1963, S. 211–235.

Gutsche, Begründer: Gutsche, Willibald: Der Begründer des neuzeitlichen Erwerbsgartenhauses Christian Reichert – Sohn seiner Zeit und Wegbereiter des Fortschritts, in: Aus der Vergangenheit der Stadt Erfurt, Bd. 3. H. 4, 1961, S 137–164.

Gutsche, Klassenherrschaft: Gutsche, Willibald: Die Klassenherrschaft der Optimatenpartei bei Ausbruch des tollen Jahres 1509/10, in: Aus der Vergangenheit der Stadt Erfurt, Bd. 4, H. 1, 1962, S. 18–21.

Gutsche, Geschichte: Gutsche, Willibald: (Hrsg.) Geschichte der Stadt Erfurt, Weimar 1986.

Gutsche, Das »Tolle Jahr«: Gutsche, Willibald: Das »Tolle Jahr« von Erfurt 1509/10. Betrachtungen zum 480. Jahrestag seines Beginns, in: Aus der Vergangenheit der Stadt Erfurt N.F. 6 (1989), S. 12–32.

Hansel: Hansel, Klaus: Das Stift St. Victor vor Mainz. Diss. phil. Mainz 1952 (masch.).

Herrmann, Bibliotheca: Herrmann, Karl: Bibliotheca Erfurtina. Erfurt in seinen Geschichts- und Bildwerken, Erfurt 1863.

Herrmann, Wappen u. Siegel: Herrmann, Karl: Das Wappen und die Siegel der Stadt Erfurt, in: Mitt. 1 (1865), S. 1–126.

Heß: Heß, Wolfgang: Anfänge des Städtewesens, Märkte, Münzstätten und Städte bis ca. 1330/40, in: Geschichte Thüringens, hrsg. von Hans Patze und Walter Schlesinger, Bd. 2,1: Hohes und spätes Mittelalter, Köln/Wien 1974, S. 310–330.

Hinkel: Hinkel, Helmut (Hrsg.): 1000 Jahre St. Stephan in Mainz. Festschrift (QAmrkKG 63, hrsg. von Franz-Josef Heyen), Mainz 1990.

Hollmann: Hollmann, Michael: Beiträge zur Geschichte des Stifts St. Stephan in Mainz, in: Hinkel (Hrsg.), St. Stephan, S. 187 bis 238.

Hummel, Münzwesen: Hummel, Georg: Das Erfurter Münzwesen der kurmainzischen Zeit 1664 bis 1820, in: Mitt. 53 (1940), S. 119–173.

Hummel, Erfurt: Hummel, Georg: Erfurt und die Ideen der Französischen bürgerlichen Revolution von 1789, in: Aus der Vergangenheit der Stadt Erfurt, Bd. 2, H. 6, 1959, S. 179–194.

Jaeger, Julius: Beiträge zur Geschichte des Erzstifts Mainz unter Diether von Isenburg und Adolf II. von Nassau, Osnabrück 1894.

Jahr/Lorenz: Jahr (Richard) und Lorenz (Wilhelm): Die Erfurter Inschriften (bis zum Jahre 1550), in: Mitt. d. Vereins f. d. Gesch. u. Altertumskunde von Erfurt 36 (1915), S. 1–180.

Jürgensmeier, Schönborn: Jürgensmeier, Friedhelm: Johann Philipp von Schönborn (1605–1673) und die Römische Kurie. Ein Beitrag zur Kirchengeschichte des 17. Jahrhunderts. QAmrhKG 28, Mainz 1977.

Jürgensmeier, Bistum: Jürgensmeier, Friedhelm: Das Bistum Mainz. Von der Römerzeit bis zum II. Vatikanischen Konzil (Beitrr. z. Mainzer Kirchengesch. 2), Frankfurt/M. 1988.

Jürgensmeier, Kardinal Albrecht: Jürgensmeier, Friedhelm: Kardinal Albrecht von Brandenburg (1490–1545). Kurfürst, Erzbischof von Mainz und Magdeburg, Administrator von Halberstadt, in: Horst Reber (Katalog zur Ausstellung des Landesmuseums Mainz 1990), Albrecht von Brandenburg. Kurfürst, Erzkanzler, Kardinal, 1490–1545, zum 500. Geburtstag eines deutschen Renaissancefürsten, Mainz 1990, S. 22–41.

Jung: Jung, Wilhelm (Hrsg.): 1000 Jahre Mainzer Dom (975 bis 1975), Werden und Wandel, Ausstellungskatalog und Handbuch, Mainz 1975.

Kadenbach, Gründung: Kadenbach, Johannes: Die Gründung des Erfurter Peterskloster(s) im Jahre 1060. Zur Herrschaft der Mainzer Erzbischöfe im mittelalterlichen Erfurt, in: Aus der Vergangenheit der Stadt Erfurt, N.F. 1 (1985), S. 71–86.

Kadenbach, Ersterwähnung: Kadenbach, Johannes: Zur schriftlichen Ersterwähnung Erfurts im Jahre 742, in: Aus der Vergangenheit der Stadt Erfurt, N.F. 7 (1989), S. 15–30.

Kapr: Kapr, Albert: Hat Johannes Gutenberg an der Erfurter Universität studiert?, in: Gutenberg-Jahrbuch 55 (1980), S. 21–29.

Kawa: Kawa, Rainer: Georg Friedrich Rebmann (1768–1824). Studien zu Leben und Werk eines deutschen Jakobiners, Bonn 1980.

KDM Prov. Sachsen: Die Kunstdenkmale der Provinz Sachsen.

Hrsg. von Max Ohle. Bd. 1: Die Stadt Erfurt. Dom, Severikirche, Peterskloster, Zitadelle. Bearb. von Karl Becker, Magdalene Brückner, Ernst Haltge, Lisa Schürenberg. Mit einer geschichtlichen Einleitung von Alfred Overmann. Burg 1929.

Kiefer: Kiefer, Jürgen: Die Gebrüder Humboldt als Mitglieder der »Akademie nützlicher Wissenschaften« zu Erfurt, in: Aus der Vergangenheit der Stadt Erfurt, N.F. 3 (1987), S. 49–55.

Kirchhoff: Kirchhoff, Alfred: Die ältesten Weistümer der Stadt Erfurt über ihre Stellung zum Erzstift Mainz aus den Handschriften herausgegeben, erklärt und mit ausführlichen Abhandlungen versehen. Ein Beitrag zur Verfassungs- und Kulturgeschichte der deutschen Städte. Halle 1870.

Klein: Klein, Thomas: Politik und Verfassung, von der Leipziger Teilung bis zur Teilung des ernestinischen Staates (1485 bis 1572), in: Geschichte Thüringens, hrsg. von Hans Patze und Walter Schlesinger (Mitteldeutsche Forschgg. 48), 3. Bd.: Das Zeitalter des Humanismus und der Reformation, Köln/Graz 1967, S. 146–294.

Kleineidam, Geschichte: Kleineidam, Erich: Geschichte der Wissenschaft im mittelalterlichen Erfurt, in: Geschichte Thüringens, hrsg. von Hans Patze und Walter Schlesinger (Mitteldeutsche Forschgg. 48), 2. Bd., 2. Teil: Hohes und Spätes Mittelalter, Köln/Wien 1973, S. 150–187.

Kleineidam, Universitas: Kleineidam, Erich: Universitas Studii Erffordensis. Überblick über die Geschichte der Universität Erfurt (im Mittelalter), 1392–1521 (Erfurter Theologische Studien 14, 27, 42, 47), Teil I: 1392–1460 Leipzig 1964; Teil II: 1460–1521 ebd. 1969; Teil III: 1521–1632 ebd. 1983; Teil IV: 1633–1816 ebd. 1981.

Koch: Koch, Fr. Aug.: Die Erfurter Weihbischöfe. Ein Beitrag zur thüringischen Kirchengeschichte, in: Zts. d. Vereins f. thüringische Gesch. und Altertumskunde 6 (1865), S. 31–126.

Köster: Köster, Kurt: Adolf von Breithardt † 1491. Mainzer Kanzler unter Erzbischof Adolf II. von Nassau, in: Jb. f. d. Bistum Mainz (1947), S. 187–226.

Kundler: Kundler, Joachim: Kurfürst Friedrich Karl Joseph von Erthal (1719–1802), in: Straubel/Weiß, S. 381–387.

Laub: Laub, Peter (Bearb.): Ulrich von Hutten. Ritter, Humanist, Publizist 1488–1523. Katalog zur Ausstellung des Landes Hessen anläßlich des 500. Geburtstages, o.O. 1988.

Liebe: Liebe, Georg: Das Kriegswesen der Stadt Erfurt von Anbeginn bis zum Anfall an Preußen, Weimar 1896.

Liebeherr: Liebeherr, Irmtraud: Der Besitz des Mainzer Domkapitels im Spätmittelalter (QAmrhKG 14), Mainz 1971.

Liliencron: Liliencron, R(ochus) von: Die historischen Volkslieder der Deutschen vom 13. bis 16. Jahrhundert, Leipzig 1867.

Loffung: Loffung, Aloys: Die soziale und wirtschaftliche Gliederung der Bevölkerung Erfurts in der zweiten Hälfte des 16. Jahrhunderts, in: Mitt. 32 (1911), S. 131–240.

Luther, W A: Luther, Martin: D. Martin Luthers Werke. Kritische Gesamtausgabe. Briefwechsel Bd. 1, Weimar 1930.

Mägdefrau/Langer, Entfaltung: Mägdefrau, Werner und Langer, Erika: Die Entfaltung der Stadt von der Mitte des 11. bis zum Ende des 15. Jahrhunderts, in: Geschichte der Stadt Erfurt, hrsg. v. Willibald Gutsche, Weimar 1986, S. 53–102.

Mägdefrau/Langer, Stadtwerdung: Mägdefrau, Werner und Langer, Erika: Die Stadtwerdung unter feudaler Herrschaft von der ersten urkundlichen Erwähnung bis zur Mitte des 11. Jahrhunderts, in: Geschichte der Stadt Erfurt, hrsg. v. Willibald Gutsche, Weimar 1986, S. 31–52.

Mai: Mai, Otto-Arend: Die evangelischen Kirchen in Erfurt, 7. Aufl., Berlin 1989.

Mathy/Arens: Mathy, Helmut: Die Universität Mainz 1477–1977. Mit einem ikonographischen Beitrag von Fritz Arens, Mainz 1977.

Maué/Brink: Maué, Hermann und Sonja Brink (Redaktion): Die Grafen von Schönborn. Kirchenfürsten, Sammler, Mäzene (Ausstellungskatalog des Germanischen Nationalmuseums Nürnberg), Nürnberg 1989.

May: May, Georg: Die geistliche Gerichtsbarkeit der Erzbischöfe von Mainz im Thüringen des späten Mittelalters (Erfurter theologische Studien 2), Leipzig 1956.

Mehl: Mehl, Fritz: Die Mainzer Erzbischofswahl vom Jahre 1514 und der Streit um Erfurt in ihren gegenseitigen Beziehungen. Diss. phil. Bonn, Bonn 1905.

Mentz: Mentz, Georg: Johann Philipp von Schönborn, Kurfürst von Mainz, Bischof von Würzburg und Worms 1605–1673. Ein Beitrag zur Geschichte des siebzehnten Jahrhunderts, 2 Bde., Jena 1896 u. 1899.

MGH: MHG Ep. sel. 1 (s. Bonifacis et Lulli Epistolae, ed. Michael Tangl), Berlin 1916.

Michels: Michels, Adolf Carl: Die Wahl des Grafen Johann Friedrich Karl von Ostein zum Kurfürsten und Erzbischof von Mainz (1743), in: AHG, N.F. 16 (1930), S. 515–580.

Michelsen: Michelsen, S. L. J.: Der Mainzer Hof zu Erfurt am Ausgang des Mittelalters. Eine urkundliche Mitteilung, als Einladungsschrift in der ersten, am 4. Juni 1853, in Eisenach zu haltenden Generalversammlung des Vereins für thüringische Geschichte und Altertumskunde herausgegeben. Jena 1853.

MUB 1: Mainzer Urkundenbuch Bd. 1, bearb. von Manfred Stimming: Die Urkunden bis zum Tode Adalberts I. (1137), Darmstadt 1932.

MUB 2, 1: Mainzer Urkundenbuch, Bd. 2, bearb. von Peter Acht: Die Urkunden seit d. Tode Erzbischof Adalberts I. (1137) bis zum Tode Erzbischof Konrads (1200), Teil 1: 1137–1175, Darmstadt 1968.

Müller: Müller, Walter: Der Kurmainzische Bauinspektor August Wilhelm Neithardt, der Vater des Feldmarschalls Neithardt von Gneisenau, in: Aus der Vergangenheit der Stadt Erfurt, Bd. 3, H. 2, 1960, S. 83–86.

Neubauer, Verhältnisse: Neubauer, Theodor Th.: Die sozialen und wirtschaftlichen Verhältnisse der Stadt Erfurt vor Beginn der Reformation, in: Mitt. 34 (1913), 2. Teil, S. 1–78.

Neubauer, Geschichte: Neubauer, Theodor Th.: Zur Geschichte der mittelalterlichen Stadt Erfurt, in: Mitt. 35 (1914), S. 1–95.

Neubauer, Aufgaben: Neubauer, Theodor Th.: Aufgaben und Probleme der Ortsgeschichte dargestellt an der Geschichte der Stadt Erfurt, in: Mitt. 38 (1917), S. 1–75.

Oergel, Akademie: Oergel, D.: Die Akademie nützlicher Wissenschaften zu Erfurt von ihrer Wiederbelebung durch Dalberg bis zu ihrer endgültigen Anerkennung durch die Krone Preußen (1776–1816), in: Jahrbücher der Königlichen Akademie gemeinnütziger Wissenschaften zu Erfurt, N.F. 30 (1904), S. 139–224.

Oergel, Gebiet: Oergel, G(eorg): Das ehemalige Erfurtische Gebiet, in: Mitt. 24 (1903), S. 159–190.

Orth, Häßler: Orth, Siegfried: Johann Wilhelm Häßler – Ein Erfurter Musiker der Dalbergzeit, in: Aus der Vergangenheit der Stadt Erfurt, Bd. 1, 1955, S. 21–26.

Orth, Ursprung: Orth, Siegfried: Ursprung und Bedeutung des Erfurter Wappens, in: Aus der Vergangenheit der Stadt Erfurt, Bd. 1, H. 5, 1955, S. 115–119.

Orth, Pachelbel: Orth, Siegfried: Johann Pachelbel. Sein Leben und Wirken in Erfurt, in: Aus der Vergangenheit der Stadt Erfurt, Bd. 2. H. 4, 1957, S. 101–121.

Orth, Wappen: Orth, Siegfried: Kurmainzer Wappen in Erfurt, in: Aus der Vergangenheit der Stadt Erfurt, Bd. 3, H. 5, 1963, S. 193–200.

Otto: Regesten der Erzbischöfe von Mainz von 1289–1396. 1. Abt. (1289–1353), 2. Bd. (1328–1353), bearb. von Heinrich Otto, Darmstadt 1932–1935.

Overmann, Regierungsgebäude: Overmann, Alfred: Das Regierungsgebäude zu Erfurt. Der Bau, seine Geschichte, seine Bewohner, in: Mitt. 33 (1912), S. 1–124.

Overmann, Erfurt: Overmann, Alfred: Erfurt in zwölf Jahrhunderten. Eine Stadtgeschichte in Bildern. Erfurt 1929.

Overmann, Dalberg: Overmann, Alfred: (Karl Theodor von) Dalberg, in: Mitteldeutsche Lebensbilder 3, Magdeburg 1928, S. 175–194.

Overmann, UB: Overmann, Alfred: Urkundenbuch der Erfurter Stifter und Klöster (Geschichtsquellen der Provinz Sachsen und des Freistaates Sachsen, Neue Reihe, Bd. 5, 7 und 16), Magdeburg 1926–1934.

Patze, Entstehung: Patze, Hans: Die Entstehung der Landesherrschaft in Thüringen I. Teil (Mitteldeutsche Forschgg. 22), Köln/Graz 1962.

Patze, Polit. Gesch.: Patze, Hans: Politische Geschichte im hohen und späten Mittelalter, in: Geschichte Thüringens, hrsg. von Hans Patze und Walter Schlesinger (Mitteldeutsche Forschgg. 48), Bd. 2, 1: Hohes und Spätes Mittelalter, Köln/Wien 1974, S. 1–214.

Patze, Verf.- u. Rechtsgesch.: Patze, Hans: Verfassungs- und Rechtsgeschichte im hohen und späten Mittelalter, in: Geschichte Thüringens, hrsg. von Hans Patze und Walter Schlesinger (Mitteldeutsche Forschgg. 48), Bd. 2, 1: Hohes und Spätes Mittelalter, Köln/Wien 1974, S. 215–209 u. 330–382.

Patze, Erfurt: Patze, Hans: Art. »Erfurt«, in: Handbuch historischer Stätten, Bd. 9: Thüringen, 2. verbesserte u. erweiterte Aufl., Stuttgart 1989, S. 100–121.

Peege: Peege, Joachim (Grenzstein), in: Mainz. Vierteljahreshefte für Kultur, Politik, Wirtschaft, Geschichte, 10. Jg. (1990) H. 4, S. 18.

Posern-Klett: Posern-Klett, Carl Friedrich von: Münzstätten und Münzen der Städte und geistlichen Stifter Sachsens im Mittelalter (Sachsens Münzen im Mittelalter, 1. Teil), Leipzig 1846.

Posse: Posse, Otto: Die Siegel der Erzbischöfe und Kurfürsten von Mainz, Erzkanzler des Deutschen Reiches bis zum Jahre 1803, Dresden 1914.

Raab: Raab, Heribert: Die Breidbach-Bürresheim in der Germania Sacra. Eine Skizze der Reichskirchenpolitik des Mainzer Kurfürsten Emmerich Joseph und seines Bruders Karl Ernst, in: Mainzer Almanach 1962, S. 91–106.

Rau: Rau, Reinhold: Briefe des Bonifatius, Willibalds Leben des Bonifatius. Nebst einigen zeitgenössischen Dokumenten. Unter Benützung der Übersetzungen von M. Tangl und Ph. H. Külb (Freiherr vom Stein-Gedächtnisausgabe IV b), Darmstadt 1968.

Reber: Reber, Horst: (Katalog des Landesmuseums Mainz 1990) Albrecht von Brandenburg. Kurfürst, Erzkanzler, Kardinal 1490–1545. Zum 500. Geburtstag eines deutschen Renaissancefürsten, Mainz 1990.

Riedel: Riedel, Friedrich W.: Joseph Martin Kraus, ein Klassiker der Tonkunst, in: 700 Jahre Stadt Büchen. Beiträge zur Stadtgeschichte. Büchen/Odenwald 1980, S. 233–244.

Rob: Rob, Klaus: Karl Theodor von Dalberg (1744–1817). Eine politische Biographie für die Jahre 1744–1806 (Europäische Hochschulschriften, Reihe 3, Bd. 231), Frankfurt/M./Berlin/New York/Nancy 1984.

Romeick, Eobanus Hessus: Romeick, Kurt: Eobanus Hessus. Über die Zustände in Erfurt im Jahre 1525, in: Aus der Vergangenheit der Stadt Erfurt, Bd. 1, H. 4, 1955, S. 82–92.

Romeick, Hutten: Romeick, Kurt: Ulrich von Hutten und Erfurt, in: Aus der Vergangenheit der Stadt Erfurt, Bd. 1, H. 4, 1955, S. 93–114.

Schlesinger, Frühmittelalter: Schlesinger, Walter: Das Frühmittelalter, in: Geschichte Thüringens, hrsg. von Hans Patze und Walter Schlesinger (Mitteldeutsche Forschgg. 48), Bd. I: Grundlagen und Frühes Mittelalter, Köln/Graz 1968, S. 316 bis 380.

Schmidt, Kanzlei: Schmidt, Aloys: Die Kanzlei der Stadt Erfurt bis zum Jahre 1500, in: Mitt. 40/41 (1921) S. 1–88.

Schmidt, Gegenstand: Schmidt, Heinrich Felix: Der Gegenstand des Zehntstreits zwischen Mainz und den Thüringern im 11. Jahrhundert und die Anfänge der decima constitua in ihrer colonisationsgeschichtlichen Bedeutung, in: ZRG, G.A., 43 (1922), S. 267–300.

Schmücker: Schmücker, Hermann: Anselm Franz Ernst von Warsberg, kurmainzischer Statthalter von Erfurt 1732–1760, in: Mitt. 42 (1924), S. 59–81.

Schnellenkamp, Entstehungsgeschichte: Schnellenkamp, Werner: Die Entstehungsgeschichte der Städte und Marktsiedlungen in Mittelthüringen. Ein Beitrag zur Frühgeschichte des Deutschen Städtewesens, in: Mz. Zts. 27 (1932), S. 16–26.

Schnellenkamp, Herrschaft: Schnellenkamp, Werner: Die Kurmainzer Herrschaft in Erfurt, in: Mz. Zts. 27 (1932), S. 26–28.

Schnellenkamp, Uniformen: Schnellenkamp, Werner: Kurmainzische Uniformen in Erfurt, in: Beiträge zur Kunst und Geschichte des Mainzer Lebensraumes (Festschrift für Ernst Neeb), Mainz (1936), S. 159–170.

Schnellenkamp, Städtebuch: Schnellenkamp, (Werner): Art. »Erfurt, Stadtkreis«, in: Deutsches Städtebuch. Handbuch städtischer Geschichte. Hrsg. von Erich Keyser, Bd. 2: Mitteldeutschland, Stuttgart/Berlin 1941, S. 478–485.

Schrader: Schrader, Friedrich Hermann: Die Stadt Erfurt in ihren wirtschaftlichen und sozialen Verhältnissen nach Beendigung des 30jährigen Krieges, in: Mitt. 40/41 (1921), S. 89 bis 184.

Schröcker: Schröcker, Alfred: Die Patronage des Lothar Franz von Schönborn (1655–1729). Sozialgeschichtliche Studie zum Beziehungsnetz in der Germania Sacra (Beiträge z. Gesch. d. Reichskirche in der Neuzeit 10), Wiesbaden 1981.

Schrohe: Schrohe, Heinrich: Aufsätze und Nachweise zur Mainzer Kunstgeschichte (Beitrr. z. Gesch. d. Stadt Mainz 2), Mainz 1912.

Schuchert/Lenhart: Schuchert, August: Der Dom zu Mainz. Ein Handbuch, 4. erw. Aufl., hrsg. von Ludwig Lenhart, Mainz 1963.

Schulze: Schulze, Hans K.: Die Kirche im Hoch- und Spätmittelalter, in: Geschichte Thüringens, hrsg. von Hans Patze und Walter Schlesinger (Mitteldeutsche Forschgg. 48), 2. Bd., 2. Teil: Hohes und Spätes Mittelalter. Köln/Wien 1973, S. 50 bis 149.

Schum: Schum, Wilhelm: Cardinal Albrecht von Mainz und die Erfurter Kirchenreform (1514–1533), Halle 1878.

Schwarz: Schwarz, Adalbert: Alexander von Humboldt und die Akademie Gemeinnütziger Wissenschaften zu Erfurt. Zur 100. Wiederkehr seines Todestages, in: Aus der Vergangenheit der Stadt Erfurt, Bd. 2, H. 6, 1959, S. 195–201.

Schwineköper: Schwineköper, Berent: Gesamtübersicht über die Bestände des Landeshauptarchivs Magdeburg 2 (Quellen zur Geschichte Sachsen-Anhalts 3), Halle 1955.

Sonntag: Sonntag, Franz Peter: Das Kollegiatstift St. Marien zu Erfurt von 1117–1400 (Erfurter Theologische Studien), Leipzig 1962.

Staab: Staab, Franz: Die Gründung der Bistümer Erfurt, Büraburg und Würzburg durch Bonifatius im Rahmen der fränkischen und päpstlichen Politik, in: AmrhKG 40 (1988), S. 13–41.

Staufer: Die Zeit der Staufer. Geschichte, Kunst, Kultur. Katalog der Ausstellung (= Bd. 1 der Ausgabe), Stuttgart 1977.

Stimming, Wahlkapitulationen: Stimming, Manfred: Die Wahlkapitulationen der Erzbischöfe und Kurfürsten von Mainz (1233–1788), Göttingen 1909.

Stimming, Entstehung: Stimming, Manfred: Die Entstehung des weltlichen Territoriums des Erzbistums Mainz (Quellen und Forschungen z. hess. Gesch. 3), Darmstadt 1915.

Straubel/Weiß: Kaiser, König, Kardinal. Deutsche Fürsten (1500 bis 1800), hrsg. von Rolf Straubel und Ulman Weiß. Leipzig, Jena, Berlin 1991.

Stubenvoll: Stubenvoll, Willi: 750 Jahre Messen in Frankfurt. »Die Straße«. Geschichte und Gegenwart eines Handelsweges. Frankfurt am Mainz (Henschau Verlag) 1990.

Tettau, Verhältnisse: Tettau, W(ilhelm) J(akob) A(lbert) v.: Über das staatsrechtliche Verhältnis von Erfurt zum Erzstift Mainz. Ein Vortrag, gehalten in der öffentlichen Sitzung der Akademie gemeinnütziger Wissenschaften zu Erfurt, den 15. Oktober 1859, in: Jbb. d. Königl. Akademie gemeinnütziger Wissenschaften zu Erfurt, N.F. 1 (1860), S. 1–3.

Tettau, Reduction: Tettau, W(ilhelm) J(akob) A(lbert) v.: Die Reduction von Erfurt und die ihr vorausgegangenen Wirren (1647–1665), Erfurt 1863.

Thiele: Thiele, Richard: Die Gründung der Akademie nützlicher gemeinnütziger Wissenschaften zu Erfurt und die Schicksale derselben bis zu ihrer Wiederbelebung durch Dalberg (1754 bis 1776), in: Jahrbücher der Königlichen Akademie gemeinnütziger Wissenschaften zu Erfurt, N.F. 30 (1904), S. 3–138.

Tümmler, Grafen von Gleichen: Tümmler, Hans: Die Grafen von Gleichen als Vögte von Erfurt, in: Mitt. 50 (1935), S. 53–59.

Tümmler, Überblick: Tümmler, Hans: Überblick über die Geschichte der Grafen von Gleichen im 14. Jahrhundert (bis zur Erbteilung von 1385), in: Mitt. 50 (1935), S. 60–94.

Tümmler, Kurmainz. Thüringen: Tümmler, Hans: Das Kurmainzische Thüringen, in: Geschichte Thüringens, hrsg. von Hans Patze und Walter Schlesinger (Mitteldeutsche Forschgg. 48), 5. Bd., 1. Teil, 1. Teilband: Politische Geschichte in der Neuzeit, Köln/Wien 1982, S. 573–589.

Tümmler, Zeit Carl Augusts: Tümmler, Hans: Die Zeit Carl Augusts von Weimar 1775–1828, in: Geschichte Thüringens, hrsg. von Hans Patze und Walter Schlesinger (Mitteldeutsche Forschgg. 48), 5. Bd.: Politische Geschichte in der Neuzeit, 1. Teil, 2. Teilband, Köln/Wien 1984, S. 615–721.

Tümmler, Carl August: Tümmler, Hans: Carl August, Herzog von Weimar und Erfurt, in: Mitt. 53 (1940), S. 175–200.

Vigener: Regesten der Erzbischöfe von Mainz von 1289–1396, 2. Abt. (1354–1396) 1. Bd. (1354–1371), bearb. von Fritz Vigener, Leipzig 1913.

Vogt: Regesten der Erzbischöfe von Mainz von 1289–1396, 1. Abt. (1289–1353), 1. Bd. (1289–1328), bearb. von Ernst Vogt, Leipzig 1913.

Wähler: Wähler, Martin: Die Blütezeit des Erfurter Buchgewerbes (1450–1530), in: Mitt. 42 (1924), S. 5–58.

Wegner: Wegner, Ewald (Bearb.): Denkmaltopographie Bundesrepublik Deutschland, Kulturdenkmäler in Rheinland-Pfalz, Bd. 2, 2: Stadt Mainz, Altstadt, Düsseldorf 1988.

Weidenbach: Weidenbach: Die Freiherren von Breidbach zu Bürresheim, in: Annalen des historischen Vereins für den Niederrhein, 24 (1872), S. 70–125.

Weiß, Pfaffenstürmen: Weiß, Ulman: Das Erfurter Pfaffenstürmen 1521: Haec prima Lutheranorum adversus Clericos seditio . . ., in: Jb. z. Gesch. des Feudalismus 3 (1979), S. 233–279.

Weiß, Bethlehem: Weiß, Ulman: Ein fruchtbar Bethlehem. Luther und Erfurt, Berlin 1982.

Weiß, Verhalten: Weiß, Ulman: Zum politischen Verhalten des Erfurter Bürgertums im 1. Drittel des 16. Jahrhunderts, in: Jb. f. Gesch. des Feudalismus 6, S. 275–321.

Weiß, Interessen-Vertreter: Weiß, Ulman: Martin Luther – Ein

ernestinischer Interessenvertreter in Erfurt? Sein Besuch im Oktober 1522, in: Jb. f. Regionalgesch. 10, 1983, S. 37–48.
Weiß, Luther: Weiß, Ulman: Erfurt in der Zeit Martin Luthers, in: Erfurt, Luther, Dialoge. Ausstellung zur Martin-Luther-Ehrung 1983 der Deutschen Demokratischen Republik, Erfurt 1983, S. 7–32.
Weiß, Frühbürgerl. Rev. – 1664: Weiß, Ulmann: Von der Frühbürgerlichen Revolution bis zur völligen Unterwerfung durch Kurmainz, vom Ende des 15. Jahrhunderts bis 1664, in: Geschichte der Stadt Erfurt, hrsg. von Willibald Gutsche, Weimar 1986, S. 103–144.
Weissenborn: Weissenborn, J. C. Herrmann: Acten der Erfurter Universität. Hrsg. von der Hist. Comm. der Prov. Sachsen, 3 Bde., Halle 1881, 1884, 1899.
Wenck: Wenck, Karl: Die Stellung des Erzstiftes Mainz im Gange der deutschen Geschichte, in: AGH 43 (1909), S. 278–318.
Wendel: Wendel, Carl: Die alte Erfurter Kunstschule, in: Mitt. 42 (1924), S. 109–128.
Wiegand: Wiegand, Fritz: Das Stadtarchiv Erfurt und seine Bestände (Thüringische Archivstudien, hrsg. von Willy Flach, Bd. 5), Weimar 1953. 2. verb. u. erw. Aufl. 1962.
Wiemann, Ratsverwaltung I: Wiemann, Erich: Beiträge zur Erfurter Ratsverwaltung des Mittelalters, T. 1: Rat und städtische Einwohnerschaft, in: Mitt. 51 (1937), S. 37–152.
Wiemann, Ratsverwaltung II: Wiemann, Erich: Beiträge zur Erfurter Ratsverwaltung des Mittelalters, T. 2: Die städtische Handels- und Gewerbeverwaltung, in: Mitt. 52 (1938), S. 1–103.
Wild, Joh. Phil. v. Schönborn: Wild, Karl: Johann Philipp von Schönborn, genannt der Deutsche Salomon, ein Friedensfürst des dreißigjährigen Krieges. Heidelberg 1896. S. 115–117.
Wild, Reiffenberg: Wild, Karl: Philipp Ludwig von Reiffenberg, Mainzer Domherr und Statthalter zu Erfurt (1664–1667), ein Staatsmann des 17. Jahrhunderts, in: Westdeutsche Zts. f. Gesch. u. Kunst XVIII (1899), S. 174–266.
Wildenhayn: Wildenhayn, Kurt: Kurmainzische Zölle und zollähnliche Abgaben in der Stadt Erfurt, 1. Teil (Beiträge z. Gesch. d. Stadt Erfurt 2), Erfurt 1955.
Willicks: Willicks, Peter: Untersuchungen zur Konsolidierung des Erzstifts Mainz in der Regierungszeit des Erzbischofs Berthold von Henneberg (1484–1504). Hausarbeit zur Erlangung des Akademischen Grades eines Magister Artium, Mainz 1991 (masch.).
Wittelsbach und Bayern: Glaser, Hubert (Hrsg.): Wittelsbach und Bayern. Die Zeit der frühen Herzöge. Von Otto I. zu Ludwig dem Bayern. Katalog der Ausstellung auf der Burg Trausnitz in Landshut I/2, München–Zürich 1980.
Wötzel: Wötzel, Christina: Kapellendorf und die Erfurter Burgenpolitik im 14. Jahrhundert, in: Aus der Vergangenheit der Stadt Erfurt, N.F. 5 (1988), S. 61–66.
Wolf: Wolf, Herbert: Die deutsche Literatur im Mittelalter, in: Geschichte Thüringens, hrsg. von Hans Patze und Walter Schlesinger (Mitteldeutsche Forschgg. 48), 2. Bd., 2. Teil: Hohes und Spätes Mittelalter, Köln/Wien 1973, S. 188–249.

Zeys: Zeys, E.: Die Burg Gleichen vom Ende des 16. Jahrhunderts bis zur Mitte des 18. Jahrhunderts, in: Mitt. des Vereins f. d. Gesch. u. Altertumskunde von Erfurt 50 (1935), S. 95–135.
Zieschang: Zieschang, Walter: Turmgekröntes Erfurt. Die zehn katholischen Stadtkirchen, Leipzig 1984.

6.
8
3.